Andreas Arimont

THE BIG BANG THEORY RELOADED

DAS INOFFIZIELLE HANDBUCH ZUR SERIE

Bibliografische Information der Deutschen Nationalbibliothek:
Die Deutsche Nationalbibliothek verzeichnet diese Publikation in der Deutschen Nationalbibliografie; detaillierte bibliografische Daten sind im Internet über http://dnb.dnb.de abrufbar.
Anspruch auf Vollständigkeit.
Für Internetlinks, die im Buch genannt werden, wird keine Haftung übernommen.
Dieses Buch ist urheberrechtlich geschützt.
Dieses Buch ist unautorisiert und unlizenziert. Das Buch ist kein offizielles Merchandising Produkt zur TV-Serie. Es wurde von den Produzenten, Autoren, Sendern und Lizenznehmern der TV-Serie The Big Bang Theory nicht geprüft oder freigeben. Jegliche Nennung und Nutzung von Marken und Charakternamen dient ausschließlich der Berichterstattung.
Erstmals erschienen 2015
© Andreas Arimont, Stadtweg 40 30855 Langenhagen
andreasarimont@googlemail.com
Umschlaggestaltung: Andy Leroy
Umschlagsbilder: #44828750 | © psdesign1 - Fotolia.com
Korrektorat: Dirk Unverzagt-Nagel Lektorat & Korrekturbüro Bremen
Druck und Vertrieb: Amazon Distribution GmbH Leipzig
Herstellung und Verlag: BoD – Books on Demand, Norderstedt

ISBN: 978-3- 739202785

Inhalt

Nerdisch bei Nature 16

Die Darsteller von The Big Bang Theory 18

    Johnny Galecki ist Leonard Hofstadter 18

    Jim Parsons ist Sheldon Cooper 20

    Kunal Nayyar ist Rajesh "Raj" Koothrappali 21

    Simon Helberg ist Howard Wolowitz 22

    Kaley Cuoco-Sweeting ist Penny 23

    Mayim Bialik ist Amy Farrah Fowler 24

    Melissa Rauch ist Dr. Bernadette Maryann Rostenkowski-Wolowitz 25

    Kevin Sussman ist Stuart Bloom 26

    Kate Micucci ist Lucy 26

    John Ross Bowie ist Barry Kripke 27

Die Charaktere von The Big Bang Theory 28

    Sheldon Lee Cooper 28

        Die Mitbewohnervereinbarung 29

        Das Katzentanzlied 30

        Sheldons Bazinga! 31

Die geheimnisvolle Zahl 73 31

Leonard Leakey Hofstadter 32

Howard Joel Wolowitz 34

Rajesh „Raj" Ramayan Koothrappali 35

Penny 37

Bernadette Maryann Rostenkowski-Wolowitz 38

Amy Farrah Fowler 39

Stuart Bloom 40

Barry Kripke 41

Chuck Lorre – Der Sitcom König 43

Die nicht ausgestrahlte Pilot Episode 45

Staffel 1 – (2007-2008) 47

Folge 1x01 „Penny und die Physiker" 47

Folge 1x02 „Chaos Theorie" 49

Folge 1x03 „Erregungsfaktor: Null" 50

Folge 1x04 „Die Leuchtfisch Idee" 51

Folge 1x05 „Die andere Seite der Krawatte" 53

Folge 1x06 „Das Mittelerde-Paradigma" 54

Folge 1x07 „Das Vorspeisen-Dilemma" 55

Folge 1x08 „Das Lalita Problem" 56

Folge 1x09 „Der Cooper Hofstadter Antagonismus" 57

Folge 1x10 „Loobenfelds Netz der Lügen" 59

Folge 1x11 „ Alles fließt" 60

Folge 1x12 „Das Jerusalem Projekt" 61

Folge 1x13 „Superbowl für Physiker" 62

Folge 1x14 „Die Zeitmaschine" 64

Folge 1x15 „Sheldon 2.0" 65

Folge 1x16 „Die Erdnuss-Reaktion" 66

Folge 1x17 „Schrödingers Katze" 67

Staffel 2 – (2008-2009) 69

Folge 2x01 „Milch mit Valium" 69

Folge 2x02 „Sex mit der Erzfeindin" 70

Folge 2x03 „Das Conan Spiel" 71

Folge 2x04 „Planet Bollywood" 73

Folge 2x05 „Homo Novus Automobilis" 74

Folge 2x06 „Das Cooper-Nowitzki Theorem" 75

Folge 2x07 „Desous auf der Oberleitung" 77

Folge 2x08 „Stein, Schere, Spock" 78

Folge 2x09 „Unflotter Dreier" 79

Folge 2x10 „Kleines Gesäß mit Honig" 81

Folge 2x11 „Die Geschenk Hypothese".. 82

Folge 2x12 „Monte der Roboter" 83

Folge 2x13 „Der Freundschafts-Algorithmus" 84

Folge 2x14 „In der Kreditklemme"... 86

Folge 2x15 „Die Streichelmaschine".. 87

Folge 2x16 „Die Kissen Katastrophe".. 88

Folge 2x17 „Das Placebo Bier".. 90

Folge 2x18 „Business im Wohnzimmer"... 91

Folge 2x19 „Der Kampf der Bienenkönigin" 92

Folge 2x20 „Der Wolowitz-Koeffizient" 94

Folge 2x21 „Die Las Vegas Kur".. 95

Folge 2x22 „Die Weltraumtoilette"... 96

Folge 2x23 „Drei Monate im Eis".. 98

Staffel 3 (2009-2010 100

Folge 3x01 „Der Nordpool Plan"... 100

Folge 3x02 „Die Grillenwette" 101

Folge 3x03 „Sex oder Pralinen" 102

Folge 3x04 „Für ihn oder mit ihm"..104

Folge 3x05 „Der Mann, der seine Omi liebte" 105

Folge 3x06 „Football für Nerds" 106

Folge 3x07 „Der Gitarrist auf der Couch" 108

Folge 3x08 „Das Suppentatoo" 109

Folge 3x09 „Die Racheformel" 110

Folge 3x10 „Das Gorillaprojekt" 111

Folge 3x11 „Mädels an der Bar" 113

Folge 3x12 „Howards Phasen" 114

Folge 3x13 „Terror in der Stadt der Rosen" 115

Folge 3x14 „Fast wie Einstein" 117

Folge 3x15 „Freiflug nach Genf" 118

Folge 3x16 „Sheldon pro se" 119

Folge 3x17 „Die Herren des Ringes" 120

Folge 3x18 „Die dunkle Seite des Mondes" 122

Folge 3x19 „Das L-Wort" 123

Folge 3x20 „Spaghetti mit Würstchen" 124

Folge 3x21 „Vierer ohne Sheldon" 126

Folge 3x22 „Die Wahrheit über den Fahrstuhl" 127

Folge 3x23 „Nie mehr dumme Typen" 128

Staffel 4 (2010-2011) 131

Folge 4x01 „31 Liebhaber, aufgerundet" 131

Folge 4x02 „Der sicherste Ort der Welt" 132

Folge 4x03 „Paradoxe Psychologie"..133

Folge 4x04 „Und jetzt mit Zunge"..135

Folge 4x05 „Der Gestank der Verzweiflung"..136

Folge 4x06 „Finger weg von meiner Schwester"..137

Folge 4x07 „Besuch vom FBI"...139

Folge 4x08 „21 Sekunden"...140

Folge 4x09 „Der falsche richtige Freund"...141

Folge 4x10 „Die animalische Amy"...142

Folge 4x11 „Der peinliche Kuss"..144

Folge 4x12 „Die Bus-Hose"...145

Folge 4x13 „Die neutrale Zone"...146

Folge 4x14 „Ein Traum von Bollywood"..148

Folge 4x15 „Der Mann der Stunde"..149

Folge 4x16 „Ich bin nicht deine Mutter!"..150

Folge 4x17 „Das Juwel von Mumbai"..152

Folge 4x18 „Herz zwei"..153

Folge 4x19 „Der Zarnecki-Feldzug"..155

Folge 4x20 „Sag's nicht weiter!"...156

Folge 4x21 „Souvlaki statt Pizza"...157

Folge 4x22 „Die Antilope im Curry"...159

Folge 4x23 „Hochzeit und Herzinfarkt" 160

Folge 4x24 „Männertausch" 161

Staffel 5 (2011-2012) 163

Folge 5x01 „Der Schlampenreflex" 163

Folge 5x02 „Der Seuchensessel" 164

Folge 5x03 „Probewohnen bei Muttern" 166

Folge 5x04 „Such Dir eine Inderin!" 167

Folge 5x05 „Ab nach Baikonur!" 168

Folge 5x06 „Mamis Liebling 169

Folge 5x07 „Ein guter Kerl" 171

Folge 5x08 „Leichtes Fummeln" 172

Folge 5x09 „Zwei komische Vögel" 174

Folge 5x10 „Die Beziehungsrahmenvereinbarung" 175

Folge 5x11 „Das Speckerman-Trauma" 177

Folge 5x12 „Kinder? Nein danke!" 178

Folge 5x13 „Penny und Leonard 2.0" 179

Folge 5x14 „Spaß mit Flaggen" 181

Folge 5x15 „Die Mitbewohnervereinbarung" 182

Folge 5x16 „Die Urlaubs-Diktatur" 184

Folge 5x17 „Antisportler" 185

Folge 5x18 „Kuscheln mit dem Gürteltier" 186

Folge 5x19 „Wochenendkrieger" 188

Folge 5x20 „Traum mit Spock" 189

Folge 5x21 „Noch so ein Weichei" 190

Folge 5x22 „Sex auf der Waschmaschine?" 192

Folge 5x23 „Falscher Ort, falsche Frage" 193

Folge 5x24 „Fruchtzwerg fliegt ins All" 194

Staffel 6 (2012-2013) 196

Folge 6x01 „Die Date-Variable" 196

Folge 6x02 „Händchen halten, bitte!" 197

Folge 6x03 „Ein blondes Äffchen" 198

Folge 6x04 „Armer Astronaut" 199

Folge 6x05 „Holographisch erregt" 200

Folge 6x06 „Akt und Extrakt" 202

Folge 6x07 „Spaß mit Flaggen (2)" 203

Folge 6x08 „Das Rätsel der 43" 204

Folge 6x09 „Die Parkplatz-Eskalation" 206

Folge 6x10 „Strafe muss sein" 207

Folge 6x11 „Mädelsabend mit Kerl" 208

Folge 6x12 „Das Eiersalat-Äquivalent" 210

Folge 6x13 „Man lernt nie aus." 211

Folge 6x14 „Willkommen in der Donnerkuppel" 213

Folge 6x15 „Spoileralarm!" 214

Folge 6x16 „Der Romantik-Ninja" 215

Folge 6x17 „Keiner ist so kaputt wie ich" 217

Folge 6x18 „Prinzessinnen der Wissenschaft" 218

Folge 6x19 „Ordnung in der Abstellkammer" 219

Folge 6x20 „Kein Job fürs Leben" 220

Folge 6x21 „Abschluss-Probleme" 222

Folge 6x22 „Professor Proton" 223

Folge 6x23 „Würfeln und küssen" 224

Folge 6x24 „Wie ein Wasserfall" 226

Staffel 7 (2013-2014) 228

    Folge 7 x 01 „Drinks von Fremden" 228

    Folge 7 x 02 „Eine Körbchengröße mehr" 229

    Folge 7 x 03 „Schnitzeljagd mit Nerds" 230

Folge 7 x 04 „Ostereier im Juni" 232

Folge 7 x 05 „Tritte unter dem Tisch" 233

Folge 7 x 06 „Ein erfreulicher Fehler" 235

Folge 7 x 07 „Der Proton-Ersatz" 236

Folge 7 x 08 „Juckreiz im Gehirn 238
Folge 7 x 09 „Bier und Football" 239
Folge 7 x 10 „Jodeln für Nerds" 241
Folge 7 x 11 „Onkel Doktor Cooper" 242
Folge 7 x 12 „Keine hübschen Frauen!" 244
Folge 7 x 13 „Für immer zu dritt" 245
Folge 7 x 14 „Ein Abend mit Darth Vader" 247
Folge 7 x 15 „Eisenbahnromantik" 249
Folge 7 x 16 „Die Spaßbremse" 250
Folge 7 x 17 „Wenn Männer Händchen halten" 251
Folge 7 x 18 „Mein Gespräch mit Mutter" 253
Folge 7 x 19 „Reife Leistung, Playboy" 254
Folge 7 x 20 „Klozilla" 256
Folge 7 x 21 „Schulmädchenreport" 257
Folge 7 x 22 „Das Heirate-mich-Gesicht" 259
Folge 7 x 23 „Irgendwie verlobt" 260
Folge 7 x 24 „Sei vorsichtig und ruf an!" 262

Nerdisch bei Nature

Als Chuck Lorre im Jahr 2002 die Sitcom *Two and a Half Men* erschuf, war dies der Höhepunkt seiner bis dato schon recht erfolgreichen Kariere als Serienproduzent und Autor. Die Serie wird bis heute weltweit ausgestrahlt und zählt immer noch zu einer der erfolgreichsten Comedy-Serien überhaupt. Nach einem so großem Erfolg stellt sich natürlich die Frage, ob man daran jemals wird abknüpfen können.

Chuck Lorre konnte. Im Jahr 2007 ging nach einigen Rückschlägen *The Big Bang Theory* auf Sendung und entwickelte sich mit der Zeit zu einem Zuschauerliebling. Mittlerweile läuft auch diese Sitcom erfolgreich in über 50 Ländern und konnte sich eine große Fangemeinde aufbauen.

Dabei war es ein steiniger Weg und beinahe wäre *The Big Bang Theroy* überhaupt nicht auf Sendung gegangen. Als Chuck Lorre auf Basis des Konzeptes, dass er zusammen mit Bill Prady erarbeitet hatte, eine Pilotepisode produzieren ließ, um sie den Verantwortlichen beim Sender zu präsentieren, zeigten diese sich nur wenig begeistert. Erst im zweiten Anlauf und nach einiger Überarbeitung wurde grünes Licht gegeben und die Serie ging in Produktion. Mehr Infos dazu finden Sie im Kapitel *Die nicht ausgestrahlte Pilotepisode.*

Anfangs bezweifelten viele Fernsehkritiker, das The *Big Bang Theory* als Serie eine lange Lebenszeit beschert sein würde. Viele glaubten, dass die Zuschauer keine Lust hätten, kauzigen Typen zuzusehen, von deren Gerede man nur die Hälfte versteht. Sie irrten sich. Doch was macht diese Gruppe von verpeilten Nerds für uns Zuschauer so sympathisch? Leonard, Sheldon, Howard und Raj sind genau die Art von Jungs, die früher in der Schule immer verprügelt und gemobbt wurden. Sicher kennt der ein oder andere Leser dies selber aus der eigenen Vergangenheit. Und war man nicht insgeheim froh, wenn es die Außenseiter getroffen hat und man selber seine Ruhe hatte?

Tatsächlich wird in der Serie immer wieder thematisiert, wie sehr die Jungs aus *The Big Bang Theory* in der Schulzeit unter ihren Mitschülern zu leiden hatten. Vielleicht mögen wir sie gerade deswegen: weil sie zeigen, dass die Looser von früher die Gewinner von heute sein können. Leonard, Sheldon, Howard und Raj – alle, außer Howard, tragen einen Doktortitel(Sheldon gleich mehrere). Sie machen Karriere in der Wissenschaft und Forschung und einer von ihnen, Howard, wird sogar im Laufe der Serie NASA Astronaut.

In der Episode *5x11 Das Speckerman -Trauma* trifft Leonard auf den früheren Klassenkameraden Jimmy Speckerman, der ihn während der Schulzeit tyrannisierte. Wie sich raustellt, hat

Speckerman nicht viel erreicht im Leben und ist ein frustrierter Trinker. Er stellt folgerichtig fest, dass Leonard früher in der Schule vielleicht der Verlierer war, heute er selber aber der Verlierer ist.

Und trotzdem lieben wir als Zuschauer es, diesen Nerds beim scheitern zuzusehen. Sie scheitern an den alltäglichen Dingen und den zwischenmenschlichen Begegnungen. Der normale Alltag erweist sich für sie zur weilen als beschwerlicher Weg, der mit Stolpersteinen gepflastert ist. Am Ende aber kriegen die vier Jungs durch Ihre sympathische Art meisten doch noch die Kurve. Und es macht großen Spaß ihnen dabei zuzusehen.

Ich habe in diesem Buch, so hoffe ich, jede Menge interessante Infos und Fakten zu den ersten sieben Staffeln von *The Big Bang Theory* gesammelt und zusammengestellt. Ich hoffe Ihnen damit ein hilfreiches Nachschlagewerk in die Hand zu geben und wünsche Ihnen viel Spaß beim lesen.

Andreas Arimont, Juni 2013

Die Darsteller von The Big Bang Theory

Johnny Galecki ist Leonard Hofstadter

Quelle: pinguino k - flickr.com
2008

John Mark Galecki wurde am 30. April 1975 in der kleinen Stadt Bree in Belgien geboren. Dort war sein Vater, Richard Galecki, als US-amerikanischer Soldat, der bei der Ari-Force diente, stationiert. Johns Mutter, Mary Lou, arbeitete als Hypothekenmaklerin. Er hat zwei jüngere Geschwister, Nick und Allison. Als John drei Jahre alt war, zogen seine Eltern mit ihm nach Oak Park, Illinois, einem Vorort der Großstadt Chicago. Dort arbeitete sein Vater als Rehabilitations-Lehrer für blinde Veteranen in einem Krankenhaus. Er starb bei einem Unfall, als John gerade erst sechzehn Jahre alt war.

Johnny Galecki wusste bereits im Alter von vier Jahren, dass er vor der Kamera stehen möchte, denn schon zu diesem Zeitpunkt sagte er zu seiner Mutter: „Mom, ich möchte ins Fernsehen. Und ich meine nicht erst, wenn ich größer bin." Nachdem seine Eltern erst versuchten, ihn für Sport zu begeistern, brachten sie ihn schließlich zu einem offenen Vorsprechen beim Goodman Theatre in Chicago. Und Johnny bekam auch gleich seine ersten Rollen in Musicals wie Fiddler on the Roof, Pippin oder Galileo. Schon im Alter von elf Jahren hatte er sich einen Ruf als hervorragender Theaterschauspieler in der Chicagoer Szene erarbeitet. Er wurde sogar für den Joseph Jefferson Citation Preis nominiert.

1989 bekam er seine erste Filmrolle in Jessica und das Rentier. Seinen Durchbruch jedoch erlangte er mit der Rolle des Rusty Griswold in dem Kult-Weihnachtsfilm Schöne Bescherung (1989) an der Seite von Chevy Chase. Diese Rolle machte ihn einem größeren Publikum bekannt. In einem späteren Interview verriet Galecki, dass Chevy Chase ihm bei den Dreharbeiten einige Tipps für das richtige „Comedy-Timing" gab. Aufgrund dieses Erfolges zog die ganze Familie nach Los Angeles, um Johnny bei seiner Karriere zu unterstützen.

Nach nur zehn Monaten merkten sie aber, dass sie Chicago zu sehr vermissten, und zogen wieder in ihre Heimatstadt zurück. Johnny blieb aber der Arbeit wegen allein in Los Angeles und wohnte in einem Apartment. Für einen Vierzehnjährigen keine leichte Sache, er fühlte sich oft einsam, wie er selber in einem Interview erzählte. Zumindest hatte Johnny aber genug Arbeit, da er einen festen Vertrag bei der Serie Mann der Träume (1990) hatte. In dieser Zeit lernte er auch etliche Schauspielkollegen kennen und konnte wichtige Kontakte knüpfen.

1991 folgte einer der für seine spätere Karriere wichtigsten Ereignisse, als ihn die Schauspielerin Roseanne Barr für die Rolle ihres Sohnes in dem TV-Film *Die Mütter-Mannschaft* engagierte. Barr war so von dem jungen Schauspieler begeistert, dass sie ihm einen Gastauftritt in ihrer Sitcom Roseanne anbot.

Doch schon bald wurde er mit der Rolle des David Healy ein fester und wichtiger Bestandteil der sehr erfolgreichen Serie. Seine Familie konnte kaum glauben, dass Johnny nun in einer ihrer Lieblingsserien mitspielte. In dieser Zeit entwickelte sich auch eine enge Freundschaft zu der Schauspielerin Sara Gilbert, die allen Big Bang Theory Fans als Leslie Winkle bekannt ist.

Nachdem die Sitcom Roseanne 1997 ausgelaufen war, war Johnny Galecki weiterhin viel gefragt. Er hatte zahlreiche Gastauftritte in TV-Serien und spielte in TV- und Kinofilmen mit. 1997 spielte er an der Seite von Christopher Walken in der dunklen Komödie Suicide Kings.

Er suchte nach anspruchsvollen Rollen, bei denen er sich ausprobieren und seine schauspielerische Bandbreite zeigen konnte. In dem Film *The Opposite of Sex – Das Gegenteil von Sex* aus dem Jahr 1998 spielte Galecki einen Homosexuellen und 2001 in Morgans Ferry einen Gefängnisinsassen. Aber er blieb auch weiterhin dem Fernsehen treu und wirkte in TV-Serien wie My Name ist Earl, My Boys und Hope & Faith mit.
Im Jahr 2006 hatte Galecki wieder Lust auf Theater und kehrte so zu seinen schauspielerischen Wurzeln zurück.

In dem Stück The Little Dog Laughed, das am Broadway aufgeführt wurde, spielte er einen Callboy. 2007 wurde Galecki für diese Rolle mit dem „Theatre World Award" für das beste Broadway Debut ausgezeichnet. Im Jahr 2007 schließlich wurde Johnny Galecki für eine Hauptrolle in The Big Bang Theory gecastet, wo er Leonard Hofstadter darstellte. Die Sitcom wurde ein großer Erfolg und wird bis heute weltweit ausgestrahlt.

Johnny Galecki bezeichnet sich selbst als Motorad-Nerd, und er fährt auch selber eine Harley Davidson. Er spielt Cello und Bass, liebt das Reisen und malt gerne. Galecki hatte mir seiner Serienkollegin Kaley Cuoco auch im echten Leben zeitweise eine Beziehung, die sie aber geheim hielten. 2009 trennte sich das Paar in aller Freundschaft. Die weitere Zusammenarbeit leidet darunter nicht.

Jim Parsons ist Sheldon Cooper

Quelle: vagueonthehow - flickr.com

James Joseph „Jim" Parsons wurde am 24. März 1973 in Houston, Texas geboren, wo er den Großteil seiner Kindheit verbrachte. Seine Mutter arbeitete als Lehrerin, genau wie seine jüngere Schwester Julie. Sein Vater arbeitete als Leiter eines Klempnerbetriebes. Er verstarb im Jahr 2001 bei einem Autounfall, was ein schwerer Schlag für Jim und seine Familie war. Im Alter von nur sechs Jahren machte er an seiner Schule erste Erfahrungen mit der Schauspielerei. In dem Theaterstück The Elephant's Child spielte er einen Vogel. Dieser erste Kontakt mit der Schauspielerei hinterließ einen bleibenden Eindruck bei Jim.

Er besuchte die Klein Oak High-School und bewarb sich dort für Rollen in Schulaufführungen. Jim trat in zahlreichen Stücken auf, dieses festigte seinen Wunsch, die Schauspielerei zu seinem Beruf zu machen. 1991 machte er schließlich seinen Highschoolabschluss und ging zur University of Houston, wo er ein Schauspielstudium begann.

Dort machte er zunächst seinen Bachelor-Abschluss in Schauspielerei, um anschließend auf die University of San Diego zu wechseln, wo er einen zweijährigen Masterkurs in klassischem Theaterschauspiel absolvierte und 2001 erfolgreich abschloss. Während dieser Zeit wirkte er auch immer wieder in zahlreichen Theaterstücken mit.

Außerdem war er auch noch Mitbegründer der unabhängigen Theatergesellschaft „Infernal Bridegroom Productions" und wirkte in 18 Produktionen mit.

Nachdem Parsons sein Studium erfolgreich abgeschlossen hatte, beschloss er nach New York zu ziehen, damit er seine Schauspielkarriere vorantreiben konnte. Zunächst wirkte er in einigen Werbespots, unter anderem für „FedEx" oder „Stride Gum", mit. Im Jahr 2002 hatte Parsons einen Gastauftritt in der TV-Serie „Ed". Außerdem spielte er in sieben Episoden der Anwaltsserie „Für alle Fälle Amy" mit. In der Zeit zwischen 2003 und 2006 zeigte sich Parsons auch immer wieder in kleineren Nebenrollen in TV- und Kinofilmen. 2004 spielte er in dem Film Garden State von „Scrubs" Star Zach Braff einen klingonisch sprechenden Ritter.

Parsons hoffe auf eine Hauptrolle in einer Fernsehserie und so ging er zum Vorsprechen für sechzehn Castings, doch keine der Serien ging in Produktion. Durchaus üblich in den USA. Im Jahr 2007 schließlich hörte er von einer geplanten Sitcom mit dem Titel *The Big Bang Theory* und las das Drehbuch zur Pilotepisode. Er lernte wie besessen seinen Text, um beim Casting die Verantwortlichen zu überzeugen. Und dies gelang Parson fast mühelos. Den Produzenten Chuck Lorre und Bill Prady war schnell klar, dass sie ihren Sheldon Cooper gefunden hatten. Seit 2007 spielt Jim Parsons in der erfolgreichen Sitcom den neunmalklugen, aber liebenswerten Sheldon und die Fans der Serie lieben den Charakter.

2011 zog es Parsons neben seiner Arbeit bei *The Big Bang Theory* zurück ins Theater. Er spielt am berühmten Broadway an der Seite von Lee Pace in dem Dramastück The Normal Heart. Privat ist Parsons politisch sehr interessiert, sieht gerne Sportsendungen und mag Kreuzworträtsel. Er ist gut mit seinen Kollegen Kaley Cuoco und Simon Helberg befreundet. Parsons lebt derzeit mit seinem Partner, Todd Spiewak, in Los Angeles.

Kunal Nayyar ist Rajesh "Raj" Koothrappali

Kunal Nayyar wurde am 30. April 1981 in London geboren. Als er vier Jahre alt war zog seine Familie zurück nach Indien. Er wuchs in Neu-Delhi auf, wo er auch die St. Columba's School besuchte. Dort spielte er begeistert Badminton in der Schulmannschaft.

Schon sehr früh hegte Kunal den Wunsch, Schauspieler zu werden. In seiner High-School Zeit nutzte er die Gelegenheit, um bei verschiedenen Schultheaterproduktionen mitzuwirken. Im Jahr 1999 verließ Kunal Indien und ging in die USA, um an der University of Portland Wirtschaft zu studieren. Neben seinem Studium begann Kunal nun auch, Schauspielunterricht zu nehmen und konnte dadurch praktische Erfahrungen bei Schulaufführungen sammeln.

Durch seine Rolle in dem von der Universität produzierten Stück „The Rose Tattoo" wurden die Veranstalter des American College Theater Festivals auf ihn aufmerksam und luden ihn zu einem Wettbewerb ein. Tatsächlich wurde Kunal mit dem Mark Twain Award ausgezeichnet und gewann sogar noch ein Stipendium am Sundance Lab Theater. Zu diesem Zeitpunkt war ihm klar, dass er Schauspieler werden wollte. Er machte seinen Master of Fine Arts an der Temple University in Philadelphia.

Seine Schauspielkarriere begann Kunal Nayyar schließlich mit Auftritten in diversen Werbespots und Theaterstücken in London. 2004 hatte er seinen ersten, kurzen Auftritt vor der Kamera in dem Spielfilm „S.C.I.E.N.C.E.", wo er als Pizzabote zu sehen ist. Erste Bekanntheit in den USA erlangte er 2006 mit einer Rolle in der Theaterproduktion „Huck and Holden". Für diese Rolle wurde er mit dem Garland Award ausgezeichnet.

Im selben Jahr schrieb er das Stück „Cotton Candy", welches in Neu-Dehli seine Premiere feierte und bei den Kritikern gelobt wurde. Im Jahr 2007 bekam Kunal eine Gastrolle in einer Episode der erfolgreichen Crime-Serie „NCIS". Sein Agent hörte von einem Castingaufruf zu einer Sitcom, bei der es um vier junge Wissenschaftler ginge, und schickte ihn hin. Die Produzenten von The Big Bang Theory gaben ihm die Rolle des Dr. „Raj" Koothrappali, die er bis heute spielt. Zurzeit lebt er in Los Angeles.

Simon Helberg ist Howard Wolowitz

Quelle: therainstopped @ Flickr.com

Simon Maxwell Helberg wurde am 9. Dezember 1980 in Los Angeles geboren. Sein Vater, Sandy Helberg, wurde in Frankfurt geboren und ist ebenfalls Schauspieler. Er wirkte unter anderem in der Kultkomödie „Spaceballs" mit. Simons Mutter, Harriet B. Helberg, ist als Castingagentin und Drehbuchautorin tätig. So bekam Simon schon in frühen Jahren erste Einblicke in das Filmgeschäft.

Eigentlich galt seine große Leidenschaft aber der Musik. So begann er zunächst eine Karriere als Pianospieler für verschiedene Rock- und Jazz-Bands in und um Los Angeles. Im Alter von sechzehn Jahren bekam er eine Nebenrolle in der lokalen Produktion The Children's House. Diese erste Erfahrung lenkte sein Interesse auf die Schauspielerei. Er ging nach New York zur Tisch School of Arts, um dort zu studieren.

Außerdem begann er eine Schauspielausbildung bei der „Atlantic Theater Company". Sein Filmdebut gab Helberg 1999 in der Komödie „Mumford". In der Folgezeit konnte er einige Gastrollen in TV-Serien wie „Sabrina – total verhext!" (2002) oder „Son of the Beach" (2001) und Nebenrollen in Spielfilmen wie „Party Animals – Wilder geht's nicht!" oder „Old School – Wir lassen absolut nichts anbrennen" absolvieren.

2002 hatte er seine erste dauerhafte Anstellung in der beliebten Comedy-Sketch Show MADtv, bei der er in fünf Episoden mitwirkte. Dadurch hatte Helberg schon einen gewissen Bekanntheitsgrad erreicht und wurde für etliche Gastrolle in diversen Serien wie „Reno 911!" (2004) oder „Joey" (2004 – 2006) engagiert. 2004 spielte er auch in der Komödie „Cinderella Story" an der Seite von Hillary Duff mit. Bei weiteren Nebenrollen spielte er 2005 in dem Spielfilm „Good Night, and Good Luck", 2006 in „The TV Set" zusammen mit David Duchovny (Californication) und „Es lebe Hollywood". Von 2006 bis 2007 war Helberg Teil des Comedy-Duos „Derek & Simon".

Im Jahr 2007 folgte schließlich sein internationaler Durchbruch, als er eine Hauptrolle bei The Big Bang Theory bekam. Seitdem spielt er bis heute die Rolle des Howard Wolowitz. Trotzdem findet Helberg immer wieder noch Zeit, sich anderen Projekten zu widmen. 2008 übernahm er eine Rolle in der Musical-Komödie „Dr. Horrible's Sing-Along Blog" an der Seite von Neil Patrick Harris, den die meisten wohl als Barney Stinson aus der Sitcom „How I Met Your Mother" kennen. Außerdem betätigt er sich auch noch als Autor und Produzent von Kurz- und Fernsehfilmen.

Simon Helberg ist seit einigen Jahren mit der Schauspielerin Jocelyn Towne zusammen. Das Paar heiratete 2007 und lebt in Los Angeles. 2012 wurde ihre gemeinsame Tochter Adeline geboren.

Kaley Cuoco-Sweeting ist Penny

Kaley Christine Cuoco wurde am 30. November 1985 in Camarillo, einer kleinen Stadt im sonnigen Kalifornien, geboren. Sie ist das jüngste Mitglied der Stammbesetzung von *The Big Bang Theory*. Kaleys Vater, Gary Carmine Cuoco, arbeitet als Grundstücksmakler und ihre Mutter, Layne Ann Wingate, ist Hausfrau. Ihre jüngere Schwester Briana ist Tänzerin und spielt in der Web-Serie The Lizzie Bennet Diaries mit. Kaley lernte schon im Alter von drei Jahren das Tennis spielen und hatte als Amateurspielerin Erfolg, bis sie es im Jahr 2002 aufgab.

Ihre Karriere begann schon im zarten Alter von sechs Jahren, als sie für einen Barbie-Werbespot zum ersten Mal vor der Kamera stand. Am Kleinkunsttheater ihrer Stadt sammelte sie erste Bühnenerfahrung. 1992 schließlich bekam Kaley ihre erste Rolle in dem Spielfilm *Am Abgrund* und spielte an der Seite von Donald Sutherland. Danach folgten einige Gastauftritte in verschiedenen TV-Serien wie *Ausgerechnet Alaska* (1994) oder *Ellen* (1996). 1995 folgte der erste Meilenstein: eine Rolle in einem Kinofilm. Kaley spielte neben Denzel Washington und Russel Crowe die Rolle der jungen Karin in dem Scifi-Thriller *Virtuosity*. Aufgrund dieser Rolle bekam sie nun weitere Gastauftritte und Nebenrollen in Filmen wie *Der gebuchte Mann* (1997), *Die Zahnfee* (1997) oder *Die Bradys – Wie alles begann* (2000).

Im Jahr 2001 bekam sie ihre erste dauerhafte Rolle in der Sitcom *Ladies Man,* wodurch sie größere Bekanntheit erlangte. Schon ein Jahr später, 2002, konnte Kaley Cucoco ihren endgültigen Durchbruch als Schauspielerin feiern. In der erfolgreichen Sitcom *Meine wilden Töchter* spielte sie bis 2005 die Rolle der Bridget Hennessy, für die sie 2003 sogar mit dem Teen Choice Award als beste Newcomerin ausgezeichnet wurde. Neben ihrer Arbeit bei *Meine wilden Töchter* hatte Kaley noch Zeit, einige Gastauftritte in anderen Serien wie *CSI* oder *The Nightmare Room* zu absolvieren. Nachdem die Sitcom ausgelaufen war, spielte sie in einigen Fernsehfilmen mit. 2006 bekam sie die feste Rolle der Billie Jenkins in der finalen achten Staffel der Mysteryserie *Charmed – Zauberhafte Hexen*. Der Produzent der Serie dachte sogar über eine Spin-Off Serie mit Kaleys Charakter nach, die jedoch nie produziert wurde. Nebenbei übernahm sie Sprechrollen für Comicfilme.

Das Jahr 2007 sollte das bisher wichtigste ihrer Karriere werden. Zunächst spielte Kaley in zwei Episoden der Thriller-Serie *Prison Break* mit und übernahm Gastauftritte bei *Gossip Girl* und *Eureka,* bevor sie zum Casting bei *The Big Bang Theory* ging. Tatsächlich zog sie bei der Wahl für die weibliche Hauptrolle zuerst den Kürzeren. In der ersten Version der Pilotepisode spielte Amanda Walsh die Mitbewohnerin namens Katie. Sowohl der Charakter als auch die Schauspielerin wurden bekanntermaßen ausgetauscht. Und so bekam schließlich Kaley Cuoco die Rolle der netten Nachbarin Penny, die die Herzen der Nerdfreunde eroberte. Seit

2007 ist sie fester Bestandteil der weltweit sehr erfolgreichen Sitcom. 2010 spielte sie in den Filmen „The Penthouse" und „The Last Ride" mit.

Kaley Cuoco war zwei Jahre mit ihrem Serienkollegen Johnny Galecki liiert, bevor das Paar sich 2009 trennte. Im Jahr 2012 war Kaley kurzeitig mit Bret Bollinger, einem Musiker der Band Pepper, zusammen. Im Sommer 2013 lernte sie den Tennisspieler Ryan Sweeting kennen. Noch im Dezember des selben Jahres heiratete das Paar.

Mayim Bialik ist Amy Farrah Fowler

Mayim Hoya Bialik wurde am 12. Dezember 1975 in San Diego, Kalifornien geboren. Ihre Großeltern stammen aus Polen und Ungarn und wanderten Ende der 1930er Jahre in die USA aus. Ihr Vorname, Mayim, steht für das hebräische Wort für Wasser. Mayim wuchs in Kalifornien auf, wo sie die Walter Reed Junior Highschool besuchte. Ihr Vater, John, arbeitete als Lehrer und ihre Mutter Barbara als Direktorin eines Kindergartens.

Ihren ersten Fernsehauftritt hatte Mayim 1987 in einer Folge der romantischen Mystery-Serie „Die Schöne und das Biest" und 1988 in „The Facts of Life". Im selben Jahr gab sie auch ihr Kinodebüt mit einer Nebenrolle in dem Horrorfilm „Pumpkinhead" und dem Drama „Freundinnen", wo sie die junge Bette Midler spielte. Obwohl „Freundinnen" bei den Kritikern schlecht wegkam, hinterließ Mayim Bialik einen bleibenden Eindruck und gewann für diesen Auftritt sogar den Young Artist Award. Daraufhin folgten weitere Gastrollen in den Serien „Empty Nest" (1988), „Webster" (1989) und MacGyver (3 Folgen, 1989 /90). Außerdem hatte sie mit zahlreichen Stars einen Auftritt im Musikvideo zu Michael Jacksons Song „Liberian Girl".

Im Jahr 1990 bekam sie ihre erste, große Anstellung in der Serie „Molloy" – ein Flop, denn nach nur sechs Episoden wurde die Produktion eingestellt. Dann aber folgte die Hauptrolle in „Blossom", was den Durchbruch für Mayim Bialik bedeutete. Sie verkörperte in 114 Folgen der Comedyserie die Figur der Blossom Russo, bevor die Produktion 1995 endete. Während dieser Zeit spielte sie 1994 an der Seite von Michael J. Fox in der Woody Allen Komödie „Don't drink the Water". Nach dem Ende von „Blossom" arbeitete sie als Synchronsprecherin für Cartoons und Videospiele. Da sie schauspielerisch etwas kürzer trat, hatte sie Zeit zu studieren. Obwohl sie Zusagen der Elite-Universitäten Harvard und Yale hatte, entschloss Mayim sich, in Kalifornien zu bleiben und besuchte die University of California. 2001 bekam sie ihren Bachelor of Science und im Jahr 2007 schließlich den Doktor in Neurowissenschaften. Mayim Bialik ist also die einzige Darstellerin bei The Big Bang Theory, die auch im echten Leben einen Doktortitel trägt. In dieser Zeit nahm sie nur gelegentlich kleinere Rollen in Serien wie „Fat Actress" oder „Saving Grace" an.

Erst 2005 übernahm sie wieder eine Hauptrolle in dem Film „Kalamazoo?" und hatte drei Gastauftritte in der Serie „Lass es, Larry!" (2006/07). Seit 2010 gehört Mayim Bialik mit ihrer Rolle der Amy Farrah Fowler zur Stammbesetzung von The Big Bang Theory. Für diese Rolle wurde sie zweimal für den Emmy Award nominiert.

Seit dem Jahr 2003 führte Mayim Bialik eine Beziehung mit Michael Stone, den sie auch heiratete. Stone konvertierte zum Judentum. Im Jahr 2005 bekamen sie ihr erstes Kind, Miles, und 2008 ihr zweites, Frederick. Ende 2012 ließ sich das Paar scheiden.

Fakten:
- Ihr zweiter Vorname lautet Hoya.
- War gut mit dem Schauspieler Bill Bixby befreundet.
- Ist Veganerin und setzte sich für eine PETA-Kampagne ein.
- Spielt Klavier, Trompete und Bassgitarre und lernte das Harfe spielen für The Big Bang Theory.
- Spricht fließend spanisch.

Melissa Rauch ist Dr. Bernadette Maryann Rostenkowski-Wolowitz

Melissa Ivy Rauch wurde am 23. Juni 1980 in Marlboro, New Jersey als Tochter von Susan und David Rauch geboren. Während Ihres Schauspielstudiums am Marymount Manhattan College unternahm sie ihre ersten Schritte im Comedyfach und hatte zahlreiche Stand-up Auftritte. In New York trat Rauch mit ihrem eigenen Solo-Bühnenprogramm „The Miss Education of Jenna Bush" auf und konnte sowohl Publikum als auch Kritiker damit begeistern. Im Jahr 2006 gab sie ihr Filmdebüt in dem Independent Film „Blitzlichtgewitter" an der Seite unter anderem von Steve Buscemi. Rauch wurde für eine Hauptrolle in der HBO-Dramaserie „12 Miles of Bad Road" gecastet, was ihren Durchbruch hätte bedeuten können. Die Produktion der Serie wurde allerdings unter anderem aufgrund des Autorenstreiks 2007/08 frühzeitig abgebrochen. Es wurden lediglich sechs Episoden gedreht, die aber nie ausgestrahlt wurden. 2008 spielte sie in sechs Folgen der Serie „Kath & Kim" mit. 2009 hatte sie einen Kurzauftritt in der Komödie „Trauzeuge gesucht!". Im selben Jahr sollte ihr großer, internationaler Durchbruch folgen, als sie für die Rolle der Bernadette Rostenkowski bei „The Big Bang Theory" gecastet wurde. 2010 spielte sie in zwei Episoden der Comedyserie „The Office" sowie in sechs Folgen der Mysteryserie „True Blood" mit. 2011 wirkte sie an dem Bühnenprogramm „The Realest Real Housewives" mit. Rauch ist mit dem Autoren Winston Beige verheiratet.

Fakten:
- Arbeitet am Drehbuch für den Kurzfilm „The Condom Killer" mit, in dem sie auch Regie führte und mitspielte.
- Tourte mit der politischen Satire-Gruppe „Gross National Product" durch die USA.
- Ist seit der vierten Staffel von „The Big Bang Theory" eine Hauptdarstellerin der Serie.

Kevin Sussman ist Stuart Bloom

Kevin Sussman wurde am 4. Dezember 1970 in Staten Island, New York geboren. Nach dem College studierte er an der American Academy of Dramatic Arts in New York City Schauspiel. Später nahm er vier Jahre lang Schauspielunterricht bei der deutschstämmigen Schauspielerin Uta Hagen. Sussman drehte zahlreiche Werbespots und hatte Rollen in Filmen wie „Almost Famous – Fast berühmt", „A.I. – Künstliche Intelligenz" oder „Hitch – Der Date Doktor" sowie Gastrollen in diversen Serien. Von 2006 bis 2007 hatte eine Nebenrolle in der Sitcom „Alles Betty!". Seit 2009 ist er als Stuart Bloom, der Besitzer des Comicladens, bei „The Big Bang Theory" zu sehen.

Fakten:
- Seine Eltern arbeiten beide als Lehrer.
- Spielte in mehr als 30 Werbespots mit.

Kate Micucci ist Lucy

Kate Micucci wurde am 31. März 1980 in New Jersey geboren. Sie wuchs im kleinen Ort Nazareth in Pennsylvania auf. In ihrer Familie spielte Kunst immer eine wichtige Rolle und so lernte sie das Piano spielen von ihrer Mutter.1998 bekam sie ihren High-School Abschluss und ging anschließend auf das Keystone College, wo sie 2003 den Abschluss Associate of Arts und den The Bachelor of Arts machte. Während dieser Zeit lag ihr künstlerischer Schwerpunkt auf der Malerei und dem Puppenbau. Ihre Schauspielkarriere begann mit einer Nebenrolle in der Sitcom „Malcom mittendrin". 2006 hatte sie eine Rolle in der kurzlebigen Serie „Four Kings". Außerdem wurde Mucicci auch immer wieder für Nebenrollen in zahlreichen Serien wie „Rules of Engagement", „Scrubs – Die Anfänger" oder „Bored to Death" gecastet.

Im Jahr 2007 gründete Mucicci zusammen mit ihrer Freundin Riki Lindhome das Folk-Pop-Duo „Garfunkel and Oates". Das Duo war vor allem in den USA erfolgreich und veröffentlichte bisher vier Alben.

Ihr Filmdebüt gab Kate Micucci 2008 mit einer Nebenrolle in der Komödie „Bart Got A Room". 2010 spielte sie in zwölf Folgen der Sitcom „Ehe ist…" mit. Seit 2013 hat sie die wiederkehrende Rolle der Lucy bei „The Big Bang Theory". Momentan lebt sie in Los Angeles.

Fakten:
- Bekommt oft Rollen, in denen sie singt oder Gitarre spielt.
- Während des Autorenstreiks 2007 stoppten viele Serienproduktionen, weshalb Micucci sich in dieser Zeit auf Liveautritte in Los Angeles konzentrierte.

John Ross Bowie ist Barry Kripke

Der US-amerikanische Schauspieler und Komiker John Ross Bowie wurde am 30. Mai 1971 in New York City geboren. Er tritt regelmäßig als Stand-up Comedian im Upright Citizens Brigade Theater in New York und Los Angeles auf. Dort war er auch Mitglied des Comedy-Exempels „The Naked Babies". Außerdem hat Bowie neben seiner Rolle als Barry Kripke bei The Big Bang Theory noch eine wiederkehrende Rolle in der Serie „Childrens Hospital". Zudem spielt er auch in der Pop-Punk Band „Egghead" mit. Zusammen mit seinem Serienkollegen Kevin Sussman (Stuart) entwickelte er Konzepte für die TV-Serien „The Ever After Par" (ging nicht in Produktion) und die semi-autobiografische Comedyserie „The Second Coming of Rob". Bowie hatte Gastrollen in Serien wie „Lass es, Larry!", „CSI", „Glee" oder „Burn Notice".

Er ist Anhänger der Scottish Episcopal Church von Schottland.

Die Charaktere von The Big Bang Theory

Sheldon Lee Cooper

Sheldon Lee Cooper wurde in der Nacht vom 19. zum 20. Mai 1980 in Galveston, Texas geboren. Seine Mutter, Mary Cooper, wohnt immer noch in Texas. Sheldon hat einen Bruder, George und eine Zwillingsschwester, Missy. Zu Missy hat er ein gutes Verhältnis, obwohl sie ihn in seiner Kindheit öfter geärgert hat. Sheldons Eltern erkannten nicht, dass ihr Sohn so ganz anders war, als andere Kinder. Sie pflegten eine streng christliche Erziehung, was mit dem rational sachlichen Denken von Sheldon zu Konflikten führte. Schon in Kindesalter führte er aufwendige, teils gefährliche Experimente in der Garage des Hauses seiner Eltern durch. Deshalb schickten ihn diese dann auch sehr früh in ein Internat. Aufgrund seiner Hochbegabung konnte Sheldon ab der fünften Klasse aufs College wechseln. Zu diesem Zeitpunkt war er gerade einmal elf Jahre alt. Mit vierzehn machte er den Master-Abschluss, natürlich mit summa cum laude, und erhielt auch noch den Stanson Award. Bereits mit sechzehn Jahren konnte er seinen ersten Doktortitel vorweisen, vier Jahre später hatte er sogar zwei weitere.

Danach zog er nach Pasadena, Kalifornien, wo er bis heute am California Institute of Technology arbeitet. Dort lernte er auch Leonard Hofstadter, seinen besten Freund kennen und durch diesen dann auch Howard und Raj. Leonard suchte eine Wohnung und zog schließlich bei Sheldon ein – ohne zu wissen, was da auf ihn zukommen würde. Denn Sheldon beharrt darauf, dass die von ihm verfasste Mitbewohnervereinbarung streng einzuhalten ist. Ein Regelwerk für das harmonische Zusammenleben, das aber vor allem darauf ausgerichtet ist, anderen Sheldons spezielle Vorlieben und Angewohnheiten aufzuzwingen. Sheldon verfügt über einen IQ von 187, den höchsten innerhalb des Freundeskreises, und besteht deshalb auch darauf, der intelligenteste von allen zu sein. Er wird niemals müde, dies bei jeder Gelegenheit zu erwähnen. Sheldon glaubt, auf einer Stufe mit Stephen Hawking zu stehen – mindestens. Deshalb gibt er Fehler seinerseits so gut wie nie zu. Sollte es vorkommen, dass er in einer Diskussion nicht weiter weiß, bricht er oft das Gespräch einfach mit dem Hinweis ab, dieses führe ja eh zu nichts oder das Thema sei albern. In seltenen Momenten zeigt Sheldon aber auch seine einfühlsame oder hilfsbereite Seite. Er warnt seine Freunde oft vor, seiner Meinung nach, unvernünftigen Handlungen, allerdings meistens nur mit mäßigem Erfolg. Dennoch versucht er manchmal auch, seine Mitmenschen besser zu verstehen.

Besonders auffällig an seinem Verhalten sind verschiedene Zwangshandlungen. So muss er stets dreimal an eine Tür klopfen und dabei den Namen der Person laut sagen, die in der Wohnung oder dem Zimmer ist. In seiner Wohnung hat er auf der Couch einen festen Sitzplatz, auf dem niemand sonst sitzen darf. Er ist gerne allein und manchmal wünscht er sich, er könnte sein Leben ganz von zu Hause organisieren. Außerdem hat Sheldon unter anderem große Angst vor Krankheiten und Keimen. Wenn er dann aber wirklich einmal krank wird, sollte man möglichst nicht in seiner Nähe sein, denn er reagiert völlig übertrieben darauf. Selbst bei einer einfachen Erkältung denkt er schon über seinen baldigen Tod nach. Die extreme Wehleidigkeit treibt seine Mitmenschen in den Wahnsinn. Um sich von seinem jeweiligen Leiden etwas abzulenken, muss ihn jemand das Katzentanzlied vorsingen.

Aufgrund seiner vielfältigen Verhaltensauffälligkeiten, wenn man es mal so nennen will, wurde unter den Fans spekuliert, dass Sheldon am Asperger-Syndrom leiden würde. Darunter versteht man eine oft angeborene Entwicklungsstörung, die eine besondere Form des Autismus darstellt. Obwohl Sheldon tatsächlich viele deutliche Merkmale des Asperger-Syndroms aufweist, erklärten die Autoren, dass Sheldon nicht daran leidet. Aber man würde sich freuen, dass der Charakter dennoch für viele Betroffene ein Vorbild geworden sei.

Sheldon ist natürlich, genau wie seine Freunde, ein absoluter Science-Fiction und Technik Nerd. Er hat ein nahezu allumfängliches Wissen bezüglich aller „Star Trek" und „Star Wars" Filme und Serien. Er mag die Serie „Doctor Who" und hasst „Babylon 5".

Die Mitbewohnervereinbarung

Als Leonard bei Sheldon einzieht, hatte er natürlich keine Ahnung, welche Konsequenzen dies haben würde. Andere Menschen haben vielleicht lästige Nachbarn oder nervige WG-Genossen, aber mit Sheldon Cooper zusammenzuwohnen ist eine ganz andere Liga.   Damit sichergestellt ist, dass Sheldons Alltag durch die Anwesenheit eines Mitmenschen nicht unmittelbar gestört wird, hat er ein umfangreiches Regelwerk erstellt. Im Laufe der Serie beruft er sich immer wieder auf die von ihm verfasste Mitbewohnervereinbarung. Hier einige bekannte Regeln dieser Vereinbarung:

§ 1 - Abschnitt 3: Sheldon kann, wann immer er es für notwendig hält, eine Notfallsitzung einberufen, an der alle Mitbewohner teilnehmen müssen.
§ 2 - Sonstiges: Die Flagge des Apartments basiert auf einem aufgerichteten goldenen Löwen auf azurblauem Hintergrund. Die Flagge darf niemals falsch herumhängen, außer es besteht für das Apartment Gefahr.
§ 3 - Besucher: Abschnitt A „Weibliche" -Nr.4 „Koitus" - Die Mitbewohner müssen sich gegenseitig 12 Stunden im Voraus von einem anstehenden Koitus in Kenntnis setzen (Geschlechtsakt).
§ 4 - Verbindliche Zusagen Nr. 37: Sollte ein Freund zu einem Besuch des großen Hadronenbeschleunigers am CERN (Schweiz) eingeladen werden, muss er den anderen Freund dorthin mitnehmen.
§ 5 - Die Skynet-Klausel: Sollte eine der beiden Parteien eine künstliche Intelligenz erschaffen, die im Begriff ist, die Erde zu zerstören, so ist die andere Partei verpflichtet, diese zerstören zu helfen. (im Sinne der „Terminator" Filme).
§ 6 - Die Zerstörungsklausel: Der Mitbewohner muss dabei helfen, eine Person zu zerstören, deren Körper nachweislich durch ein Alien ausgetauscht wurde (Sheldon hat Angst, so zu enden, wie die Menschen im Film „Die Körperfresser").
§ 7 - Die Godzilla-Klausel: Der Mitbewohner ist dazu verpflichtet zu helfen, falls ein Monster im Stande ist, Tokio zu zerstören.

§ 8 - Anhang A: Die verschiedenen Rechte und Pflichten der unterzeichnenden Parteien für den Fall, dass einer von ihnen zum Roboter wird: Einer der beiden muss stets dem anderen helfen (eine der normaleren Regeln).
§ 9 - Alle Bewohner haben das Recht, das Badezimmer in einem Notfall zu betreten, auch zu einer nicht üblichen Uhrzeit.
§ 10 - Anhang A: Wenn Sheldon es nicht schafft, als Erster zu duschen, so ist sicherzustellen, dass noch genügend Warmwasser vorhanden ist.
§ 11 - Anhang A: Das Recht der Privatsphäre im Badezimmer ist bei höherer Gewalt auszusetzen.
§ 12 - Man lebt mit seiner Freundin zusammen, wenn die Zahl der Übernachtungen einem der drei folgenden Punkte entspricht:
A: In zehn aufeinanderfolgenden Nächten.
B: In mehr als neun Nächten innerhalb von drei Wochen.
C: An allen Wochenenden eines Monats und drei Wochentagen.
§ 13 - Anhang B: „Allgemeine Aufgaben": Der Mitbewohner ist dazu verpflichtet, Sheldon zum Zahnarzt zu fahren und auch wieder abzuholen. Zudem kann dieser Abschnitt so ausgelegt werden, dass der Mitbewohner verpflichtet ist, Sheldon jederzeit dorthin fahren zu müssen, wohin er will.
§ 14 - Alle Mitbewohner sind dazu verpflichtet, mindestens einmal am Tag den Gruß „Hallo!" zu verwenden und sich nach dem Wohlbefinden des anderen mit der Frage „Wie geht es Dir?" zu erkundigen.

<u>Weitere bekannte, aber nicht genau zuzuordnende Regeln:</u>
- Nach 22 Uhr sind lautes Gelächter, Gläserklirren und Freudenschüsse untersagt.
- Sollte jemand von Bill Gates zum Schwimmen in dessen Pool eingeladen werden, so muss man den Mitbewohner mitnehmen.
- Pfeifen ist in der Wohnung untersagt.
- Alle drei Monate ist eine Notfallübung abzuhalten.
- Haustiere sind in der Wohnung verboten, mit Ausnahme von Helfer-Haustieren wie Blindenhunde oder kybernetisch verbesserte Affen.

Das Katzentanzlied

Das Katzentanzlied ist für Sheldon die einzige Möglichkeit, sich zu entspannen, wenn er krank ist. Er bittet dann jemanden, ihm dies vorzusingen, während er sich im Bett ausruht. Sowohl Leonard als auch Penny wurden diese Ehre schon zuteil. Diese Tradition hat sich Sheldon aus seiner Kindheit bewahrt, denn früher sang seine Mutter ihm dieses vor, wenn er krank war. Das Katzentanzlied ist keine Erfindung der Autoren von „The Big Bang Theory", sondern stammt von dem deutschen Liedermacher Fredrik Vahle. In der Serie wird das Lied immer nur angesungen.
„Guck die Katze tanzt für sich allein, tanzt auf einem Bein.

Kam ein Kater zu dem Kätzchen ...pa pa paa."
In der englischen Originalversion lautet der Titel des Liedes „Soft Kitty".
Neben dem Katzentanzlied hat Sheldon auch ein eigenes Lied, welches er beim Pinkeln für sich selber singt: „Zweimal schütteln für Texas".

Sheldons Bazinga!

In der Episode 2x23 „Drei Monate im Eis" sagt Sheldon zum ersten Mal innerhalb der Serie Bazinga, was in etwa so viel wie „reingefallen" bedeuten soll, und verwirrt seine Freunde damit. Wie jeder „Big Bang Theory" Fan weiß, zählt Humor nicht gerade zu Sheldons stärken. Und das gilt für beide Richtungen: Viele Witze seiner Freunde versteht er nicht und wenn er selber versucht, einen zu machen, erntet er meistens nur fragende Blicke. Deshalb kam ihm irgendwann die Idee, immer den Ausruf „Bazinga!" zu verwenden, wenn er einen Witz gemacht hat. Dies soll sicherstellen, dass seine Mitmenschen auch begreifen, dass Sheldon nun gerade eine lustige Aussage gemacht hat. Dennoch muss man wohl sagen, dass dies die Qualität seiner Witze nicht wirklich verbessert und sich das Lachen seiner Freunde eher in Grenzen hält. Doch wie ist Sheldon überhaupt auf dieses Wort gekommen? Natürlich hat auch das Wort Bazinga irgendetwas mit Wissenschaft zu tun. Das Wort besteht aus den Abkürzungen der chemischen Elemente Barium, Zink und Gallium, also Ba – Zn – Ga. Bazinga wurde unter den Fans der Serie schnell Kult und mittlerweile ist eine ganze Reihe von Merchandise-Produkten wie T-Shirts und Tassen erhältlich.

Die geheimnisvolle Zahl 73

Die mysteriöse Zahl „73" ist laut Sheldon die beste, bekannte Zahl, weshalb er auch ein T-Shirt mit dieser Zahl besitzt – welches er zum ersten Mal in der Episode 2x08 „Stein, Schere, Spock" trägt. Sheldon hat dafür natürlich eine Erklärung, die er seinen Freunden auch mitteilt, obwohl diese nicht unbedingt daran interessiert sind. Die 73 ist die 21. Primzahl und die Spiegelzahl 37 ist 12. Die Spiegelzahl der 12 ist die 21, was wiederum das Ergebnis ist, wenn man 3 und 7 multipliziert. Für die meisten normalen Menschen wäre dies alles nicht wirklich bedeutend, für Sheldon sind diese Aspekte jedoch absolut faszinierend. Tatsächlich gibt es aber einige interessante Fakten zur 73. Es ist nämlich die 73. Episode, in der Sheldon seinen Freunden diesen Vortrag hält. Außerdem lautet das Geburtsjahr – Zufall oder nicht – von Jim Parsons 1973. Der digitale Code für die Zahl 73 lautet 1001001 – eine Zahlenfolge, die in beide Richtungen gelesen dasselbe ergibt.

- Zu Haustieren hat er ein eher angespanntes Verhältnis. Er hasst Hunde, mag aber Katzen, Fische und besonders Koalabären. Wenn Sheldon einen Koalabären sieht, lächelt er auf ganz spezielle Art und Weise. Einmal hat Sheldon sich ganze 25 Katzen gekauft, was Leonard regelrecht fassungslos machte.
- Zu sagen, er wäre pingelig, was sein Essen angeht, würde es nicht wirklich treffen. Niemand darf sein Essen berühren, ansonsten gilt es als kontaminiert. Außerdem darf es

keine Abweichungen bei Speisen geben, die er kennt. Er vermeidet es deshalb, neue Restaurants zu besuchen.
- Spock ist sein Lieblingscharakter aus dem „Star Trek" Universum. Da Vulkanier emotionslos leben und immer logisch denken, ist dies für ihn eine erstrebenswerte Art des Lebens.
- Sheldon lebt absolut asexuell. Er hält Sex für etwas äußerst unhygienisches, weshalb er nicht verstehen kann, dass dies den meisten anderen so wichtig erscheint. Manchmal gibt er seinen Mitmenschen sogar Tipps, wie sie sich gegen diese Triebe wehren können. Dennoch gefällt ihm der Gedanke, sich fortzupflanzen, damit sein genialer Verstand nicht verloren geht. Zur eigenen Fortpflanzung würde er die Klontechnik bevorzugen. Erst als er später mit Amy zusammen ist, räumt er ein, sich vorstellen zu können, irgendwann einmal mit ihr auch eine körperliche Beziehung zu führen. Für Sheldons Verhältnisse eine sensationelle Aussage, die auch Penny völlig sprachlos macht.
- Sheldon verfügt über ein eidetisches Gedächtnis und kann sich deshalb oft an Dinge oder Begebenheiten erinnern, die lange in der Vergangenheit liegen.
- Er spielt sogar ein Instrument, aber natürlich nicht irgendeins, sondern ein Theremin, das als schwierigstes zu spielendes Instrument überhaupt gilt.
- Ein richtiger Nerd wie Sheldon liebt natürlich Videospiele aller Art. Am liebsten zockt er World of Warcraft, Red Dead Redemption oder Star Wars Spiele. Aber er hat auch eine große Leidenschaft für ältere Konsolen-Games oder sogar uralte Textadventures wie „Zork". Mit seinen Freunden trifft er sich auch regelmäßig zu Nintendo Wii Spiele-Abenden.

Leonard Leakey Hofstadter

Leonard ist Sheldons Mitbewohner und, laut seiner Aussage, sein bester Freund. Leonard zweifelt hin und wieder daran, weiß im Innersten aber, dass dies stimmt. Bevor er bei Sheldon einzog, war er schon mit Howard und Raj befreundet und machte die beiden später mit Sheldon bekannt. So lernten sich die vier Freunde kennen.

Leonard stammt aus New Jersey, wo er mit seinen beiden Geschwistern aufwuchs. Ein erstaunlicher Fakt ist, dass, soweit bekannt, die gesamte Familie Hofstadter hochbegabt ist. Leonard hat kein sehr gutes Verhältnis zu seiner Familie und pflegt auch mit niemandem Kontakt, wenn es nicht unbedingt sein muss. Ganz besonders die Beziehung zu seiner Mutter Beverly ist schwierig und sorgt immer wieder für Konflikte. Sie hält ihm immer wieder vor, dass seine Geschwister ihm karrieretechnisch überlegen sind. Beverly Hofstadter ist Psychoanalytikerin und Neurologin und hat mehrere Fachbücher veröffentlicht. Gegenüber ihrem Sohn Leonard ist sie sehr unterkühlt, zeigt keine Gefühle und kritisiert ihn oft. Leonards Eltern ließen sich scheiden, als sein Vater eine Affäre hatte, aus der auch eine Tochter hervorging. Zu ihm hat Leonard ein besseres Verhältnis, als zum Rest seiner Familie.

Leonard ist Doktor der Physik und arbeitet als Experimentalphysiker am California Institute of Technology. Obwohl er die gleichen Interessen wie seine Freunde teilt, ist er der normalste der Gruppe und hat sicher auch deshalb die meiste Erfahrung mit Frauen. Eine seiner ersten Freundinnen war Joyce Kim, die sich später als nordkoreanische Spionin entpuppte. Sie wurde auf Leonard angesetzt, als dieser an der Entwicklung eines neuartigen Raketentreibstoffs arbeitete. Im Laufe der Serie ist er der Einzige, der regelmäßig Verabredungen mit Frauen hat. Dabei ist Leonard nicht etwa auf schnelle Affären bedacht, sondern stets auf der Suche nach einer festen Beziehung. Für Penny, seine eigentliche Traumfrau, ist dieser Bindungszwang eines der Hauptprobleme, weswegen die beiden sich auch ein paar Mal wieder trennen.

Leonard ist, im Gegensatz zu seinen Freunden, nicht verhaltensauffällig und durch seine offene und nette Art kommt er auch schnell in Kontakt mit seinen Mitmenschen. Dennoch ist er schon auch ein klassischer Nerd mit großem Interesse an Computerspielen, Scifi und Fantasy TV-Serien und Technik im Allgemeinen. Anders als Howard, Raj und Sheldon ist er sich aber immer bewusst, dass diese Leidenschaft von vielen als kindisch und verschroben angesehen wird.

- Er leidet an Laktoseintoleranz, was ihm oft peinlich ist. Trotzdem kann er kleinere Mengen Diät--Eis verspeisen, ohne gleich durch gesteigerte Flatulenzen aufzufallen. Melonen verträgt er auch nicht.
- Bietet sich ihm eine Gelegenheit für Sex, so ergreift er sie fast immer. Aber welcher Nerd würde dies wohl nicht? Einmal landet er mit einer deutlich älteren Dame im Bett, die im Gegenzug großzügige Spenden für seine Forschung bereitstellt. Daraufhin wird er von Penny als Flittchen verspottet. Manchmal verschickt er nach dem Sex Dankeskarten.
- Er bekam seinen Doktortitel bereits im Alter von 24 Jahren.
- Leonard hat einen IQ von 173 und liegt damit nicht sehr viel unter dem von Sheldon (187).
- Er ist der größte Superman Fan innerhalb der Gruppe. Neben allen Filmen hat er eine stattliche Sammlung von über 2600 Comicheften und natürlich Superman Unterwäsche. Sein universelles Passwort für fast alles lautet „Kal El" – nach Supermans echtem Namen.
- Er spielt Cello – außer wenn er mit seinen Freunden „Rock Band" auf der Spielkonsole spielt.
- Obwohl er ein offener Mensch ist, hat Leonard Probleme damit, Menschen in die Augen zu sehen. Außer bei Penny und seinen Freunden fällt ihm dies oft schwer.
- Er leidet unter Schlafapnoe und Asthma.
- Sein zweiter Vorname lautet Leakey (Englisch für undicht). Angeblich bekam er diesen Namenszusatz, weil er als Kind Bettnässer war. Ein Arbeitskollege seines Vaters hieß allerdings Louis Leakey und Sheldon erklärte ihm einmal, dass daher der Name stamme.
- Nur Howard ist noch einen Zentimeter kleiner als Leonard (1,65 Meter).
- Leonard hat einen Hang zu sarkastischen Bemerkungen, vor allem, wenn er sich über etwas ärgert.

- Leonard hat bis zu seinem Umzug nach Pasadena nie seinen Geburtstag gefeiert. Auch ist sein Geburtsdatum bisher nicht bekannt. Aufgrund einer Aussage von Sheldon wurde er aber wahrscheinlich, genau wie Sheldon, im Jahr 1980 geboren.

Howard Joel Wolowitz

Howard Wolowitz wurde 1981 in Altadena, Kalifornien geboren. Er ist jüdischer Abstammung und spielt deshalb gerne mit Klischees, obwohl er es selber mit den Traditionen nicht so ernst nimmt und zum Beispiel auch gerne Schweinefleisch isst. Er lebt zusammen mit seiner Mutter in einem Haus, was ihm gegenüber seinen Freunden unangenehm ist. Howards Vater verließ die Familie, als er noch sehr jung war. Dies erklärt sicher auch das extreme Klammern seiner Mutter ihm gegenüber. Er fühlt sich ihr gegenüber verpflichtet und schafft es deshalb lange nicht, aus eigenem Antrieb heraus ein selbstständiges Leben zu führen. Deswegen wird er von seinen Freunden auch immer aufgezogen und gilt als Muttersöhnchen. Er selber macht aber auch gerne Witze über das enorme Übergewicht seiner Mutter. Die Kommunikation zwischen den beiden findet fast immer lautstark statt, indem durchs Haus geschrien wird.

Howard ist Raumfahrtingenieur und arbeitet als solcher, genau wie seine Freunde, am CalTech. Er hat einen Master Abschluss im Ingenieurwesen und wird von Sheldon oft aufgezogen, weil er als Einziger der Gruppe keinen Doktortitel hat. Dabei hat er beruflich beachtliche Leistungen vorzuweisen und später in der Serie wird er sogar Astronaut und fliegt zur internationalen Raumstation, für die er die Toilette entwickelte. Er spricht sieben Sprachen fließend – inklusive Klingonisch.

Im Gegensatz zu seinen Freunden hat Howard ein selbstbewusstes Auftreten gegenüber Frauen, was an seiner totalen Selbstüberschätzung liegt. Diese wird auch durch dauernde Ablehnungen kaum gebremst. Seine Art mit Frauen zu sprechen, ist in den ersten Staffeln der Serie sehr schlüpfrig und zweideutig, was oft zu empörten und verärgerten Reaktionen führt. Howard aber versteht nicht, warum seine Art beim weiblichen Geschlecht nicht ankommt. Auch bei Penny eckt er anfangs damit an, aber sie ist es schließlich, die ihn mit Bernadette verkuppelt. Nach einigen Schwierigkeiten heiraten die beiden und Howard ist damit unerwarteterweise der Erste verheiratete Mann in der Gruppe. Durch Bernadette schafft er es sogar, bei seiner Mutter auszuziehen. Allerdings sind die Zwei sich beim Thema Kinder uneinig. Howard hätte gerne welche, während Bernadette sich mit dem Gedanken nur schwer anfreunden kann. Insgesamt führen sie aber eine harmonische Beziehung.

Howards bester Freund ist Raj, mit dem er auch die meiste Zeit verbringt. Obwohl die beiden grundverschieden sind, pflegen sie eine besonders innige Freundschaft. So innig, dass Außenstehende sie manchmal für ein Paar halten. Auch Leonards Mutter kommt zu diesem Schluss, als sie ihnen zum ersten Mal begegnet. Howard ist sensibel und hat kein Problem damit, seine Gefühle zu zeigen. Es hat von allen die wohl auffallendste Optik. Eine furchtbare Pilzkopf-Frisur wird von seiner schlaksigen Statur unterstrichen. Und dann ist da auch noch seine Vorliebe für Rollkragenpullover. Das macht er aber durch seine offene und herzliche Art wieder gut, auch wenn er Situationen gerne mit sarkastischen Bemerkungen kommentiert.

- Er sprich (angeblich) folgende Sprachen: Englisch, Französisch, Mandarin, Farsi, Russisch, Arabisch und Klingonisch (fiktive Sprache aus „Star Trek")
- Brach sein Medizinstudium ab, weil ihm schnell schlecht wird, wenn er Verletzungen sieht.
- Sein Heiligtum und bevorzugtes Fortbewegungsmittel ist lange Zeit eine Vespa.
- Er ist so dünn, dass er angeblich nur über 3 % Körperfettanteil verfügt.
- Hat eine starke Erdnussallergie, die ihn schon manchmal ins Krankenhaus brachte.
- Hat eine enorme Sammlung von auffälligen Gürtelschnallen. Diese kann man auf thealley.com erwerben.
- Er bewahrt lange Zeit über einen ungeöffneten Brief seines Vaters auf, der ihm diesen zu seinem 18. Geburtstag schickte. Den Inhalt hat er nie erfahren, da er den Brief schließlich verbrannte.
- Howard und Raj haben tatsächlich ein gemeinsames sexuelles Erlebnis: Die beiden hatten einmal einen Dreier mit einer übergewichtigen Frau.
- Sein genauer Geburtstag ist bisher nicht bekannt lediglich das Geburtsjahr: 1981.
- Howard steuerte einmal den Mars Rover von einem NASA-Terminal aus, wobei dieser beschädigt wurde.
- Sein Spitzname als Astronaut lautet „Fruchtzwerg".
- Howard benutzt im Internet oft den Nicknamen „Wolowizard".
- Sein Kleidungsstil und auch seine Frisur sind inspiriert von David „Davy" Jones von den „The Monkees".
- Mit elf Jahren hatte er Karateunterricht.
- Eines seiner Hobbys ist die Zauberkunst. Er hat im Haus seiner Mutter einen Schrank voller Zaubertricks. Einmal bringt er Sheldon mit einem Kartentrick an den Rand der Verzweiflung, da er nicht herausfindet, wie dieser funktioniert.
- Trauriger Fakt: Howard ist der Einzige, der Penny noch nicht nackt gesehen hat. Leonard führt/führte Beziehungen mit ihr, Sheldon half ihr einmal aus der Dusche und Raj landete einmal mit Penny im Bett.

Rajesh „Raj" Ramayan Koothrappali

Rajesh Koothrappali wurde am 06.10.1981 in Neu-Delhi, Indien geboren. Seine Familie lebt in Indien, wo sein Vater als Gynäkologe arbeitet. Raj behauptete gegenüber seinen Freunden oft, dass er in armen Verhältnissen aufgewachsen sei. Mit der Zeit stellt sich aber heraus, dass seine Eltern sehr wohlhabend sind und ihn auch finanziell unterstützen. Zu ihnen hält er regelmäßig Kontakt über Videochat. Seine Eltern machen sich ständig Sorgen um ihn und möchten vor allem, dass er eine Frau findet.

Raj spricht mit typisch indischem Dialekt, er beherrscht aber auch Hindi. Er arbeite am CalTech Institut als Astrophysiker. Sein bester Freund ist Howard, mit dem er die meiste Zeit verbringt oder zusammen bei Leonard und Sheldon abhängt. Oft wird ihm und Howard von Fremden unterstellt, ein Paar zu sein, was die beiden immer überrascht und verstört. Gerad Raj verunsichert seine Mitmenschen hin und wieder durch seine feminine Art. Wenn er zum Beispiel über die neuesten Modetrends philosophiert oder gegenüber Männern unbeabsichtigt zweideutige Bemerkungen macht, bedient er homosexuelle Klischees. Dass er später einen kleinen Hund von Bernadette und Howard geschenkt bekommt und diesen wie ein Baby verhätschelt, verstärkt diesen Eindruck noch mal deutlich. Dabei ist Raj aber immer auf der Suche nach der richtigen Frau. Dies gestaltet sich besonders schwierig, da er an selektivem Mutismus leidet, was es ihm nahezu unmöglich macht, mit Frauen zu sprechen. Nur unter Alkoholeinfluss gelingt ihm dies. Trinkt er allerdings zu viel Alkohol, wird er großspurig und aggressiv. Erst am Ende der 6. Staffel wird er von dieser Blockade befreit und kann fortan mit Frauen normal sprechen.

Frauen sind das große Thema von Raj und er landet sogar einmal mit Penny im Bett – allerdings haben die beiden keinen Geschlechtsverkehr. Später ist er kurze Zeit der Meinung, in Bernadette verliebt zu sein, was natürlich für Ärger mit Howard sorgt. Raj gelingt es aber immer wieder, trotz seines Sprachproblems Frauen kennenzulernen. Leider bleibt es aber immer nur bei kurzen Affären und sein Wunsch nach einer festen Bindung erfüllt sich nicht. Einmal schicken ihm seine Eltern eine Frau aus Indien nach Amerika, die er heiraten soll. Doch diese hält ihn für schwul und ist selber auch noch lesbisch. Schließlich lernt er Lucy kennen, doch die Beziehung gestaltet sich als schwierig und sie beendet die Beziehung am Ende der 6. Staffel. Dieser Schock löste seine Sprachblockade.

Rajs Schwester Priya hatte eine Beziehung mit Leonard, was er zuerst nicht gut fand. In dieser Zeit gab es Spannungen zwischen Leonard und Penny, da Priya eifersüchtig war. Als sie wieder nach Indien ging, führten sie noch eine Zeit lang eine Fernbeziehung und trennten sich schließlich.

- Raj hat eine Vorliebe für typische Frauen-Fernsehserien wie „Greys Anatomy", „Sex and the City" oder „The Good Wife" und muss bei romantischen Filmen weinen.
- Er mag kein indisches Essen, da er es nicht verträgt.
- Sein Lieblingscocktail ist ein „Grasshopper", nachdem ihn Penny einmal einen serviert hat.
- Raj ist der einzige Mann der Gruppe, dessen Vater man zu sehen bekommt.
- Er nimmt, genau wie Howard, seine Religion nicht so ernst und isst gerne Rindfleisch, was Hindus eigentlich nicht erlaubt ist.
- Er teilt die Begeisterung für Züge mit Sheldon und für Affen mit Amy.
- Raj arbeitet eine Zeit lang mit oder für (je nach Standpunkt) Sheldon.
- Seine Lieblingszahl ist die 5,318,008 – weil sie das Wort „BOOBIES" ergibt, wenn man sie über Kopf ließt.

- Er hat Angst vor Spinnen, Käfern und mag keine Hasen / Kaninchen.
- Von Bernadette und Howard bekommt er einen weiblichen Yorkshire Terrier geschenkt, den er Cinnamon nennt.

Penny

Penny wurde am 30.11.1985 in Omaha, Nebraska geboren, wo sie auch aufgewachsen ist. Später zog sie nach Kalifornien, um dort ihre Schauspielkarriere voranzutreiben. Dort lernt sie auch Kurt kennen, mit dem sie vier Jahre eine Beziehung führt. In der ersten Folge hat sie sich gerade von ihm getrennt und zieht deshalb in die Wohnung gegenüber von Leonard und Sheldon. Penny arbeitet in der Cheesecake Factory als Kellnerin und sieht darin nur einen Job, den sie machen will, bis sie ihren Durchbruch als Schauspielerin schafft. Allerdings gelingt ihr dies auch nach sechs Staffeln bisher nicht. Zwischendurch hat sie aber durchaus Auftritte in Werbespots und Theaterstücken. Sie ist es, die das Leben von Leonard, Sheldon, Howard und Raj aufwirbelt und ihnen zeigt, dass es da draußen noch eine Welt abseits von Computerspielen und Comicheften gibt. Leonard ist von der ersten Begegnung an in sie verliebt, glaubt anfangs aber nicht, dass so eine attraktive Frau sich für jemanden wie ihn interessieren könnte. Wie man ja weiß, war dies ein Irrtum. Die Liebesgeschichte zwischen den beiden ist einer der wichtigsten Handlungsstränge der Serie.

Pennys Familie lebt in Nebraska, es ist bisher nicht sehr viel über sie bekannt. Ihr Vater, Wyatt, wollte eigentlich immer einen Sohn haben und behandelte Penny wie einen Jungen. Da sie auf einer Farm aufwuchs, musste sie unter anderem Rinder kastrieren oder auch mal einen Trecker reparieren. Diese Zeit lastet ihr immer noch ein wenig auf der Seele. Sie hat mindestens eine Schwester, für deren Sohn sie in einer Folge ein Geschenk besorgen möchte.

Durch ihr attraktives Erscheinungsbild und ihre offene Art hat sie eigentlich ständig Beziehungen oder kurzfristige Männerbekanntschaften, wofür Sheldon sie manchmal aufzieht. Allerdings macht sie auch immer wieder schlechte Erfahrungen und wird oft enttäuscht. Erst in der später gefestigten Beziehung mit Leonard findet sie Stabilität. Durch Penny lernen die vier Jungs einiges über „normales" soziales Verhalten. Anfangs ist sie von der Nerd-Welt überfordert und oft genug auch genervt, zumal sie von den meisten Sachen wie Comics, Computerspielen oder Scifi-Serien und Filmen keine Ahnung hat. Im Laufe der Serie eignet sie sich aber etwas Wissen an, interessiert sich auch mehr dafür. Da die Jungs mit der Zeit zu ihren Freunden werden, will sie ihre Interessen natürlich auch verstehen.

- Penny ist der einzige Charakter, dessen Nachname man bisher nicht erfahren hat. Laut Produzent Bill Prady wäre es aber denkbar, dass der Name noch enthüllt wird.
- Sheldon errechnet in der Folge 4x01 „31 Liebhaber, aufgerundet", dass Penny zu diesem Zeitpunkt etwa mit 31 Männern Sex hatte.
- In ihrer Schulzeit mobbte sie Mitschüler und machte sich zum Beispiel über ein stotterndes Mädchen lustig. Dies unterscheidet sie von allen anderen Charakteren, die als Schüler allesamt Mobbingopfer waren.

- In der Pilotfolge erzählt Penny, sie sei Vegetarierin. Dies wird aber nicht wieder aufgegriffen und sie isst in vielen Episoden Fleisch.
- Pennys Auto ist ein 1980er Volkswagen Cabriolet Mk1 im schlechten Zustand und bei dem schon seit ewiger Zeit ein rotes Warnblinklicht leuchtet – was Penny aber ignoriert.
- Penny ist nicht nur der Charakter, der die meisten Beziehungen vorweisen kann, sondern auch der mit dem höchsten Alkoholkonsum.
- Wenn Penny überrascht oder schockiert ist, flackern ihre Augenlieder eine Zeit lang, bevor sie imstande ist, etwas zu sagen.
- Amy sieht in Penny sofort ihre beste Freundin, da sie in gewisser Weise die Frau verkörpert, die sie selber immer sein wollte.
- Penny hat einen Hang zum Schnorren. Oft bezahlt sie nicht fürs Essen, da sie rüber zu Leonard und Sheldon geht. Außerdem nutzt sie auch deren WLAN-Verbindung zum Internetsurfen.
- Sie hat einen sehr offenen, freundlichen Charakter, aber nur solange sie nicht sauer wird. Dann sollte man besser das Weite suchen.
- Sie spielt sehr gut Schach und schlägt sogar Leonard, was diesen total unerwartet trifft. Aber sie hat auch allgemein ein Talent für Spiele und besiegt Sheldon spontan bei „Halo".

Bernadette Maryann Rostenkowski-Wolowitz

Bernadette wuchs in einer konservativen Familie auf, wurde streng christlich erzogen und ging deshalb auch auf eine katholische Schule. Es ist bisher nur wenig über ihre Vergangenheit bekannt, möglicherweise stammt ihre Familie ursprünglich aus Polen. Darauf könnte der Nachnahme hindeuten sowie die Tatsache, dass der Katholizismus die verbreitetste Religion in Polen ist. Sie hat mindestens einen Bruder namens Joey. Ihr Vater arbeitete als Polizist und genießt nun seinen Ruhestand. Bevor Howard ihn kennenlernt, gibt ihm Bernadette einige Verhaltensanweisungen und erklärt, dass ihr Vater immer noch gerne seine Dienstwaffe trägt. Howard ist deshalb sehr verunsichert und hatte auch Angst vor der ersten Begegnung. Dennoch versteht er sich nach kleineren Startsschwierigkeiten gut mit Bernadettes Eltern. Ihre Mutter betrieb früher einmal eine illegale Kindertagesstätte, was so gar nicht zu dem eigentlichen Bild der Familie Rostenkowski passt.

Bernadette arbeitet anfangs zusammen mit Penny als Bedienung in der Cheesecake Factory. Mit diesem Job finanziert sie sich ihr Studium. Zu Beginn der vierten Staffel bekommt Bernadette ihren Doktortitel und arbeitet fortan als Mikrobiologin bei einem Pharmaunternehmen und verdient deutlich mehr als Howard, was diesen zuerst stört. Penny ist es, die Howard und Bernadette miteinander bekannt macht. Dies beruht auf einem Pakt, den Howard mit Leonard hat. Die beiden haben einmal vereinbart, dass, sobald einer von ihnen eine Freundin bekommt, der andere ihn mit einer ihrer Freundinnen bekannt macht. Leonard bat Penny, ihm dabei zu helfen und so organisierte sie für Howard und Date mit Bernadette. Schnell bemerkten die beiden, dass sie einiges gemeinsam haben. Auch Bernadettes Mutter behandelte sie immer wie ein Kind und will ihr Vorschriften machen.

Bernadette wirkt allgemein sehr schüchtern und zurückhaltend, was auch an ihrer recht leisen und zärtlichen Stimme liegt. Doch der Schein trügt, denn eigentlich kommt sie mit anderen Menschen schnell ins Gespräch. Außerdem kann sie auch sehr aufbrausend sein und wird auch überraschend laut, wenn sie verärgert ist. In Penny sieht sie, genau wie Amy, ihre beste Freundin.

- Bernadette hat, ähnlich wie Sheldon, ein großes Problem damit zu lügen. Wenn sie es doch versucht, sieht man ihr es sofort an. Zurückzuführen ist dies wahrscheinlich auf ihre streng katholische Erziehung.
- Howards Mutter bestätigte einmal, dass Bernadette polnische Wurzeln hat. Vom Nachnamen abgeleitet bedeutet „Rostenka" in tschechischer Sprache Rumpsteak oder Mädchen.
- Sie ist nur 1,50 Meter groß, wofür sie ihrer Mutter die Schuld gibt, da diese während der Schwangerschaft rauchte. Will sie durch den Türspion sehen, braucht sie einen Stuhl oder Hocker dafür.
- Bernadette mag keine Kinder, da sie früher immer auf ihre Geschwister(?) aufpassen musste.
- Neben der Mikrobiologie interessiert sie sich für Physik. Diesen Zweig hätte sie alternativ auch studiert. Ein gänzlich anderer Berufswunsch war übrigens Eiskunstläuferin.
- Sie interessiert sich nicht für Science-Fiction, Zaubertricks, Fantasy, Computer oder Rollenspiele.

Amy Farrah Fowler

Amy wird am Ende der dritten Staffel als Charakter in die Serie eingeführt. Howard und Raj erstellten ein Profil für Sheldon auf einer Dating-Seite, worauf Amy antwortete. Die beiden konnten erst nicht glauben, dass es eine Frau geben könnte, die zu Sheldon passt. Anfangs erscheint Amy wie eine weibliche Kopie von Sheldon. Auch sie erklärt, kein Interesse an einer körperlichen Beziehung zu haben und eigentlich hat sie dem Date nur zugestimmt, um ihrer Mutter einen Gefallen zu tun. Dieser musste sie versprechen, sich wenigstens einmal im Jahr mit einem Mann zu verabreden.

Amy hat zunächst ein sehr distanziertes, höchst rationales Auftreten. Mit sozialen Kontakten tut sie sich sehr schwer. Sie legt aber auch keinen besonderen Wert darauf, Menschen kennenzulernen. Durch Sheldon wird sie nach und nach in den Freundeskreis aufgenommen, auch wenn es anfangs ein paar Schwierigkeiten gibt. Besonders die Freundschaft zu Penny und Bernadette hat einen positiven Effekt auf Amy, denn zuvor hatte sie keine Freunde. Mit der Zeit wird sie viel offener und kontaktfreudiger, dieser Aspekt verändert am stärksten ihre Beziehung zu Sheldon. Da Amy sieht, wie glücklich Leonard und Penny und auch Bernadette und Howard sind, sehnt sie sich nach einer etwas normaleren Beziehung - inklusive körperlicher Zärtlichkeit. Natürlich tut sich Sheldon enorm schwer damit und lehnt dies lange Zeit über kategorisch ab. Später räumt Sheldon zur Überraschung aller ein, dass er sich zumindest in Zukunft vorstellen kann, mit Amy irgendwann einmal Sex zu haben.

Amy hat einen Doktortitel und arbeitet als Neurobiologin. Dabei macht sie unter anderem Verhaltensstudien bei Affen oder untersucht Gehirnfunktionen. Sie hat, genau wie Penny und Bernadette, kein Interesse an den Nerd-Dingen ihrer Freunde.

- Amy Darstellerin Mayim Bialik besitzt als einzige Akteurin der Serie auch im echten Leben einen Doktortitel – in Neurobiologie.
- Sie kann ein Instrument spielen, nämlich die Harfe.
- In der Folge 1x13 „Superbowl für Anfänger", sagt Raj in der englischen Version, dass man doch die Schauspielerin aus der Serie „Blossom" für das Bowling-Team als viertes Mitglied nehmen könnte. In „Blossom" spielte Mayim Bialik ihre erste Serienhauptrolle. Ein Zufall? Oder war sie schon zu diesem Zeitpunkt für eine Rolle im Gespräch? In der deutschen Übersetzung schlägt Raj Jodie Foster vor.
- Sie nennt ihre vibrierende, elektrische Zahnbüste „Gerard" und rät Penny und Bernadette, sich ebenfalls eine zuzulegen.
- Amy hat leicht bisexuelle Gefühle für Penny.
- Zufall oder nicht: Ihre Apartment Nummer ist die 314. Dies sind die ersten Ziffern der Zahl Pi. Außerdem war Albert Einsteins Geburtstag der 14. März, also 3.14 im Englischen.
- Sie mag keine Comichefte oder Scifi-Serien, dafür aber „Downton Abbey". Die Lieblingsserie aus ihrer Kindheit ist „Unsere kleine Farm".
- Zufall oder nicht zum Zweiten: Mayim Bialik's Vorname funktioniert als Anagramm für „I'm Amy".
- Amy hatte einen Cousin namens William, der bei einem Unfall in einer Pfefferfabrik verunglückte.
- Sie ist, genau wie Sheldon und Bernadette, eine schlechte Lügnerin.
- Amy hatte einen imaginären Freund namens Arman.
- Einmal erzählt sie, dass sie sich im Alter von 14 Jahren selber die Schwimmhäute zwischen ihren Zehen durchtrennt hat.
- Sie ist Erfinderin ihrer eigenen Geheimsprache, die sie „Op" getauft hat.

Stuart Bloom

Stuart Bloom wird am Ende der zweiten Staffel in der Folge 2x20 „Der Wolowitz-Koeffizient" als Nebencharakter eingeführt. Ihm gehört der Comicbuchladen, den die Freunde immer aufsuchen. Stuart hat ein abgeschlossenes Kunststudium der Rhode Island School of Design, was ihn beruflich allerdings nicht sehr viel weiter-gebracht hat. Wahrscheinlich wollte er Comiczeichner werden und eröffnete stattdessen einen eigenen Comicbuchladen. Dennoch hat er ein Talent zum Zeichnen und fertigt einmal ein Portrait von Penny an. Stuart erzählt oft, dass er nur wenig Geld mit seinem Laden verdient. In der Folge 4x17 „Das Juwel von

Mumbai" sagt er, dass er im Laden wohnen würde. Ob dies nur vorübergehend war, oder ob er tatsächlich dauerhaft im Comicbuchladen wohnt, ist nicht bekannt. In seinem Laden veranstaltet Stuart gelegentlich Events wie Rollenspielturniere, Kostümwettbewerbe oder eine alljährliche Silvesterfeier für einsame Nerds. Einmal gibt dort sogar Comiclegende Stan Lee eine Autogrammstunde. Er verfügt über ein nahezu allumfassendes Wissen über die Comicwelt und kann sich auf diesem Gebiet locker mit Sheldon messen.

Leonard, Howard, Sheldon und Raj kennen Stuart schon länger und betrachten ihn daher auch als guten Kumpel. In späteren Staffeln laden sie ihn zum Beispiel auch gelegentlich zu Spieleabenden ein. Ab der 6. Staffel freundet sich Raj besser mit Stuart an, da sie nun die einzigen Singles in der Clique sind. Sie unternehmen öfter etwas zusammen, was Howard irgendwann eifersüchtig macht. Stuart ist bei der Suche nach einer Frau recht erfolglos. Er verliebt sich in Penny und sie geht sogar zweimal mit ihm aus, wobei es sogar zu einem Kuss kommt. Dennoch entwickelt sich keine Beziehung zwischen den beiden. Stuart hat einen starken Hang zu negativen Gedanken und bringt oft seine depressiven Gefühle durch sarkastische Bemerkungen zum Ausdruck. Er ist mit dem Schauspieler Will Wheaton befreundet, einem langjährigen Erzfeind von Sheldon.

- Stuarts Familienname „Bloom" wurde erst in der 5. Staffel bekannt, als Sheldon sich seine Facebook-Seite ansieht (Folge 5x10 „Die Beziehungsrahmenvereinbarung").
- Die Figur wurde möglicherweise nach dem Charakter Leo Bloom aus dem Film „The Producers" von Mel Brooks benannt, da er zahlreiche Ähnlichkeiten zu Stuart aufweist.
- Trotz oder gerade wegen seiner meist depressiven Weltanschauung neigt er zum Zwangsoptimismus.
- Er wurde wahrscheinlich im Oktober 1974 geboren und wäre damit der älteste Charakter der Freundesclique.

Barry Kripke

Barry Kripke ist zum ersten Mal in der Folge 2x20 „Monte der Roboter" zu sehen. Er arbeitet als Plasma-Physiker am CalTech Institut und ist ein unbeliebter Kollege von Leonard und Sheldon. Besonders mit Sheldon verbindet ihn eine Hassrivalität. In der dritten Staffel leitet er Heliumgas in Sheldons Büro, während dieser gerade ein Telefoninterview gibt und sich so gründlich blamiert. Später versucht Sheldon sich mit ihm anzufreunden, um berufliche Vorteile daraus zu ziehen, was aber nicht klappt. Als Sheldon einmal Streit mit Leonard, Howard und Raj hat, will er beweisen, nicht auf sie angewiesen zu sein. Er beschließt kurzerhand, sich einen neuen Freundeskreis zu schaffen und lädt Kripke, Stuart und Zack zu einem Spieleabend ein. Doch der Abend verläuft überhaupt nicht so wie erwartet. Kripke ist vielseitig interessiert und geht etlichen Hobbys wie Wasserball, Polo spielen, Bauchreden, Karaoke und Klettern nach. Sein auffälligstes Merkmal ist sein lispelnder Sprachfehler, der an „Duffy Duck" erinnert. Kripke ist sich seiner vielen Unzulänglichkeiten bewusst, tritt aber gegenüber Frauen dennoch selbstbewusst auf. Allerdings macht er immer unpassende und teils auch verstörende Bemerkungen. Außerdem hat er einmal Fotos seiner Genitalien im Internet veröffentlicht und verbringt seine Freizeit gerne in einem Strip Club in der Nähe seines Apartments.

- Er wurde wahrscheinlich nach dem Philosophen Saul Kripke benannt.
- In der mexikanischen Synchronfassung von The Big Bang Theory hat Kripke keinen Sprachfehler, spricht aber ab der 4. Staffel mit einem deutschen Akzent.
- Durch seinen Sprachfehler versteht die Spracherkennungssoftware Siri ihn nicht.
- In der Mitte der 6. Staffel kommt heraus, dass Kripkes Forschung der von Sheldon überlegen ist.

Chuck Lorre – Der Sitcom König

Charles Michael Levine wurde am 18. Oktober 1952 in Long Island, New York geboren. Seinen Nachnamen änderte er im Alter von 26 Jahren aus persönlichen Gründen in Lorre. Sein Vater betrieb eine Imbissstube auf Long Island, die aber nicht gut lief. Also musste der junge Charles mit zwölf Jahren im Imbiss aushelfen, um die Kosten niedriger zu halten. Seine Mutter jobbte zusätzlich in einem Kaufhaus. Nach seinem High-School Abschluss besuchte Lorre die State University of New York in Potsdam, wo er Kunst und Musik studieren wollte. Nach nur zwei Jahren verließ er die Universität aber wieder, um eine Karriere als Sänger und Gitarrist zu starten. So zog er eine ganze Zeit lang durch die USA, trat hier und da auf, aber der große Erfolg blieb aus. 1986 ergab es sich, dass er den Song "French Kissin' in the USA" für die Sängerin Debbie Harry schrieb, der ein respektabler Erfolg wurde und es in England sogar in die Top-Ten schaffte. Ein Jahr später komponierte Lorre zusammen mit Dennis Challen Brown die Titelmelodie für die Comicserie *Teenage Mutant Ninja Turtles*. Mitte der 1980er Jahre konzentrierte er sich auf das Schreiben fürs Fernsehen und fand eine feste Anstellung als Autor für Animationsserien wie *Muppet Babies*, *MASK* oder *Heathcliff & Riff Raff*. Von 1987 bis 1990 schrieb er Drehbücher für die Sitcom Ein Vater zu viel.

Ab 1990 war Lorre dann als Autor für die sehr erfolgreiche Sitcom *Roseanne* tätig. Er hinterließ einen bleibenden Eindruck bei den Produzenten der Serie Marcy Carsey und Tom Werner, sodass sie Lorre kurzerhand zum Supervising Producer beförderten. Daraus ergab sich, dass er endlich die Chance bekam, seine eigene Serie zu realisieren. Lorres erstes eigenes Projekt *Frannie's Turn* (1992) wurde nach nur fünf Wochen eingestellt. Trotz dieses Misserfolges arbeitete er weiterhin erfolgreich bei Roseanne. Gleich danach konnte Lorre an der nächsten, ebenfalls sehr erfolgreichen Serie *Grace* sein Talent als Autor und Produzent beweisen. Allerdings kam es zu Streitigkeiten zwischen ihm und der Hauptdarstellerin, Brett Butler, die auf kreativere Kontrolle ihrerseits pochte – und Recht bekam. Chuck Lorre wurde daraufhin nach der ersten Staffel als Produzent entlassen, stand der Serie aber weiterhin als Berater zur Seite.

Im Jahr 1995 erschuf Chuck Lorre mit *Cybill* eine Sitcom, die maßgeschneidert für Hauptdarstellerin Cybill Shepherd war. Trotz dieser Ausgangssituation kam es zu Streitigkeiten zwischen Shepherd und Lorre, woraufhin er auch bei dieser TV-Serie den Posten als Executive-Producer verlor. Dies brachte ihm zeitweise den Ruf ein, ein talentierter, aber auch schwieriger Produzent zu sein. 1997 ging die nächste Chuck Lorre Sitcom auf Sendung: *Dharma & Greg*. Auch diese Serie lief recht erfolgreich und wurde in der fünfjährigen Laufzeit unter anderem acht Mal für den Golden Globe nominiert.

Nach dem Ende von *Dharma & Greg* sollte der nächste Hit in Chuck Lorres Karriere folgen. Als 2002 *Two and a Half Men* auf Sendung ging, konnte niemand ahnen, dass dies eine der erfolgreichsten Sitcoms in der Fernsehgeschichte werden würde. Die Serie markiert einen Meilenstein in Chuck Lorres Karriere und war sage und schreibe über 30 Mal für den Emmy Award nominiert. Allerdings kam es im Laufe der Zeit zu heftigen Streitereien zwischen Chuck Lorre und Hauptdarsteller Charlie Sheen wegen dessen offenem Drogenkonsum und immer höheren Gehaltsforderungen. Der Streit wurde schließlich sogar in den Medien ausgetragen, wobei auch Sheens Drogenprobleme immer offensichtlicher wurden. Schließlich wurde Sheen aus der Serie herausgeschrieben und er musste die Serie zum Ende der 8. Staffel verlassen. Ashton Kutcher übernahm daraufhin die Hauptrolle in der Serie. *Two and a Half Men* läuft bis heute weltweit sehr erfolgreich.

Lorre wollte sich aber nicht auf den großen Erfolg, den er mit *Two and a Half Men* hatte, ausruhen und arbeitete weiter fleißig an neuen Ideen und Konzepten. Im Jahr 2007 ging mit *The Big Bang Theory* eine Sitcom auf Sendung, die zunächst unter keinem guten Stern stand. Das Konzept, das Lorre zusammen mit Bill Prady erdacht hatte, stieß beim Sender CBS auf Skepsis. Schlimmer noch: Die Pilotepisode, mit der man die Serie den Senderverantwortlichen vorstellte, fiel komplett durch. Normalerweise bedeutete dies das Aus für ein Serienkonzept, doch da Lorre zuvor große Erfolge vorweisen konnte, gab man dem Ganzen noch eine Chance. Lorre und Prady gingen zurück an den Schreibtisch, um der Serie den nötigen Feinschliff zu verpassen. Anschließend wurde eine zweite Pilotepisode mit teils neuer Besetzung gedreht. Beim zweiten Anlauf gelang es, den Sender zu überzeugen. *The Big Bang Theory* schlug ein wie eine Bombe und wurde weltweit ein großer Erfolg. Bis heute wird die Sendung in über 50 Ländern ausgestrahlt.

Lorre heiratete 1979 Paula Smith, mit der er zwei Kinder hat. 1992 trennte sich das Paar. Im Jahr 2000 heiratete Lorre die Schauspielerin Karen Witter, doch 2010 ließen sich die beiden scheiden. Im März 2009 wurde Lorre mit einem eigenen Stern auf dem berühmten Walk of Fame ausgezeichnet.

<u>Chuck Lorre Vanity cards</u>
Lorre zeigt am Ende vieler seiner Serien die sogenannten Vanity cards. Dies sind persönliche Nachrichten oder Anmerkungen von ihm, die für nur ungefähr drei Sekunden eingeblendet werden. In der deutschen TV-Ausstrahlung sind diese aber nicht zu sehen, da nicht der komplette Abspann gezeigt wird. Die Vanity cards sind in den Serien *Dharma & Greg*, *The Big Bang Theory*, *Cybill*, *Grace*, *Mike & Molly* sowie *Two and a Half Men* zu sehen.

Die nicht ausgestrahlte Pilot Episode

Unter Fans ist es kein Geheimnis, dass von der aller ersten Episode *The Big Bang Theory* eine Version existiert, die nie ausgestrahlt wurde. Serienproduzent Chuck Lorre lies die Pilotfolge drehen, um sein Konzept einer Sitcom über das Leben zweier befreundeter Wissenschaftler dem Sender CBS vorzustellen. Doch dort zeigte man sich wenig begeistert und lehnte dankend ab. Normalerweise bedeutet dies das aus für ein Konzept. Da Lorre aber zuvor schon etliche, erfolgreiche TV-Serien wie zum Beispiel *Two and a Half Men* produziert hatte, entschied man sich, dem Projekt eine zweite Chance einzuräumen.

Eine seltene Ausnahme in der TV-Branche. Also machte sich Chuck Lorre und sein Team daran, das Konzept zu überarbeiten, um dann eine neue Pilotfolge zu drehen.

Wie sich rausstellte, musste gar nicht so viel geändert werden. Es fehlte lediglich der richtige Feinschliff bei wichtigen Details. Leonard und Sheldon waren auch schon in der ursprünglichen Version die beiden Hauptcharaktere. Während Leonards Charakter genauso übernommen wurde, musste man bei Sheldon kleine aber entscheidende Dinge ändern.

Im Original war er durchaus am weiblichen Geschlecht interessiert, auch wenn Frauen schon hier keine hohe Priorität bei ihm hatten. Trotzdem wurde schon in dieser Version der Pilotfolge enthüllt, dass Sheldon Sex mit Mitbewohnerin Gilda hatte. Sheldon war einfach noch zu „normal", weshalb man es so abänderte, dass er noch nie eine Beziehung und somit auch noch nie Sex hatte. Solche Dinge hielt er nun für pure Zeitverschwendung und hat demzufolge auch kein Interesse daran, weshalb man ihn durchaus als asexuell bezeichnen kann. Außerdem wurde Sheldon nun so angelegt, dass ihm jegliches Feingefühl im Umgang mit seinen Mitmenschen fehlt. Was wäre *The Big Bang Theory*, so wie man es kennt, ohne Sheldons überheblich plumpe Art, die für so viele lustige Momente sorgt? Kaum vorstellbar!

In der ersten Pilotepisode gab es Howard und Raj noch gar nicht. Die Idee Leonard und Sheldon einen lustigen Sidekick an die Seite zu stellen, war jedoch von Anfang an Teil des Konzeptes. Dafür erschuf man den Charakter Gilda, gespielt von Iris Bahr. Eine weibliche Mitbewohnerin von Leonard und Sheldon. Gilda war als weiblicher Nerd angelegt, die ein Auge auf Leonard geworfen hat und früher ein Mal einen One-Night Stand mit Sheldon auf einer „Star Trek" Konvention hatte. Man erkannte jedoch, dass Gilda als Charakter weitaus weniger Potenzial für lustige Geschichten bieten würde, als zunächst angenommen.

An ihre Stelle traten dann Howard und Raj, zwei Charaktere, die nicht unterschiedlicher sein könnten und wunderbar zu Leonard und Sheldon passen. Der selbstbewusste Howard, der sich selber gerne als Geschenk für die Frauenwelt betrachtet und Raj der schüchterne, gefühlvolle aber auch schlagfertige Inder, der leider nicht mit Frauen sprechen kann. Nicht ohne Alkohol zumindest. Der Charakter des weiblichen Nerds wurde aber nicht gänzlich fallengelassen, sondern mit Leslie Winkle in einigen Episoden integriert.

Der wohl gravierendste Punkt, der geändert werden musste, war der der weiblichen Hauptrolle. Der Charakter Katie unterschied sich deutlich von Penny. Katie wurde als sehr selbstbewusste und fast schon abgebrühte Person eingeführt, die in der ersten Version der Pilotepisode mit ihren schlagfertigen Sprüchen den Jungs ganz schön einheizte. Leonard und

Sheldon wirkten ihr Gegenüber in gewisser Weise völlig unterlegen, so als konnte Katie ihnen auf der Nase rumtanzen. Man erkannte schließlich, dass der Charakter auf die Zuschauer eher unsympathisch wirken würde, was natürlich nicht das Ziel war. Schließlich sollte die Handlung im Verlauf der Serie unter anderem erzählen, wie sich der weibliche Hauptcharakter und Leonard besser kennenlernen und zusammenkommen. Doch so, wie Katie angelegt war, schien es völlig unglaubwürdig, dass sie sich jemals in ihn verlieben könnte. Zudem war sie selber durch ihre Art des Auftretens zu ungewöhnlich und fast schon selber eine Art Freak, was dem Konflikt der krassen Gegensätze, den man eigentlich vor Augen hatte, entgegenwirkte. Also erfand man mit Penny eine recht normale, junge Frau, die ihr Leben lebt und dann mit zwei weltfremden, verschrobenen Jungs konfrontiert wird. Der Konflikt passte. Mit dem Charakter wurde auch die Besetzung getauscht. Statt Amanda Walsh bekam nun im zweiten Anlauf doch noch Kaley Cuoco ihre Chance, die einfach mehr den Look des All-American-Girls hatte.

Inhaltlich tauchten viele Details, die man aus der finalen Fassung der Pilotepisode kennt, auch schon in der ersten Version auf. Die Eröffnung Szene, bei der Leonard und Sheldon zur Samenbank gehen, wurde fast eins zu eins übernommen. Nur erklärten sie zuerst, das Geld für ein Abendessen zu benötigen. Später änderte man dies und die Beiden wollten es in eine schnellere Internetverbindung investieren, was natürlich besser zu Nerds passt und auch lustiger ist. Sheldons geliebter und nach optimalen Raumverhältnissen ausgewählter Sitzplatz auf dem Sofa war ursprünglich ein bestimmter Tisch in dem Lieblingsrestaurant von Leonard und Sheldon. Auch die Wohnung der beiden sah zuerst völlig anders aus. Zwar gab es die beiden Tafeln mit den Formeln schon, ansonsten war alles aber sehr karg gestaltet, überall stapelten sich Bücher und andere Dinge auf dem Boden. Dies passte natürlich nicht zu dem Ordnungswahn des Sheldon, den man heute kennt. Die ursprüngliche Gestaltung der Wohnung sollte möglichst realistisch sein, weshalb der Set-Designer von *The Big Bang Theory* einige junge Physiker besuchte und seine Eindrücke dann verarbeitete. Die „alte" Wohnung mag zwar realistisch gewesen sein, aber eben auch sehr bedrückend und irgendwie langweilig. Der neue Look war offener, bunter und verspielter. Es entsprach einfach dem Klischee der Nerds, deren Welt nur aus Computern und Comicheften besteht.

Der launige Titelsong der Serie von den Barenaked Ladies wurde auch erst im zweiten Anlauf integriert. Ursprünglich wurde der Song *She Blinded Me With Science* verwendet. Diese vielen Details hätten fast dazu geführt, dass *The Big Bang Theory* nie auf Sendung gegangen wäre. Sowohl die Darsteller als auch Produzent Chuck Lorre gaben rückblickend zu, dass die erste Version des Pilotfilms völlig missglückt war. Zum Glück bekam das Projekt eine zweite Chance, was wirklich eine absolute Ausnahme darstellt. Der weltweite Erfolg der Serie lässt jedoch keinen Zweifel daran, dass dies eine richtige Entscheidung war. Und auch dass das Team von *The Big Bang Theory* nun alles richtig gemacht hat.

Staffel 1 – (2007-2008)

Folge 1x01 „Penny und die Physiker"
Originaltitel: Pilot
Erstausstrahlung USA: 24.September 2007
Erstausstrahlung DE: 11.Juli 2009

Inhalt:
Die beiden jungen, superintelligenten Physiker Leonard und Sheldon wohnen zusammen und wollen sich etwas Geld durch eine Samenspende dazuverdienen. Als dieses Vorhaben gründlich danebengeht und die beiden frustriert wieder nach Hause kommen, bemerken sie, dass in der Wohnung gegenüber eine attraktive Nachbarin eingezogen ist. Nachdem das erste Gespräch mit Penny peinlich endet, fassen die beiden allen Mut zusammen und laden sie zum Essen in ihre Wohnung ein. Penny merkt schnell, dass sie es mit zwei richtigen Nerds zu hat, die versuchen, sie mit ihren Kenntnissen in Quantenphysik zu beeindrucken.

   Als Penny die beiden bittet, ihren Fernseher bei ihrem Exfreund abzuholen, ist vor allem Leonard sofort bereit zu helfen. Die Aktion endet jedoch nicht so wie erhofft, trotzdem ist sie den beiden dankbar und lädt sie zum Essen ein. Außerdem lernt sie noch Howard und Raj, zwei schrullige Freunde von Leonard und Sheldon, kennen.

Charakterfacts:
• Penny stammt aus Omaha, Nebraska.
• Leonard ist laktoseintolerant.
• Sheldon hat einen genau festgelegten Sitzplatz auf der Couch und kann nur unter großer Überwindung woanders sitzen.
• In dieser Episode erwähnt Penny, sie sei Vegetarierin. Im weiteren Serienverlauf wird dies jedoch nicht weiter thematisiert und sie isst auch Fleisch.
• Howard spricht sechs Sprachen fließend.
• Rajesh hat einen Frauenkomplex, weshalb er nicht mit ihnen sprechen kann.
• Sheldon hat eine Schwester.
• Leonard besitzt über 2600 Comichefte von „Superman".

Facts/Trivia:
• Raj trägt eine Mütze, auf der die Zahl 42 aufgedruckt ist. Dies ist ein Verweis auf den Kultroman „Per Anhalter durch die Galaxis" des Autors Douglas Adams. In dem Roman gilt die Zahl 42 als die ultimative Antwort auf alle Fragen bezüglich des Universums und des Lebens.
• Die Namen der beiden Hauptcharaktere sind eine Hommage an den Schauspieler, Autoren und Filmproduzenten Sheldon Leonard.

- Die Gleichungen auf den Tafeln von Leonard und Sheldon entsprechen tatsächlich der Quantenphysik.
- Ursprünglich sollte der weibliche Hauptcharakter Katie oder Gilda heißen.
- Dieses ist die einzige Episode, dessen englischer Originaltitel nicht mit einem „The" beginnt.

Nerdtalk:
Leonard will die neue Nachbarin Penny einladen:
Leonard: „Ich weiß, dass ein Umzug stressig sein kann, und ich konnte feststellen, wenn ich unter Stress stehe, erzielt gutes Essen in netter Gesellschaft eine beruhigende Wirkung. Außerdem ist Curry ein natürliches Abführmittel, wie du sicher weißt. Ein gereinigter Verdauungstrakt ist eine Sorge, die man weniger hat."
Sheldon: „Leonard, ich bin zwar auf dem Gebiet kein Experte, aber bei einer Essenseinladung solltest du Anspielungen auf die Verdauung sein lassen."

Penny: „Und, was macht ich so in eurer Freizeit?"
Sheldon: „Naja, heute wollten wir für Geld masturbieren."

Penny möchte ihre Nachbarn besser kennenlernen:
Penny: „Klingonen Scrabble?"
Leonard: „Ja, es ist wie das klassische Scrabble, aber auf klingonisch. Das sagt wohl genug über uns, erzähl uns etwas über dich!"

Daten:
Drehbuch: Chuck Lorre, Bill Prady
Regie: James Burrows
Gastdarsteller: Vernee Watson-Johnson (Althea), Brian Wade (Kurt)

Folge 1x02 „Chaos Theorie"

Originaltitel: The Big Bran Hypothesis
Erstausstrahlung USA: 1.Oktober 2007
Erstausstrahlung DE: 18.Juli 2009

Inhalt:
Penny hat sich einen neuen Schrank gekauft, der bald geliefert werden soll. Da sie an diesem Tag aber nicht zu Hause sein kann, bittet sie Leonard und Sheldon die Lieferung anzunehmen. Unter großer Anstrengung schaffen die beiden es schließlich, das Paket in Pennys Wohnung zu tragen. Sheldon ist schockiert über die Unordnung und beginnt sofort mit Aufräumarbeiten, bis ihn Leonard bremsen kann. Doch Sheldon plagt der Gedanke an das Chaos in Pennys Wohnung so sehr, dass er nicht schlafen kann. Mithilfe des Zweitschlüssels geht er mitten in der Nacht in ihre Wohnung und räumt diese auf, während die neue Nachbarin seelenruhig im Nebenzimmer schläft. Später erwischt ihn Leonard dabei, kann ihn aber nicht von seinem Vorhaben abbringen und hilft ihm schließlich sogar. Als Penny am nächsten Morgen aufwacht, kann sie nicht glauben, dass die beiden nachts heimlich in ihrer Wohnung waren.

Charakterfacts:
- Howard hat eine Erdnussallergie.
- Sheldon hingegen reagiert allergisch auf Bienenstiche.

Facts/Trivia:
- Als Sheldon das Chaos in Pennys Wohnung sieht, ruft er „Geist des großen Cäsars!" Dies ist ein Verweis auf „Superman". Der Editor des fiktiven „Daily Planet" Magazins, Perry White, benutzt diesen Ausruf häufiger.
- Der Duschvorhang in Sheldon und Leonards Bad zeigt das Periodensystem der Elemente.

Nerdtalk:
Leonard: „Du kommst gerade von der Arbeit, sehr schön. Wie war´s denn?"
Penny: „Naja, es ist die Cheesecake Factory. Die Leute bestellen Kuchen, und ich bringe ihn zum Tisch."
Leonard: „Das heißt, Du fungierst dort als eine Art Eiweiß- und Kohlehydrat-Verteilungssystem?"
Penny: „Ja, nenn es, wie Du willst. Ich bekomm den Mindestlohn."

Sheldon: „Du erhoffst Dir doch wohl nicht etwa, durch unsere Mühen hier die Chance zu erhöhen, mit dieser Frau zu einer sexuellen Vereinigung zu kommen?"
Leonard: „Männer erledigen für Frauen auch Sachen, ohne dafür Sex zu wollen!"
Sheldon: „Ja, aber nur Männer, die gerade welchen hatten."

Sheldon und Leonard sind nachts heimlich in Pennys Wohnung gewesen, um dort aufzuräumen. Sheldon versucht die Sache in Ordnung zu bringen:
Penny: *„Was ist?"*
Sheldon: *„Es tut mir aufrichtig leid, was vergangene Nacht passiert ist, und ich übernehme die volle Verantwortung. Und es beeinträchtigt hoffentlich nicht deine Meinung über Leonard, der nicht nur als Mensch ganz wunderbar ist, sondern, wie ich höre, auch ein zärtlicher und gründlicher Liebhaber."*

Daten
Drehbuch: Chuck Lorre, Bill Prady
Regie: Mark Cendrowski
Gastdarsteller: -

Folge 1x03 „Erregungsfaktor: Null"

Originaltitel: The Fuzzy Boots Corollary
Erstausstrahlung USA: 08.10.2007
Erstausstrahlung DE: 25.07.2009

Inhalt:
Leonard muss ständig ein die neue Nachbarin Penny denken. Er will warten, bis sie nach Hause kommt, um sie anzusprechen. Doch Penny hat eine männliche Begleitung mitgebracht und Leonard muss frustriert mit ansehen, wie die beiden sich küssen. Howard will seinen Freund aufmuntern und nimmt ihn mit in ein Tanzstudio, doch ohne Erfolg. Deshalb kommt Leonard auf die Idee, seine Laborkollegin Leslie nach einer Verabredung zu fragen. Allerdings läuft auch dieser Versuch nicht wie erwartet. Sheldon ermutigt ihn, Penny zu einem Date einzuladen. Da Leonard sich nicht klar ausdrückt, nimmt Penny an, auch die anderen Freunde würden zu dem Essen kommen.

Charakterfacts:
• Leonard, Shelton, Howard und Raj sind begeisterte Anhänger des Online-Rollenspiels „World of Warcraft".
• Sheldon leidet an Asthma.

Facts/Trivia:
• Sara Gilbert (Leslie) und Johnny Galecki (Leonard) spielten jahrelang zusammen in der Sitcom „Roseanne" mit, wo sie ein Paar darstellten. Der Charakter der Leslie Winkle wird im Verlauf der Serie noch häufiger auftauchen.
• Am Anfang der Folge spielen die Freunde „World of Warcraft" und finden das Schwert von Azeroth. Dieses gibt es in dem Spiel überhaupt nicht.

Nerdtalk:
Leonard: „Du meinst, wir küssen uns jetzt?"
Leslie: „Ja."
Leonard: „Wie definierst Du die Parameter des Kusses?"
Leslie: „Geschlossener Mund, aber romantisch. Minze?"

Leonard ist natürlich nervös vor dem ersten Date mit Penny:
Leonard: „Erkennt man, dass ich ein wenig schwitze?"
Sheldon: „Nein. Die dunklen, halbmondförmigen Muster unter deinen Armen verdecken das ganz gut. Um wie viel Uhr war dein Date?"
Leonard: „Halb sieben."
Sheldon: „Bestens! Dann hast Du noch zwei Stunden fünfzehn Minuten Zeit, und die dichte Molekularwolke deines Aftershaves kann sich verflüchtigen."
Leonard: „Ist es zu viel?"
Sheldon: „Nicht für ein ganzes Rugby Team."

Daten:
Drehbuch: Chuck Lorre, Bill Prady, Steven Molaro
Regie: Mark Cendrowski
Gastdarsteller: Allen Nabors (Doug), Treisa Gary (Waitress), Sherry Weston (Instructor), Sara Gilbert (Leslie Winkle)

Folge 1x04 „Die Leuchtfisch Idee"

Originaltitel: The Luminous Fish Effect
Erstausstrahlung USA: 15.Oktober 2007
Erstausstrahlung DE: 1.August 2009

Inhalt:
Als Leonard und Sheldon auf einer Uniparty ihren neuen Chef, Dr. Gablehauser, kennenlernen, beleidigt Sheldon ihn und verliert daraufhin seinen Job. Bei einer Einkaufstour nervt er Penny gewaltig, sodass sie keine Lust mehr hat, ihn mitzunehmen. Für Sheldon ist die Arbeitslosigkeit eine völlig neue Situation, weshalb er die Zeit nutzen will, seine zahlreichen Ideen für neue Experimente endlich in die Tat umzusetzen. Jeden Tag nervt er Leonard mit neuen, immer verrückteren Ideen, bis dieser nur noch einen Ausweg sieht: Er bittet Sheldons Mutter um Hilfe.

Charakterfacts:
- Sheldon hat zwei Geschwister.
- Sheldons Mutter, Marrie, gab ihm den Rufnamen Shelly.
- Sheldons Vater starb, als er mit einem Puma um ein Stück Lakritz kämpfte.

• Sheldon spricht die hawaiianische Sprache.

Facts/Trivia:
• In dieser Episode hat Laurie Metcalf ihren ersten Gastauftritt als Sheldons Mutter. Metcalf spielte gemeinsam mit Johnny Galecki (Leonard) und Sara Gilbert (Leslie Winkle, aus der vorherigen Episode) jahrelang in der Sitcom „Roseanne" mit.

Nerdtalk:
Sheldon hat frei und macht sich Rührei:
Leonard: „Ich lass Dich dann wieder mit Deinen Eiern alleine."
Sheldon: „Es geht mir nicht nur um meine Eier, sondern um die Eier von allen."
Leonard: „Und unser aller Eier danken Dir!"

Sheldon: „Meinst Du, wir könnten morgen in so ein großes Warenhaus gehen?"
Penny: „Hmm, ich weiß nicht, Sheldon. Ich müsste mich ein bisschen von all dem Spaß, den ich heute hatte, erholen."
Sheldon: „Wirklich nicht? Es hätte Vorteile, einiges in Großpackungen zu kaufen. Zum Beispiel hast Du heute bei den Tampons nur den Bedarf für einen Monat erworben."
Penny: „Was?"
Sheldon: „Naja, denk doch mal nach. Es ist ein Produkt, das nicht verderben kann und Du wenigstens noch dreißig Jahre brauchen wirst."
Penny: „Du meinst, ich soll mir einen Dreißig-Jahre-Vorrat an Tampons kaufen?"

Sheldon: „Heute habe ich mal wieder über Zeitreisen nachgedacht."
Leonard: „Weil Du mit der Unsichtbarkeit nicht mehr weiterkommst?"

Daten:
Drehbuch: Chuck Lorre, Bill Prady, David Litt, Lee Aronsohn
Regie: Mark Cendrowski
Gastdarsteller: Sierra Edwards (Summer), Mark Harelik (Dr. Eric Gablehauser), Laurie Metcalf (Mary Cooper)

Folge 1x05 „Die andere Seite der Krawatte"

Originaltitel: The Hamburger Postulate
Erstausstrahlung USA: 22.Oktober 2007
Erstausstrahlung DE: 8.August 2009

Inhalt:
Penny bekommt zufällig mit, dass Leonard sich mit Leslie Winkle verabredet und scheint sich zunächst auch für ihn zu freuen. Als ihr aber klar wird, dass die beiden eine Nacht miteinander verbracht haben, scheint Penny betrübt darüber zu sein. Hat sie vielleicht doch mehr Gefühle für Leonard? Sheldon versucht unterdessen, sich mit dem Essen in Pennys Restaurant anzufreunden.

Charakterfacts:
- Sheldon besuchte schon mit elf Jahren das College.
- Leonard kann Cello spielen.

Facts/Trivia:

Nerdtalk:
Sheldon triff in Penny in der Cheesecake Factory:
Sheldon: „Es wird Dich bestimmt freuen, dass ich vorhabe, ab sofort jeden Dienstag zum Essen hier vorbeizukommen."
Penny: „Wirklich? Oh…..yeah!"
Sheldon: „Wen sollte ich ansprechen, wenn ich den Tisch dauerhaft reserviert haben will?"
Penny: „Hmm, ich weiß nicht. Einen Psychiater vielleicht?"

Penny: „Leonard hatte doch öfter ein Mädchen hier, oder?"
Sheldon: „Oh, ja, aber nie ohne Planung, wochenlanger Vorbereitung und einer Vorwarnung. Letztes Mal habe ich noch eine Kreuzfahrt in die Arktis zu einer Sonnenfinsternis buchen können."
Penny: „Warte, heißt dass, Du hast das Land verlassen müssen, weil Dein Mitbewohner Sex hatte?"

Leonard: „Leslie und ich arbeiten gemeinsam an der Uni in der Forschung."
Penny: „Oh, wow, eine echte Wissenschaftlerin."
Leslie: „Ja, nicht nur Titten und Beine, sondern auch Grips."

Daten:
Drehbuch: Steven Molaro, Jennifer Glickman, David Goetsch
Regie: Andrew D. Weyman

Gastdarsteller: Sara Gilbert (Leslie Winkle)

Folge 1x06 „Das Mittelerde-Paradigma"

Originaltitel: The Middle Earth Paradigm
Erstausstrahlung USA: 29.Oktober 2007
Erstausstrahlung DE: 15.August 2009

Inhalt:
Penny veranstaltet eine Halloween Party und schafft es, Leonard, Sheldon, Raj und Howard zu überreden, auch zu kommen. Zunächst haben die Vier Probleme mit der Kostümwahl, da alle als der „rote Blitz" gehen wollen. Dann kommen sie auch noch zu früh zur Party und sind vorerst die einzigen Gäste. Später wissen die Freunde nicht so recht, wie sie Anschluss finden sollen. Leonard ist erstaunt, als auch Pennys Exfreund Kurt auf der Party erscheint. Es kommt zu einer kurzen Auseinandersetzung mit ihm, woraufhin Leonard und Sheldon die Party verlassen. Penny versucht Leonard zu trösten, wobei die beiden sich näherkommen.

Charakterfacts:
- Leonards zweiter Vorname ist Leakey.
- Howard leidet unter idiopathischen Herzrhythmusstörungen.

Facts/Trivia:
- Howard erwähnt, dass er auf VH1 eine Sendung gesehen hat, bei der man lernt, wie man Frauen aufreißt. Dies ist ein Verweis auf die Reality Show „The Pick Up Artist".
- Der Episodentitel ist ein Verweis auf die „Herr der Ringe" Saga, die in der fiktiven Fantasy-Welt Mittelerde spielt. Leonards trägt ein Hobbit Kostüm. Hobbits sind kleinwüchsige Wesen im „Herr der Ringe" Universum.
- Bei Minute 04:58 sieht man, wie Sheldon einen Deckel auf die Saftflasche schraubt. Bei 05:02 ist die Flasche wieder unverschlossen.

Nerdtalk:
Penny: „Hey, ich geb 'ne Party am Freitag und ihr müsst auch vorbeikommen."
Leonard: *„Eine Party?"*
Penny: *„Ja!"*
Howard: *„Eine mit...Mädchen und Jungs?"*
Penny: „Naja, es kommen Jungs und es kommen auch Mädchen, denn es ist eine Party, also..."

Leonard: *„Ich würde gerne Pennys Freunde kennenlernen. Ich weiß nur nicht, wie ich sie ansprechen soll."*
Sheldon: *„Naja, ich könnte Dir möglicherweise dabei helfen."*

Leonard: „*Wie denn?*"
Sheldon: „*So wie Jane Goodall beim Beobachten der Affen, erachtete ich zunächst die hier stattfindende Interaktion als chaotisch und unstrukturiert. Aber Muster sind erkennbar. Sie entwickeln ihre eigene Sprache, wenn Du so willst.*
Leonard: „*Und weiter?*"
Sheldon: „*Naja, es zeigt sich immerzu, dass ein Neuankömmling, indem er sich einer Gruppe nähert, den Gruß ausstößt: SCHEISSE, BIN ICH BLAU! Woraufhin es beifällig im Chor zurückschallt: ALLLTEER!*"

Daten:
Drehbuch: David Goetsch
Regie: Mark Cendrowski
Gastdarsteller: Brian Wade (Kurt), Rachel Cannon (Patty), Cynthia Holloway (Roberta), Kimberly Kevon Williams (Vicki), Erin Allin O'Reilly (Cheryl)

Folge 1x07 „Das Vorspeisen-Dilemma"
Originaltitel: The Dumpling Paradox
Erstausstrahlung USA: 5.November 2007
Erstausstrahlung DE: 22.August 2009

Inhalt:
Penny bittet Leonard und Sheldon, ein paar Tage bei ihnen übernachten zu können, da sich ihre nervige Freundin Christy bei ihr einquartiert hat. Für Sheldon ein Albtraum, gerät so doch sein gewohnter Tagesablauf durcheinander. Als sich Christy auch noch an Howard ranmacht und dieser keine Zeit mehr für seine Freunde hat, scheint Sheldons Ordnung völlig am Ende zu sein. Schließlich waren alle Aktivitäten immer auf vier Personen ausgelegt. So wird auch die Essensbestellung im chinesischen Restaurant zu einer wahren Herausforderung.

Charakterfacts:
• Sheldon hat ein genau festgelegtes Ritual, wie er den Samstagmorgen verbringt. Mit Frühstückszerealien und „Doctor Who" im Fernsehen.

Facts/Trivia:
• Obwohl Raj eigentlich in Anwesenheit einer Frau nicht sprechen kann, antwortet er Leonard, als dieser vorschlägt, ihn in zwei Hälften zu teilen. Penny ist zu diesem Zeitpunkt auch im Raum.
• Penny schläft von Freitag auf Samstag in Leonard und Sheldons Wohnung, was bedeutet, der „Halo Abend" war Donnerstag. Später erwähnt Sheldon jedoch, dass der Halo Abend immer mittwochs ist.

Nerdtalk:

Leonard: *„Wenn Du Christy nicht leiden kannst, wieso lässt Du sie dann bei Dir wohnen?"*

Penny: *„Naja, sie war mit meinem Cousin verlobt, während sie mit meinem Bruder geschlafen hat. Sie gehört also zur Familie."*

Sheldon: *„Tja, ich entschuldige mich für meinen Zwischenruf von eben, denn wozu sollen wir noch Halo spielen, wenn wir Volkssagen über die Hure von Omaha hören können."*

Leonard: *„Ich denke nicht, dass sie eine Hure ist."*

Penny: *„Oh doch, sie ist eindeutig eine Hure."*

Pennys Freundin Christy schnappt sich Howard, weshalb Penny aus ihrer Wohnung flüchtet:

Leonard: *„Was ist denn?"*

Penny: *„Naja, Howard und Christy machen irgendwie in meinem Schlafzimmer miteinander rum."*

Leonard: *„Ganz sicher?"*

Penny: *„Leonard, ich bin auf einer Farm aufgewachsen und entweder treiben sie es gerade oder Howard steckt in einer Melkmaschine fest."*

Daten:

Drehbuch: Bill Prady, Chuck Lorre
Regie: Mark Cendrowski
Gastdarsteller: Kimberly D. Brooks (Automated Cell Phone Voice), Brooke D'Orsay (Christy Vanderbelt), James Hong (Chen)

Folge 1x08 „Das Lalita Problem"

Originaltitel: The Grasshopper Experiment
Erstausstrahlung USA: 12.November 2007
Erstausstrahlung DE: 29.August 2009

Inhalt:

Rajs hat ein großes Problem: Per Videochat teilen ihm seine Eltern mit, dass sie eine Ehe für ihn arrangiert haben. Die Auserwählte ist schon auf dem Weg zu ihm nach Amerika. Raj hat aber überhaupt kein Interesse daran, verkuppelt zu werden. Zumal er Lalita noch von früher kennt und sie damals sehr korpulent war. Außerdem hat er ja auch noch das Problem, nicht mit Frauen sprechen zu können. Penny muss für ihre Arbeit üben, wie man Cocktails mixt, und nachdem Raj Alkohol trinkt, kann er sich plötzlich mit Penny unterhalten. Deshalb trinkt er sich vor dem Treffen mit Lalita Mut an und erlebt eine Überraschung: Mittlerweile ist sie eine sehr attraktive Frau geworden.

Charakterfacts:
- Raj ist zu diesem Zeitpunkt 26 Jahre alt.
- Raj kann mit Frauen sprechen, wenn er unter Alkoholeinfluss steht.

Facts/Trivia:
- Bei Minute 18:43 zeigt Penny Leonard eine Flasche Rum. Auf dem Etikett wurde ein „B" entfernt, dabei sieht man trotzdem, dass es sich um eine Bacardi Flasche handelt.
- In dieser Episode sieht man zum ersten Mal Rajs Eltern – wenn auch nur per Webcam.

Nerdtalk:
Leonard: „Warte, ist es wirklich nötig, dass Du die Mitgliedskarte des Comicsuperhelden-Klubs dabei hast?"
Sheldon: „Ich habe sie immer in meinem Portemonnaie, seit ich fünf war."
Leonard: „Wieso?"
Sheldon: „Hier steht, trage die Klubkarte immer bei dir. Siehst Du, gleich hier hinter Batmans Unterschrift."

Howard macht für Raj ein Date klar:
Raj: „Ich wollte mich gar nicht verabreden!"
Leonard: „Sieh es Mal positiv. Vielleicht ist sie ein nettes, hübsches Mädchen."
Raj: „Ja, toll! Dann heiraten wir, aber ich werde nicht mit ihr reden können, und wir verbringen den Rest unseres Lebens schweigend."
Howard: „Funktioniert bei meinen Eltern auch."

Daten:
Drehbuch: David Goetsch, Steven Molaro
Regie: Ted Wass
Gastdarsteller: Brian George (Dr. Koothrappali), Alice Amter (Mrs. Koothrappali), Sarayu Rao (Lalita)

Folge 1x09 „Der Cooper Hofstadter Antagonismus"
Originaltitel: The Cooper-Hofstadter Polarization
Erstausstrahlung USA: 17.März 2008
Erstausstrahlung DE: 29.August 2009

Inhalt:
Leonard findet im Papierkorb eine Einladung für ihn und Sheldon zu einer Konferenz der Teilchenphysiker. Dort sollten die beiden eine Arbeit präsentieren, die sie gemeinsam geschrieben haben. Sheldon ist jedoch der Meinung, er sei der alleinige Urheber. Es kommt zum Streit zwischen den Freunden und Leonard beschließt, ohne Sheldon zur Konferenz zu

fahren. Howard und Raj begleiten ihn. Sein Vortrag kommt bei den Physikerkollegen sehr gut an, doch plötzlich taucht auch Sheldon auf. Er will Leonard bloßstellen und schließlich kommt es sogar zu Handgreiflichkeiten zwischen den beiden.

Charakterfacts:
- Howard hat eine eigene Facebook-Fanseite.
- Leonard bekam seinen Doktortitel mit 24, Sheldon bereits mit 16 Jahren.

Facts/Trivia:
- Leonard sagt zu Penny, er habe nur eine einzige Krawatte. In der Episode1x05 trägt er aber eine völlig andere.
- Es gibt tatsächlich einen Youtube-Account eines Users mit den Namen „Wolowizard", jedoch ist dieser inaktiv.
- Die Szene zu Beginn der Folge, in der die Freunde zu dem Stück „Also sprach Zarathustra" ausflippen, ist eine Hommage an Stanley Kubricks Kultfilm „2001: Odyssee im Weltraum".

Nerdtalk:
Leonard: „Hey! Halt, warte! Ist Dir gar nicht aufgefallen, was uns da gelungen ist?"
Penny: „Doch, ihr steuert die Stereoanlage mit dem Laptop."
Sheldon: „Nein! Wir steuern unsere Stereoanlage, indem wir ein Signal via Internet um die ganze Erde schicken."
Penny: „Oh. Jungs, ihr könnt so eine Universalfernbedienung in jedem Ramschladen bekommen."

Penny (am Briefkasten): „Hey, Sheldon!"
Sheldon: „Hallo Penny."
Penny: „Was Nettes bekommen?"
Sheldon: „Ja, das neueste Exemplar des Magazins für angewandte Teilchenphysik."
Penny: Oh, das ist ja eigenartig, das Deins gekomken ist und meins nicht."

Daten:
Drehbuch: Bill Prady, Stephen Engel
Regie: Joel Murray
Gastdarsteller: Talbott Chin (Chinese Leonard), Howard Chan (Chinese Sheldon)

Folge 1x10 „Loobenfelds Netz der Lügen"

Originaltitel: The Loobenfeld Decay
Erstausstrahlung USA: 24.März 2008
Erstausstrahlung DE: 5.September 2009

Inhalt:
Als Leonard und Sheldon gerade nach Hause kommen, hören sie zufällig, wie Penny versucht zu singen. Als sie Penny treffen, lädt sie die beiden ein, ihr bei einem Vorsingen für ein Musical zuzusehen. Da die beiden ihren Gesang aber furchtbar finden, greifen sie zu einer Notlüge. Später ist Sheldon der Meinung, die Ausrede sei nicht glaubhaft genug gewesen und erfindet deshalb eine Geschichte rund um seinen fiktiven, drogensüchtigen Cousin Leo. Dabei verstrickt er sich immer mehr.

Charakterfacts:
• Sheldon hat Probleme damit, die Lügen anderer geheim zu halten. Bei seinen eigenen hingegen gelingt ihm dies ohne Schwierigkeiten.
• In dieser Episode sieht man erstmals Sheldons „Tick", immer drei Mal an eine Tür klopfen zu müssen, bevor er den Namen der betreffenden Person nennt.

Facts/Trivia:
• Als Leonard und Sheldon über das Universum der „Terminator" Filme diskutieren, erwähnt Sheldon eine „süße, scharfe siebzehnjährige Killerrobotorin". Dies ist ein Verweis auf die Serie „Terminator: Die Sarah-Connor-Chroniken".
• Schnittfehler: Bei Minute 11:05 ist Pennys Schal verrutscht, Sekunden später sitzt er wieder richtig.

Nerdtalk:
Leonard: „Sheldon, was ist los?"
Sheldon: „Es ist mir unangenehm, dass ich Teil Deiner heutigen Lügengeschichte bin."
Leonard: „Was aber hätte ich sonst sagen sollen?"
Sheldon: „Du hättest die Wahrheit sagen können."
Leonard: „Das hätte sie sicher sehr gekränkt."
Sheldon: „Ist das ein relevanter Faktor?"
Leonard: „Ja!"

Leonard: „Und?"
Sheldon: „Und eine fehlende, physiologische Reaktion beim Lügen ist charakteristisch für einen gewalttätigen Soziopathen."
Leonard: „Sheldon, sorgst Du Dich etwa um Deine Sicherheit?"

Sheldon: „Nein. Ich nehme an, wenn Du mich hättest töten wollen, hättest Du es bereits getan."
Leonard: „Ja, da hast Du völlig recht."

Daten:
Drehbuch: Chuck Lorre
Regie: Mark Cendrowski
Gastdarsteller: DJ Qualls (Toby Loobenfeld)

Folge 1x11 „ Alles fließt"

Originaltitel: The Pancake Batter Anomaly
Erstausstrahlung USA: 31.März 2008
Erstausstrahlung DE: 5.September 2009

Inhalt:
Penny kehrt von einem Familienbesuch in Nebraska zurück und erzählt beiläufig, dass dort alle an Grippe erkrankt waren. Ein schlimmer Fehler, denn die bloße Erwähnung von Krankheiten versetzt Sheldon in blanke Panik. Tatsächlich zeigen sich bei ihm kurz darauf erste Anzeichen einer Erkältung, woraufhin Leonard fluchtartig die Wohnung verlässt. Er weiß genau, wie unerträglich sein Freund sein kann, wenn er krank ist. Sheldon sieht sich nicht in der Lage, selber Essen zu machen und schleppt sich deshalb in Pennys Restaurant. Dort belästigt er die anderen Gäste und bringt auch Penny zur Verzweiflung.

Charakterfacts:
• Wir erfahren, dass Howard 26 Jahre alt ist.
• Sheldon hat einen IQ von 187.

Facts/Trivia:
• Das dreidimensionale Schachspiel, das Leonard und Sheldon am Anfang der Episode spielen, entstammt der Serie „Star Trek".
• In dieser Episode hört man zum ersten Mal das „Katzentanz"-Lied.
• Leonard erwähnt, dass alles in der Wohnung mit einem Etikett versehen ist. Tatsächlich sieht man aber nirgendwo beschriftete Gegenstände.

Nerdtalk
Penny: „Ach Sheldon, Du bist ein erwachsener Mann. Warst Du etwa noch niemals krank?"
Sheldon: „Natürlich, aber dabei war ich niemals allein."
Penny: „Wirklich? Noch nie?"
Sheldon: „Na gut, ein Mal, als ich fünfzehn war und den Sommer in der Heidelberger Uni in Deutschland verbracht habe."

Penny: „Als Austauschstudent?"
Sheldon: „Nein, ich war Gastprofessor. Jedenfalls die deutsche Küche basiert etwas mehr auf Wurst, als ich es gewohnt war. Und das Ergebnis war ein interner Blitzkrieg und mein Dickdarm übernahm dabei die Rolle des armen Polens."

Sheldon: „Bring das mal ins Badezimmer."
Leonard: „Wozu denn?"
Sheldon: „Ich will meine Flüssigkeitsaufnahme und Ausscheidung messen. Für den Fall eines Nierenversagens."
Leonard: „Ich mache meinen Pfannkuchenteig in diesem Gefäß!"

Daten:
Drehbuch: Chuck Lorre, Lee Aronsohn
Regie: Mark Cendrowski
Gastdarsteller: Erin Allin O'Reilly (Cheryl)

Folge 1x12 „Das Jerusalem Projekt"

Originaltitel: The Jerusalem Duality
Erstausstrahlung USA: 14.April 2008
Erstausstrahlung DE: 12.September 2009

Inhalt:
Dr. Gablehauser stellt Leonard und Sheldon den fünfzehnjährigen Dennis Kim vor, der eventuell auch an der Universität arbeiten möchte. Dennis stammt aus Nordkorea und gilt als Wunderkind. Er provoziert Sheldon und stellt klar, dass er ihm überlegen ist. Für Sheldon bricht erwartungsgemäß die Welt zusammen. Er sucht nach neuen Projekten und nervt dabei gewaltig seine Freunde. Leonard, Howard und Raj kommen zu der Erkenntnis, dass Sheldon nur wieder Ruhe gibt, wenn Dennis verschwindet, nur wie wird man den lästigen Teenager am besten wieder los?

Charakterfacts:
• Übersetzungsfehler: Howard hat einen Magisterabschluss in Ingenieurswissenschaften. Eigentlich hat er einen Master.
• Sheldons mittlerer Name ist „Lee".
• Howard ist Jude.
• Howard wird von seiner Mutter auch „Bubule" genannt.
• Howard und Raj lernten Sheldon über die Freundschaft zu Leonard kennen.

Facts/Trivia:
- In einer Szene sagt Sheldon: „Das Orakel hat uns gesagt, dass der kleine Neo auserwählt ist" und spielt damit auf die „Matrix" Filmreihe an.
- Am Anfang der Episode sagt Sheldon: „Ich spüre eine Erschütterung der Macht" und zitiert damit aus den „Star Wars" Filmen.

Nerdtalk

Howard: „Sheldon, es hängt ein Diplom in meinem Büro. Darauf steht, ich habe ein Magister in Ingenieurswissenschaften."
Sheldon: „Und Du hast auch einen Zettel Deiner Mutter, darauf steht: Ich hab dich lieb, Bubele."

Sheldon ist frustriert und verweigert die Nahrungsaufnahme:
Sheldon: „Wozu Essen vergeuden. In Texas wird eine Kuh, deren Milch versiegt, nicht länger gefüttert, sondern sie kriegt den Gnadenschuss zwischen die Augen."
Penny: „Ich bin verwirrt. Heißt das, Sheldon gibt keine Milch mehr?"

Penny: „Du hast also Konkurrenz erhalten, ich versteh nicht, was daran so schlimm ist."
Sheldon: „Natürlich verstehst Du das nicht. Du hast ja nie etwas Besonderes geleistet."

Daten:
Drehbuch: Jennifer Glickman, Stephen Engel
Regie: Mark Cendrowski
Gastdarsteller: Joel Brooks (Professor Goldfarb), Austin Lee (Dennis Kim), Emma Degerstedt (Emma)

Folge 1x13 „Superbowl für Physiker"

Originaltitel: The Bat Jar Conjecture
Erstausstrahlung USA: 21.April 2008
Erstausstrahlung DE: 12.September 2009

Inhalt:
Leonard, Raj und Howard bereiten sich auf den alljährlichen Wissens-Wettkampf, den Physiker Superbowl, vor. Da die Regeln vorsehen, dass alle teilnehmenden Teams aus vier Mitgliedern bestehen müssen, laden sie Sheldon ein, mitzumachen. Schnell geht er ihnen aber gehörig auf die Nerven, als er sich kurzerhand selber zum Anführer des Teams erklärt und dies damit begründet, dass er der Intelligenteste der Gruppe sei. Es kommt zum Streit und Sheldon wird aus dem Team ausgeschlossen. Er schwört bittere Rache und will mit einer eigenen Truppe gegen seine Freunde antreten.

Charakterfacts:
• Wenn Sheldon die Antwort auf eine Frage tatsächlich einmal nicht weiß, löst dies bei ihm Gesichtszuckungen aus.

Facts/Trivia:
• Gleich am Anfang erwähnt Howard, dass im neuen „Star Trek" Film (gemeint ist der Film von 2009) eine Szene enthalten sei, die die Geburt des Charakters Spock zeigt. So eine Szene gab es aber schon in „Star Trek V: Am Rande des Universums".
• In der englischen Originalfassung schlägt Raj nicht Jodie Foster und Emma Watson als viertes Mitglied für das Team vor, sondern Mayim Bialik, die im späteren Verlauf der Serie eine wiederkehrende Rolle übernimmt.

Nerdtalk
Howard: „Leute, das Neueste von den örtlichen Nerd-Nachrichten. Fishman, Chan, Shortway und Mcnier nehmen dieses Jahr nicht am Uniphysiker Wettbewerb teil."
Leonard: „Echt wahr? Wieso nicht?"
Howard: „Sie haben eine a cappella Boygroup gegründet und treten bei Shoppingmall-Eröffnungen auf."
Penny: „Wow, dann seid ihr ja in eurer Welt so was wie die coolen Jungs!"

Leonard: „Am besten machen wir eine kurze Pause."
Sheldon: „Gute Idee. Ich brauche meine Handgelenkbandage. Das viele Knöpfe drücken verschlimmert meine alte Nintendo-Verletzung."

Leslie: „Leonard, ich wüsste keinen Grund, sich dafür zu schämen, dass wir unsere verzerrten Gesichter und verrenkten, nackten Körper während der süßen Qualen des Koitus gesehen haben."
Leonard: „Ehrlich nicht? Denn irgendwie kam es mir so vor, als müsste ich das."

Daten:
Drehbuch: Stephen Engel, Jennifer Glickman
Regie: Mark Cendrowsk
Gastdarsteller: Mark Harelik (Dr. Eric Gablehauser), Sara Gilbert (Leslie Winkle), Adam Gregor (Dmitri), Sandra Marquez (Woman), Sergio Enrique (Son)

Folge 1x14 „Die Zeitmaschine"
Originaltitel: The Nerdvana Annihilation
Erstausstrahlung USA: 28.April 2008
Erstausstrahlung DE: 19.September 2009

Inhalt:
Leonard bietet spontan bei einer Internetauktion mit und ersteigert ein originalgetreues Modell einer Zeitmaschine. Eigentlich hat er die 800 Dollar nicht und so beteiligen sich Howard, Raj und Sheldon an dem Kauf. Bei der Lieferung erleben die Freunde eine Überraschung: Es handelt sich um ein Modell in Originalgröße und das gilt es, erst einmal in die Wohnung zu schleppen. Bei der Aktion versperren sie das ganze Treppenhaus, wodurch Penny zu spät zur Arbeit kommt. Sie wirft den Jungs vor, einfach nicht erwachsen werden zu wollen. Leonard trifft dies hart, weshalb er beschließt, seine Science-Fiction-Sammlung aufzulösen.

Charakterfacts:
- Howard besitzt ein Bar Mitzwa Sparbuch, auf dem 2600 Dollar Guthaben vorhanden sind.

Facts/Trivia
- In dieser Episode erfährt er, dass der der Fahrstuhl schon seit zwei Jahren außer Betrieb ist.
- Fehler: Als Leonard aus der Zeitmaschine aussteigt, sieht man, dass er weiße Socken trägt. Kurz darauf, als Penny die Wohnung verlässt, trägt er plötzlich Schuhe. Zu sehen bei Minute 09:38.
- Als Leonard seine Sammlung zum Comicladen bringen will, stellt sich ihm Sheldon mit einem Schwert in den Weg und sagt: „Ich lasse keinen vorbei!" Dies ist ein Verweis auf eine ähnliche Szene aus dem Film „Herr der Ringe: Die Gefährten".
- Ursprünglich sollte diese Episode im Original den Titel „The Nerdmabelia Scattering" bekommen.

Nerdtalk
Leonard: *„Jemand versteigert tatsächlich eine Miniaturzeitmaschine aus dem Originalfilm und keiner bietet dafür."*
Howard: *„Eine Zeitmaschine aus dem Film - Die Zeitmaschine?"*
Leonard: *„Nein, eine Zeitmaschine aus dem letzten Bond."*

Die Freunde diskutieren über den Standplatz der Zeitmaschine:
Sheldon: *„Gentleman, wir sind uns sicher einig darin, dass sie aus praktischen Gründen entgegen unserem ursprünglichen Plan hier bleiben sollte."*

Howard: *„Das geht nicht, was soll ich zu meinem Date sagen? Kommst du nicht mit rein, Dir meine Zeitmaschine ansehen? Sie steht bei meinem Freund zu Hause. Wie bescheuert ist das denn?"*

Leonard: *„Es ist so: Mädchen wie Penny stehen einfach nicht auf Typen mit Zeitmaschinen."*
Sheldon: *„Das sehe ich anders. Du warst schon lange vor dem Erwerb unfähig, Penny erfolgreich zu umwerben. Dein Versagen liegt allein an Dir."*
Leonard: *„Du bist ein echter Freund!"*

Daten:
Drehbuch: Bill Prady
Regie: Mark Cendrowski
Gastdarsteller: Andrew Walker (Mike)

Folge 1x15 „Sheldon 2.0"
Originaltitel: The Pork Chop Indeterminacy
Erstausstrahlung USA: 5.Mai 2008
Erstausstrahlung DE: 19.September 2009

Inhalt:
Als Leonard und Raj durch die Uni schlendern, sehen sie, dass Howard und einige andere Jungs vor Sheldons Büro rumlungern. Kein Wunder: Hat er doch eine äußerst attraktive junge Frau bei sich. Es stellt sich heraus, dass Sheldons Zwillingsschwester Missy zu Besuch da ist. Nachdem die Jungs diesen Schock verarbeitet haben, entbrennt zwischen Leonard, Howard und Raj ein Wetteifern darüber, wer Missy ausführen darf.

Charakterfacts:
- Leonard ist laktoseintolerant und bestellt deswegen Pizza grundsätzlich ohne Käse.
- Sheldon hat eine Zwillingsschwester.

Facts/Trivia:
Der alternative englische Episodentitel lautet „The Shiksa Indeterminacy".

Nerdtalk
Die Jungs versuchen Sheldon zu überzeugen, sich mit seiner sexy Schwester treffen zu dürfen:
Howard: *„Ist es, weil ich Jude bin? Ich verprügle meinen Rabbi mit einem Schweinekotelett, wenn es mir weiterhilft."*
Sheldon: *„Nein, das ist nun wirklich keine Frage der Religion. Ich ziehe Dich deshalb nicht in Betracht, weil Du ein Zwerg bist. Und Du wohnst noch immer bei Deiner Mutter."*

Leonard: „Shelly, Deine Argumente sind nicht nachvollziehbar."
Sheldon: „Ach, meinst Du? Hier, iss den Käse, ohne zu furzen und Du kannst mit meiner Schwester schlafen."

Penny: „Sheldon, wieso ignorierst Du Deine Schwester?"
Sheldon: „Das betrifft nicht nur meine Schwester. Vielmehr ignoriere ich euch alle."

Leonard: „Woher kennt ihr zwei euch denn eigentlich?"
Missy: „Oh, der liebe Sheldon hat seinen Kopf neun Monate lang zwischen meinen Beinen gehabt."
Leonard: „Er hat bitte, was?"

Daten:
Drehbuch: Chuck Lorre
Regie: Mark Cendrowski
Gastdarsteller: Courtney Henggeler (Missy Cooper)

Folge 1x16 „Die Erdnuss-Reaktion"
Originaltitel: The Peanut Reaction
Erstausstrahlung USA: 12.Mai 2008
Erstausstrahlung DE: 26.September 2009

Inhalt:
Als Penny erfährt, dass Leonard noch nie seinen Geburtstag gefeiert hat, möchte sie eine Überraschungsparty für ihn organisieren. Penny hat jedoch nicht mit der Unfähigkeit von Leonards Freunden gerechnet. Nur durch eine Erpressung kann sie Sheldon dazu überreden, ihr bei den Vorbereitungen zu helfen. Howard soll Leonard aus der Wohnung locken, damit die anderen die Party vorbereiten können. Doch Leonard steckt mitten in einem „Halo" Turnier, also täuscht Howard einen Erdnussallergieschock vor.

Charakterfacts:
- Leonard hat noch nie seinen Geburtstag gefeiert.

Facts/Trivia:
Bei Minute 13:00 hört man im Krankenhaus eine Durchsage, bei der ein Dr. Watson zur Krankenstation gebeten wird. Dies könnte man als einen Verweis auf „Sherlock Holmes" deuten.

Nerdtalk
Penny: „Und, wie ist es? Feierst Du denn nun hier?"
Leonard: „Nein, ich denke nicht."

Penny: *„Wieso nicht?"*
Leonard: *„Weil ich meinen Geburtstag nie feiere."*
Penny: *„Quatsch, klar feierst Du!"*
Leonard: *„Es wurde bei uns zu Hause auch nie groß gefeiert. Meine Eltern brauchten zum Feiern einen besonderen Grund. Und aus dem Geburtskanal gepresst zu werden, zählte bei ihnen einfach nicht dazu."*

Howard: *„Also, ich liebe Geburtstage! Mom weckte mich und hatte mein Lieblingsfrühstück zubereitet, ich durfte die Geburtstagskrone tragen und mit all meinen Freunden Laserschwertkampf spielen."*
Penny: *„Ja, so was finden doch alle Kinder toll!"*
Howard: *„Ehrlich gesagt war das im letzten Jahr."*

Daten:
Drehbuch: Lee Aronsohn, Bill Prady, Lee Aronsohn
Regie: Mark Cendrowski
Gastdarsteller: Vernee Watson-Johnson (Althea), Judith Moreland (Jan), Ronald Hunter (Dan), Chuck Carter (Stan)

Folge 1x17 „Schrödingers Katze"
Originaltitel: The Tangerine Factor
Erstausstrahlung USA: 19.Mai 2008
Erstausstrahlung DE: 26.September 2009

Inhalt:
Penny ist total niedergeschlagen, hat sie sich doch gerade von ihrem Freund getrennt.
Sie kann nicht verstehen, warum sie immer an die falschen Männer gerät. Leonard versucht sie zu trösten und nimmt schließlich all seinen Mut zusammen, um Penny nach einem Date zu fragen. Penny willigt ein, ist sich aber noch nicht ganz sicher, weshalb sie Sheldon um Rat bittet. Auch Leonard fragt seinen Mitbewohner, ob es eine gute Idee sei, mit Penny auszugehen. Letztendlich kommen beide zu der Einsicht, es einfach zu versuchen.

Charakterfacts:
• Trotz seiner Laktoseintoleranz kann Leonard kleine Mengen fettfreies Speiseeis zu sich nehmen.

Facts/Trivia:
• Bei Minute 04:43 sieht man, wie Penny eine große Menge Schokoladensirup in den Eisbecher schüttet. Sekunden später ist auf ihrem Löffel davon aber nichts zu sehen.

• Howard unterrichtet Sheldon in der chinesischen Sprache Mandarin. In der Episode 1x07 „Das Vorspeisendilemma" fragt Chen aus dem China-Restaurant Sheldon, wo sein Freund sei, der glaubt, er würde Mandarin sprechen.

Nerdtalk
Penny muss mal wieder eine Trennung verarbeiten:
Penny: „Ich dachte wirklich, Mike wäre anders. Ich dachte, er wäre sensibel und gebildet. Ich meine, nicht wie Du, sondern ganz normal. Nicht verrückt."
Leonard: „Ja, schon klar."

Leonard: „Das ist doch egal, sie ist total aufgebracht. Ich geh rüber."
Howard: „Aber bitte setzt Dich erst auf Deine Hände, um sie anzuwärmen."
Leonard: „Ich bin ihr Freund. Ich habe nicht vor, von ihrer Verletzlichkeit zu profitieren."
Howard: „Wenn sie sich Dir also in tiefster Verzweiflung hingeben und Dich anflehen würde, Sie zu nehmen, und zwar hier und jetzt, würdest Du Dich einfach umdrehen und wieder gehen?"
Leonard: „Ich sagte, ich bin ihr Freund. Nicht ihr schwuler Freund!"

Penny bespricht Beziehungsfragen mit Sheldon. Selber Schuld:
Penny: „Aber andererseits setze ich eine wirklich gute Freundschaft aufs Spiel, wenn es mit Leonard nicht hinhaut. Er wird doch nicht auf eine flüchtige Affäre aus sein. Er gehört zu denen, die sich über Lichtjahre binden, um es mit Deinen Worten zu sagen."
Sheldon: „Das würde ich nicht sagen! Niemand würde das sagen. In Lichtjahren wird die Entfernung gemessen, nicht die Zeit."

Daten:
Drehbuch: Lee Aronsohn, Steven Molaro, Chuck Lorre, Bill Prady
Regie: Mark Cendrowski
Gastdarsteller: James Hong (Chen)

Staffel 2 – (2008-2009)

Folge 2x01 „Milch mit Valium"
Originaltitel: The Bad Fish Paradigm
Erstausstrahlung USA: 22.September 2008
Erstausstrahlung DE: 10.Oktober 2009

Inhalt:
Penny und Leonard hatten endlich ihr erstes gemeinsames Date.
Da Penny Selbstzweifel plagen, erzählt sie Leonard, sie habe einen College-Abschluss.
Sie vertraut ausgerechnet Sheldon an, dass sie Leonard belogen hat. Der weiß partout nicht, ob und wie er dieses Geheimnis für sich behalten kann. Also beschließt er kurzerhand aus der gemeinsamen Wohnung auszuziehen, was Leonard zunächst gar nicht stört.

Charakterfacts:
• Sheldon verfügt über ein Super-Gedächtnis. Laut seiner Aussage hat er seit seiner Kindheit nie etwas vergessen.
• Sheldon bereitet es große Probleme, ihm anvertraute Geheimnisse für sich zu behalten.

Facts/Trivia:
• Howard und Raj besitzen, genau wie Sheldon und Leonard, eine Xbox 360 Konsole.
• Bei Minute 06:18 sieht man, wie Sheldon das blaue T-Shirt zusammenlegt. Kurz darauf liegt es wieder zerknüllt auf dem Tisch und Leonard legt es erneut zusammen.
• In einer Szene sieht sich Raj den indischen Film "Kaho Na Pyaar Hai" an. Sheldon erwähnt die Schauspielerin Aishwarya Ra. Allerdings spielt sie in dem aber nicht mit, sondern die Schauspielerin Amisha Patel besetzt die entsprechende Rolle.

Nerdtalk
Leonard glaubt, sein Date mit Penny wäre gut gelaufen. Die Freunde zweifeln:
Leonard: „Was redest Du da bloß? Das Date ist doch gut gelaufen."
Raj: „Alter, sie sagte, sie will es langsamer."
Leonard: „Ok, dann sagte sie eben, sie will es nicht so schnell angehen. Das ist so, als würde man sagen, das Essen ist ja richtig super, ich werde mein Tempo drosseln und es richtig genießen."
Howard: „Nein, es klingt nach: Dieser Fisch ist verdorben. Darum ziehe ich mal lieber die Bremse und spucke ihn aus."

Penny: *„Gut, vergiss einfach, dass ich Dir anvertraut habe, dass ich das Community College nicht abgeschlossen habe, okay?"*
Sheldon: *„Vergessen? Ich soll es vergessen? Dieses Gehirn kann nicht vergessen! Ich habe nicht eine Sache vergessen, seit meine Mutter aufgehört hat, mich zu stillen. Das war ein vernieselter Dienstag."*

Raj: *„Wir waren in der Ausstellung mit den plastinierten menschlichen Kadavern."*
Howard: *„Und ein paar von den enthäuteten Bräuten waren echt geil!"*
Sheldon: *„Wenn ihr mich jetzt entschuldigt. Ich muss packen."*
Howard: *„Das ist eine echte Überreaktion auf eine kleine, harmlose Nekrophilie."*

Daten:
Drehbuch: Bill Prady, Dave Goetsch, Steven Molaro
Regie: Mark Cendrowski
Gastdarsteller: -

Folge 2x02 „Sex mit der Erzfeindin"
Originaltitel: The Codpiece Topology
Erstausstrahlung USA: 29.September 2008
Erstausstrahlung DE: 10.Oktober 2009

Inhalt:
Leonard, Sheldon, Raj und Howard kommen gerade von einem Renaissancefest und begegnen im Hausflur zufällig Penny, die ihnen ihren neuen Freund vorstellt. Leonard ist enttäuscht, hatte er nach dem Date doch gehofft, es würde sich eine Beziehung zu Penny entwickeln. Er verabredet sich mit Leslie Winkle, die aber so ganz eigene Vorstellungen von einem Date hat. Außerdem passt es Sheldon überhaupt nicht, dass sein Mitbewohner sich ausgerechnet mit seiner erklärten Erzfeindin treffen will und das auch noch in der gemeinsamen Wohnung.

Charakterfacts:
• Sheldon litt im Jahr 1999 an perniziöser Anämie, eine Form der Blutarmut.

Facts/Trivia:
• In dieser Episode erklärt Sheldon zum ersten Mal jemanden zu seinem persönlichen Erzfeind.
• Als Sheldons Notebook-Akku leer ist, holt er ein Verlängerungskabel aus der Wohnung, aber nicht das Netzteil.
• Mit dieser Episode wurde Sara Gilbert offiziell zu einer Hauptdarstellerin befördert. Trotzdem wird sie im Abspann nur in den Episoden aufgeführt, in denen sie zu sehen ist.

Nerdtalk
Leslie: „*Jede Frau wird es wohl irgendwann in ihrem Leben leid sein, auf einem fremden Futon aufzuwachen mit lauter Typen, die sie nicht kennt.*"
Leonard: „*Ja, ich kann mir vorstellen, dass ... mit lauter Typen?*"
Leslie: „*Jedenfalls finde ich, es wird für mich Zeit, kürzer zu treten und mit wem kann man das wohl besser, als mit Dir?*"
Leonard: „*Oh! Wie schmeichelhaft.*"

Leslie: „*Welche Gendefekte außer Kleinwüchsigkeit kommen bei euch noch vor?*"
Sheldon: „*Entschuldigt die Störung, die Batterie lässt nach. Macht weiter.*"
Leonard: „*Gendefekt, ach ja. Da wäre die Laktose Intoleranz.*"
Sheldon: „*Vergiss die frühe Glatzenbildung nicht. Wenn seine Onkel am Esstisch sitzen, sieht dass aus wie ein halbvoller Eierkarton.*"

Sheldon: „*Weißt du, woher ich weiß, dass wir nicht in der Matrix sind?*"
Leonard: „*Woher?*"
Sheldon: „*Wenn wir da wären, wäre das Kantinenessen besser.*"

Daten:
Drehbuch: Lee Aronsohn, Bill Prady, Chuck Lorre
Regie: Mark Cendrowski
Gastdarsteller: Travis Schuldt (Eric)

Folge 2x03 „Das Conan Spiel"
Originaltitel: The Barbarian Sublimation
Erstausstrahlung USA: 6.Oktober 2008
Erstausstrahlung DE: 17.Oktober 2009

Inhalt:
Sheldon hört im Treppenhaus laute Geräusche. Darum will er nachsehen, was dort vor sich geht. Es ist Penny, die nicht in ihre Wohnung kommt. Sie ist total frustriert darüber, dass ihre Versuche, Schauspielerin zu werden, auch nach zwei Jahren noch keinen Erfolg zeigen. Sheldon bietet an, dass sie in seiner Wohnung auf den Schlosser warten kann. Dabei sieht Penny, dass Sheldon ein interessantes Online-Rollenspiel spielt. Sheldon zeigt ihr, wie es funktioniert und schon nach kurzer Zeit ist Penny süchtig nach dem Spiel und lässt sich total gehen. Allerdings nervt sie nun auch ständig Sheldon, der ihr Tipps zum Spiel geben soll. Der fasst den Plan, Penny von ihrer Sucht zu befreien, indem er ihr einen passenden Sexpartner organisiert.

Charakterfacts:
- In dieser Episode erfährt man, dass Penny 22 Jahre alt ist.
- Wenn man Sheldon während des Schlafs weckt, schreit er: „Gefahr, Gefahr!".

Facts/Trivia:
- Bei Minute 07:39 sieht man, dass Pennys Notebook gar nicht angeschaltet ist.
- Penny ruft in Dr. Gablehousers Büro an, um Sheldon zu erreichen. Woher hat sie die Nummer und weiß, dass er gerade dort ist?

Nerdtalk
Sheldon ist total von Penny genervt uns sieht Leonard in der Verantwortung:
Leonard: „Was meinst Du, was ich machen soll?"
Sheldon: „Keine Ahnung. Aber wenn Du Dir nichts einfallen lässt, wird aus mir ein echt unangenehmer Mitbewohner werden. Ich schwöre es Dir!"
Leonard: „Du meinst, bis jetzt warst Du im Grunde ein lustiger und angenehmer Zeitgenosse?"
Sheldon: „Ja!"
Leonard: „Ich rede mit ihr."

Leslie: „Sie braucht einfach jemanden, der es ihr richtig besorgt."
Sheldon: „Was besorgt? Oh! Ja, Du meinst sexuelle Interaktion."
Howard: „Ich opfere mich dafür. Ja?"

Raj: „Was ist mit ihm?"
Leonard: „Penny hat ihn nachts wachgehalten."
Howard: „Mich auch. Aber vermutlich auf eine andere Weise."

Daten:
Drehbuch: Chuck Lorre, Steven Molaro, Eric Kaplan
Regie: Mark Cendrowski
Gastdarsteller: Mark Harelik (Dr. Eric Gablehauser), Mark Hames (Tom), Tyler Olson (Blaine)

Folge 2x04 „Planet Bollywood"

Originaltitel: The Griffin Equivalency
Erstausstrahlung USA: 13.Oktober 2008
Erstausstrahlung DE: 17.Oktober 2009

Inhalt:
Raj bekommt die Nachricht, dass das People Magazin einen Artikel über ihn veröffentlichen möchte. Dr. Gablehauser feiert ihn als Star der Universität und schnell steigt Raj der Erfolg zu Kopf. Er verhält sich gegenüber seinen Freunden arrogant und herablassend, weshalb die sich von ihm abwenden.
Als das People Magazin eine VIP-Party für Raj veranstalten will, sagen Leonard, Sheldon und Howard ihm, dass sie nicht kommen werden. Penny versteht nicht, warum die Drei Raj hängenlassen und sagt zu, ihn zu der Feier zu begleiten.

Charakterfacts:
- Leonard leidet unter anderem an dem Schlafapnoe- Syndrom.
- Sheldon hatte als Kind eine Katze namens Lucky.

Facts/Trivia:
- In dieser Episode hat Charlie Sheen einen kurzen Gastauftritt.
- Sheldon versucht zu lächeln, bekommt aber nur eine schräge Grimasse hin, worauf Leonard meint, man wolle nicht Batman ermorden. Dies ist natürlich ein Verweis auf den „Joker", einem Charakter aus dem Batman-Universum, dessen Markenzeichen sein Grinsen ist.

Nerdtalk:
Leonard: „Komm, wir wollen uns bei Raj entschuldigen und ihn zum Essen einladen."
Sheldon: „Entschuldigen? Wofür denn?"
Leonard: „Er ist gestern mit einer ziemlich guten Neuigkeit zu uns gekommen und wir waren nicht besonders nett."
Sheldon: „Ich spüre, dass ihr mir etwas mitteilen wollt."
Howard: „Du warst ein kolossales Arschloch!"
Sheldon: „Oh! Nein, da bin ich anderer Meinung als ihr."

Sheldon sieht keinen Sinn darin, soziale Kontakte zu pflegen:
Howard: „Sheldon, kriege das jetzt nicht in den falschen Hals, aber Du bist wahnsinnig!"
Leonard: „Ist ja alles schön und gut, aber es würde uns auch nicht umbringen, ein paar neue Leute kennenzulernen."
Sheldon: „Ja, aber neue Leute kennenzulernen, könnte uns umbringen! Es könnten Mörder sein oder Träger tödlicher Krankheitserreger. Und ich bin nicht wahnsinnig, meine Mutter hat mich untersuchen lassen!"

Daten:
Drehbuch: Bill Prady, Chuck Lorre, Stephen Engel, Tim Doyle
Regie: Mark Cendrowski
Gastdarsteller: Charlie Sheen (Himself), Mark Harelik (Dr. Eric Gablehauser), Brian George (Dr. Koothrappali), Alice Amter (Mrs. Koothrappali)

Folge 2x05 „Homo Novus Automobilis"
Originaltitel: The Euclid Alternative
Erstausstrahlung USA: 20.Oktober 2008
Erstausstrahlung DE: 24.Oktober 2009

Inhalt:
Sheldon ist verzweifelt: Leonard hat aufgrund eines Forschungsprojektes, an dem er ausschließlich nachts arbeitet, keine Zeit mehr, ihn morgens zur Arbeit zu fahren. Also wendet er sich an Penny, die jedoch schon nach kurzer Zeit keine Lust mehr hat, ihn zu fahren. Auch Howard und Raj kapitulieren bald, also beschließt man gemeinsam, Sheldon dazu zu bewegen, endlich einen Führerschein zu machen. Der ist von dieser Idee zunächst nicht begeistert, lässt sich aber auf den Versuch ein.

Charakterfacts:
• Sheldon hat panische Angst, selber ein Auto zu fahren. Dabei redet er sich ein, zu hoch entwickelt für diese Aufgabe zu sein.

Facts/Trivia:
• Ab dieser Episode hängt die Dartscheibe an der Wohnungstür von Leonard und Sheldons Apartment anders, im Gegensatz zu bisherigen Folgen. Dies erkennt man an den Ziffern.
• Der deutsche Episodentitel „Homo novus Automobilis" ist lateinisch und bedeutet „neuer Fahrer".

Nerdtalk:
Sheldon: *„Hast Du nicht neulich erklärt, dass wir Freunde sind?"*
Penny: *„Ja, Sheldon, wir sind Freunde."*
Sheldon: *„Dann berufe ich mich jetzt auf etwas. Nämlich auf einen wesentlichen Bestandteil, der in Freundschaften enthaltenen Verpflichtungen. Auf den Gefallen."*
Penny: *„Du lieber Gott ..."*
Sheldon: *„Tut mir leid. Ich wusste nicht, dass ich Deine morgendlichen Gebete störe. Wenn Du fertig bist, gehen wir."*

Sheldon: *„Guten Morgen Leonard! Wir müssen auf dem Weg zur Arbeit noch am Bettwäscheshop vorbei. Ich habe diese Star Wars Laken gekauft, aber sie sind viel zu aufregend, als dass sie einen guten Nachtschlaf gewähren würden. Wie Darth Vader mich anstarrt, gefällt mir nicht."*
Leonard: *„Ich geh nicht zur Arbeit."*
Sheldon: *„Oh, nur weil Deine Karriere seit Jahren stagniert, ist das noch kein Grund aufzugeben."*

Sheldon: *„Ich sehe noch nicht ein, warum ich einen Führerschein brauche. Albert Einstein hatte nie einen Führerschein."*
Howard: *„Ja, aber ich habe mir auch nie wegen Albert Einstein bei voller Fahrt in die Hose gemacht."*
Penny: *„Und genauso wenig hätte ich Albert Einstein in die Eier getreten!"*

Daten:
Drehbuch: Bill Prady, Steven Molaro, Lee Aronsohn, Dave Goetsch
Regie: Mark Cendrowski
Gastdarsteller: Elena Campbell-Martinez (Maria), Octavia Spencer (Octavia), Livia Trevino (Lourdes)

Folge 2x06 „Das Cooper-Nowitzki Theorem"

Originaltitel: The Cooper-Nowitzki Theorem
Erstausstrahlung USA: 3.November 2008
Erstausstrahlung DE: 24.Oktober 2009

Inhalt:
Leonard überredet Sheldon dazu, einen Vortrag vor Studenten zu halten.
Obwohl er die Studenten dabei größtenteils beleidigt, hinterlässt Sheldon bei der jungen Ramona einen bleibenden Eindruck. Sie bittet ihn um ein Treffen bei ihm zu Hause und bietet sogar an, das Essen mitzubringen. Da kann Sheldon nicht Nein sagen, vor allem, da das Mädchen ihn und seine Arbeit regelrecht vergöttert. Doch kurze Zeit später schottet Ramona ihn von seinen Freunden ab, damit er sich nur noch der Arbeit widmet. Das wird selbst Sheldon zu viel und er sehnt sich nach einer Möglichkeit, die junge Studentin wieder loszuwerden.

Charakterfacts:
• Sheldon fürchtet sich vor dreizackigen Gabeln.
• Sheldons sexuelle Orientierung ist zu diesem Zeitpunkt nicht bekannt.
• Sheldon hat mit Leonard verschiedene „Notfallklauseln" vereinbart. Zum Beispiel sieht die „Skynet" Klausel vor, dass falls Sheldon eine super Intelligenz entwickelt, die vorhat, die Welt zu erobern, Leonard ihn zerstören muss.

Facts/Trivia:
• In einer Szene erwähnt Sheldon eine Fußnote in einer Abhandlung von ihm, in der er die Spiegelsymmetrie mit „Flash, der mit sich selbst spielt" vergleicht. Dies ist ein Verweis auf das Heft mit der Nummer #123 aus der Comicreih „Flash".

Nerdtalk:
Sheldon darf an der Uni den Lehrer spielen:
Sheldon (zu den Studenten): „Kurz gesagt, wer ihnen eingeredet hat, dass sie irgendwann in der Lage sein werden, einen bedeutenden Beitrag zur Physik zu leisten, hat ihnen übel mitgespielt. Und zwar so richtig übel! Irgendwelche Fragen? Selbstverständlich nicht. Ich weine um die Zukunft der Wissenschaft. Wenn Sie mich jetzt entschuldigen würden, die neue Ausgabe von Batman ist da."

Ein sprachloser Inder und junge Studentinnen:
Raj: „Sind Beziehungen mit Studentinnen nicht untersagt?"
Leonard: „Wenn Du mit ihnen reden kannst, kannst Du auch mit ihnen ausgehen."
Raj: „Verdammt! Es gibt immer einen Haken."

Penny: „Wo willst Du hin?"
Ramona: „4A"
Penny: „Ah, Du willst Leonard besuchen."
Ramona: „Nein, Dr. Cooper."
Penny: „Dr. Sheldon Cooper?"
Ramona: „Wir essen zusammen."
Penny: „Sheldon Cooper? Groß, dünn – sieht aus wie eine riesige Gottesanbeterin?"
Ramona: „Er ist süß, nicht wahr?"

Daten:
Drehbuch: Stephen Engel, Daley Haggar, Tim Doyle, Richard Rosenstock
Regie: Mark Cendrowski
Gastdarsteller: Riki Lindhome (Ramona Nowitzki), Emily Happe (Kathy O'Brien)

Folge 2x07 „Desous auf der Oberleitung"
Originaltitel: The Panty Piñata Polarization
Erstausstrahlung USA: 10.November 2008
Erstausstrahlung DE: 31.Oktober 2009

Inhalt:
Pennys Kabel-TV Anschluss wird abgeschaltet, da sie nicht rechtzeitig die Gebühren bezahlt hat.
Kurzerhand verabredet sie mit Leonard, dass sie bei ihnen die neuen Folgen von „America´s Next Top Model" sehen kann. Doch Sheldon fühlt sich gestört, nachdem Penny es gewagt hat, einen seiner Zwiebelringe anzufassen. Dies sei bereits ihr dritter Verstoß gegen eine seiner Regeln und deshalb „verbannt" Sheldon Penny aus der Wohnung. Nur der Beginn eines Kleinkrieges zwischen den beiden. Howard und Raj versuchen unterdessen die Villa ausfindig zu machen, in der die Topmodels wohnen.

Charakterfacts:
- Howard hat einen Freund bei der Spionageabwehr.
- Leonard, Sheldon, Howard und Raj beherrschen die fiktive Sprache Klingonisch aus dem „Star Trek" Universum.

Facts/Trivia:
- Der Zwiebelring, den Penny aus Sheldons Box nimmt, ist viel größer, als der, den sie später zurücklegt.
- Die beiden Models, die man am Ende der Episode sieht, sind die Finalisten der 11. Staffel von „America's Next Top Model", Analeigh Tipton und Samantha Potter.

Nerdtalk:
Sheldon versteht keinen Spaß, wenn es um sein Essen geht (sonst aber auch nicht):
Penny: „Ich habe nur einen Zwiebelring angefasst!"
Sheldon: „Und dann hast Du ihn zurückgelegt und dadurch die Integrität aller anderen Zwiebelringe zerstört."
Penny: „Oh Schatz, von welchem Stern kommst Du eigentlich?"

Penny ist genervt von Sheldon:
Leonard: „Ich rate Dir erneut: Einfach nachgeben."
Penny: „Oh, nein, nein, nein! Jetzt wird es ernst! Ab sofort wird Dein Freund erfahren, was das Wort Schmerz bedeutet!"
Leonard: „Oh, Penny, Du willst Dich doch nicht mit Sheldon anlegen. Der Typ ist nur ein Laborunfall davon entfernt, ein Superschurke zu werden."
Penny: „Ist mit egal, ich habe Rodeo-Erfahrung. Ich fessele und kastriere ihn in 60 Sekunden!"

Sheldon: „Du spielst mit Kräften, die Dein Geist nicht erfassen kann!"
Penny: „Ja, und Dein hoher Geist kann mich mal kreuzweise."

Daten:
Drehbuch: Bill Prady, Tim Doyle, Jennifer Glickman, Steven Molaro
Regie: Mark Cendrowski, Steven Molaro
Gastdarsteller: Analeigh Tipton (Analeigh), Samantha Potter (Model)

Folge 2x08 „Stein, Schere, Spock"

Originaltitel: The Lizard-Spock Expansion
Erstausstrahlung USA: 17.November 2008
Erstausstrahlung DE: 31.Oktober 2009

Inhalt:
Sheldon und Raj können sich nicht darauf einigen, welche TV-Serie geguckt werden soll. Raj schlägt vor, dies mit dem „Stein, Papier, Schere" Spiel zu entscheiden. Sheldon findet jedoch, dass dieses Spiel zu simpel ist, weshalb er es nach seinen Regeln erweitert. Unterdessen präsentiert Howard seine neueste Masche, Frauen aufzureißen, die jedoch wenig Erfolg versprechend erscheint. Dennoch gelingt es ihm, die Ärztin Stephanie für ein Date zu gewinnen. Die ist jedoch mehr an Leonard interessiert.

Charakterfacts:
• Howard hat Zugang zum Kontrollcenter des Mars Rover Projekts.

Facts/Trivia:
• Diese Episode war eine von Dreien, die im Jahr 2009 für den Emmy Award in der Kategorie Art Direction For A Multi-Camera Series nominiert war.
• Gaststar Sara Rue (Stephanie) spielte zuvor schon mit Simon Helberg in den TV-Serien „Office Girl" und „Popular" mit.

Nerdtalk:
Leonard: „Wie war die Arbeit heute?"
Stephanie: „Viel zu tun. Habe einen Blinddarm entfernt, eine Gallenblase und etwa einen halben Meter Dickdarm."
Leonard: „Ich hoffe, bei drei verschiedenen Leuten."
Stephanie: „Nein, es war nur einer. Hat es nicht geschafft."

Howard ist beleidigt und redet nicht mehr mit Leonard:
Leonard: „Hi Howard! Howard?"

Howard: „*Sheldon.*"
Sheldon: „*Howard bedient sich eines vorschulkindhaften Verhaltensmusters, demzufolge Du für ihn kürzlich gestorben bist.*"

Gespräche im Waschkeller:
Penny: „*Oh, hey!*"
Leonard: „*Hey!*"
Penny: „*Neue Hemden?*"
Leonard: „*Ja, ein paar.*"
Penny: „*Hübsch!*"
Leonard: „*Danke!*"
Penny: „*Und, wer ist die Kleine?*"
Leonard: „*Bitte, was?*"
Penny: „*Na, das letzte neue Hemd hast Du gekauft, als wir ein Date hatten.*"
Leonard: „*Also, dann war das, was wir hatten, tatsächlich ein Date?*"

Daten:
Drehbuch: Bill Prady, Dave Goetsch, Jennifer Glickman
Regie: Mark Cendrowski
Gastdarsteller: Sara Rue (Dr. Stephanie Barnett), Jennifer Hale (News Announcer), Robert Clotworthy (Announcer)

Folge 2x09 „Unflotter Dreier"

Originaltitel: The White Asparagus
Erstausstrahlung USA: 24.November 2008
Erstausstrahlung DE: 7.November 2009

Inhalt:
Leonard versucht seine Beziehung zu Stephanie zu festigen, doch Sheldon glaubt nicht an einen Erfolg. Er möchte aber unbedingt, dass die beiden ein Paar werden, weil Stephanie seiner Meinung nach die ideale Partnerin für Leonard wäre. Sheldon redet mit Penny über diese Sache und möchte sich vergewissern, dass sie kein Interesse mehr an Leonard hat. Seine Bemühungen, Leonard und Stephanie zu einem Paar zu machen, nehmen bald überhand.

Charakterfacts:
• Howard wollte eigentlich Arzt werden, brach sein Medizinstudium aber ab.
• Mit 12 Jahren erlitt Sheldon eine Strahlenverbrennung, als er ein Röntgengerät bauen wollte.

Facts/Trivia:
- Pennys Wohnung sieht wieder so chaotisch aus, wie in der ersten Staffel.
- Als Sheldon mit Penny über deren Beziehung zu Leonard spricht, hat er kein Problem damit, woanders zu sitzen, als seinen idealen Sitzplatz in ihrer Wohnung einzunehmen, den er sich in einer anderen Episode ausgesucht hatte.
- Leonards Universal-Passwort lautet „Kal-El" – der Geburtsname von Superman.

Nerdtalk:
Leonard: „Ich meine ja nur. Wenn sie Gelbfieber und Malaria heilen können, warum gibt es dann noch nichts gegen Laktoseintoleranz?"
Stephanie: „Leonard, jetzt vergiss das doch endlich. Du hast Käsesoße gegessen und dann gefurzt. Ich fand das richtig süß!"

Ehrlichkeit kann weh tun:
Sheldon: „Also, von den wenigen Frauen, mit denen sich Leonard eingelassen hat, ist sie die Einzige, die ich für zumutbar halte."
Penny: „Was….was ist mit mir?"
Sheldon: „Ich habe dem nichts hinzuzufügen."
Penny: „Wie nett Du sein kannst!"

Sheldon: „Ich versuche einen klassischen Small Talk zu halten. Also, was geht ab?"
Penny: „Bitte, lass es einfach!"
Sheldon: „Wie Du willst. Aber ich habe das so verstanden, dass man eine Unterhaltung mit einer banalen Plauderei anfangen sollte, wenn man etwas Peinliches zu besprechen hat."
Penny: „Bis jetzt war es also noch nicht peinlich genug?"
Sheldon: „Nein?!"

Daten:
Drehbuch: Dave Goetsch, Steven Molaro, Stephen Engel, Richard Rosenstock
Regie: Mark Cendrowski
Gastdarsteller: Sara Rue (Dr. Stephanie Barnett)

Folge 2x10 „Kleines Gesäß mit Honig"

Originaltitel: The Vartabedian Conundrum
Erstausstrahlung USA: 8.Dezember 2008
Erstausstrahlung DE: 7.November 2009

Inhalt:
Als Stephanie zum ersten Mal Penny trifft, reagiert sie ein wenig eifersüchtig und fragt Leonard, warum er ihr die Nachbarin nie vorgestellt hat. Penny erklärt Leonard, dass Stephanie quasi schon bei ihm eingezogen ist, doch der glaubt dieses nicht. Als selbst Sheldon der Meinung ist, man lebe nun in einer Dreier-WG, kommen ihm aber Zweifel. Leonard möchte Stephanie sagen, dass es ihm ein wenig zu schnell in ihrer Beziehung geht, doch er findet nicht den richtigen Zeitpunkt.

Charakterfacts:
• Sheldon neigt stark zu Hypochondrie.

Facts/Trivia:
• Sheldons Mitbewohnervereinbarung enthält unter vielen anderen Gesichtspunkten eine Klausel, nach der Leonard Sheldon zu seinem Assistenten machen muss, falls er Superkräfte bekommen sollte.

Nerdtalk:
Sheldon findet es praktisch, dass Leonards Freundin Ärztin ist:
Stephanie: „Ich kann da wirklich nichts entdecken, Sheldon."
Sheldon: „Du bist die Ärztin, aber ich höre ständig dieses nervende Geräusch."
Leonard: „Ich auch."
Sheldon: „Ist es ein hochfrequentes Pfeifen?"
Leonard: „Nein, es ist mehr ein permanentes selbstverliebtes Dröhnen."

Leonard: „Nein! Absolut ausgeschlossen!"
Sheldon: „Echauffier Dich bitte nicht. Wir haben Haushaltshandschuhe."
Leonard: „Ganz egal, welche Symptome Du auch hast, meine Freundin wird bei Dir keine Prostatauntersuchung vornehmen!"
Stephanie: „Hi Sheldon!"
Sheldon: „Ah, guten Morgen, Dr. Stephanie! Ich gehe davon aus, Leonard hat Dich letzte Nacht sexuell befriedigt?"

Penny: „Hast Du ihr gesagt, dass Du es langsamer angehen lassen willst?"
Leonard: „Nicht wortwörtlich. Aber ich habe ihr gesagt, dass ich Gefühle habe."
Penny: „Sehr gut, sehr gut! Und, was war dann?"

Leonard: „Und dann sind wir...irgendwie vom Thema abgekommen."
Penny: „Ihr hattet Sex, nicht wahr?"
Leonard: „Ein bisschen."

Daten:
Drehbuch: Chuck Lorre, Steven Molaro, Bill Prady, Richard Rosenstock
Regie: Mark Cendrowski
Gastdarsteller: Sara Rue (Dr. Stephanie Barnett)

Folge 2x11 „Die Geschenk Hypothese"

Originaltitel: The Bath Item Gift Hypothesis
Erstausstrahlung USA: 15.Dezember 2008
Erstausstrahlung DE: 14.November 2009

Inhalt:
Leonard freut sich zunächst, dass der Kollege David Underhill ihn um Hilfe bei einem Projekt bittet. Underhill hat für seine Arbeit ein exklusives Stipendium bekommen, weshalb Sheldon, Raj und Howard ein wenig neidisch auf Leonard sind. Als Penny sich jedoch mit David verabredet und vorgibt, sich für seine physikalische Arbeit zu interessieren, ist Leonard sauer. Unterdessen verzweifelt Sheldon, weil Penny ihm etwas zu Weihnachten schenken will und er nicht weiß, was er ihr kaufen soll. Er entwickelt eine ausgeklügelte Geschenkidee.

Charakterfacts:
• Sheldon hat Angst vor Bären.
• Sheldon hasst den Austausch von Geschenken.

Facts/Trivia:
• Leonard, Raj, Sheldon und Howard haben einen festen Tag, an dem sie abends auf der Wii-Konsole Bowling spielen. Dabei ziehen sie sich sogar eine hellblaue Team-Uniform an.

Nerdtalk:
Penny hat es gewagt, für Sheldon ein Geschenk zu kaufen. Eine Katastrophe:
Penny: „Sheldon, es tut mir wirklich ganz schrecklich leid."
Sheldon: „Nein, nein, das habe ich mir selber zuzuschreiben. Weil ich so ein liebenswerter und wichtiger Teil Deines Lebens bin."

Penny: „Eierflipp?"
Leonard: „Laktose."
Penny: „Es ist bloß Rum. Der Rest ist schon seit einer halben Stunde alle."

Penny schenkt Sheldon eine Serviette mit einem Autogramm eines bekannten Vulkaniers:
Sheldon: „Ich besitze die DNA von Leonard Nimoy!"
Penny: „Ja, ja, kann sein. Aber er hat sie für Dich signiert."
Sheldon: „Ist Dir eigentlich klar, was das bedeutet? Ich brauche jetzt nur noch eine gesunde Eizelle, dann kann ich mir meinen eigenen Leonard Nimoy züchten!"
Penny: „Okay, von mir bekommst Du nur die Serviette, Sheldon!"

Raj: „Er (David) ist ein attraktiver Mann!"
Howard: „Mich lässt er völlig kalt. Wenn ich auf dem Trip wäre, würde ich doch eher auf Zac Efron stehen."
Raj: „Als hättest Du bei Zac Efron eine Chance."

Daten:
Drehbuch: Bill Prady, Richard Rosenstock, Stephen Engel, Eric Kaplan
Regie: Mark Cendrowski
Gastdarsteller: Michael Trucco (Dr. David Underhill), Michael Hyatt (Charlotte)

Folge 2x12 „Monte der Roboter"

Originaltitel: The Killer Robot Instability
Erstausstrahlung USA: 12.Januar 2009
Erstausstrahlung DE: 14.November 2009

Inhalt:
Howard übertreibt es mal wieder mit seinen Anmachsprüchen gegenüber Penny, woraufhin ihr der Kragen platzt. Sie sagt ihm ordentlich die Meinung und schlägt dabei etwas über die Stränge. Verletzt und beleidigt zieht sich Howard in seine Wohnung zurück und ist für niemanden mehr zu sprechen. Ausgerechnet jetzt, wo ihn die anderen brauchen. Barry Kripke, ein unbeliebter Arbeitskollege, fordert die Jungs zu einem Kampfroboterduell heraus. Monte, der Roboter, den sie zusammengebaut haben, ist dem von Kripke hoffnungslos unterlegen. Sheldon will dieses jedoch nicht einsehen und den Kampf keinesfalls absagen.

Charakterfacts:
• Howard schreibt in seiner Freizeit gelegentlich Gedichte.

Facts/Trivia:
• Als Leonard Howard anrufen will, sieht man bei Minute 06:37 auf dem iPhone-Display das Menü mit den Kontakten, also telefoniert er nicht wirklich.
• Innerhalb dieser Episode hat Barry Kripke seinen ersten Auftritt. Im Verlauf der Serie wird er noch öfter auftauchen. Der Charakter wurde möglicherweise nach dem Philosophen Saul Kripke benannt.

Nerdtalk:
Die Freunde wollen ihren Kampfroboter einweihen:
Sheldon: „Dies ist ein feierlicher Augenblick. So wie Robert Oppenheimer oder Neil Armstrong benötigen wir die richtigen Worte für dieses historisch wissenschaftliche Ereignis."
Raj: „Wir wäre es mit: Tod dem Toaster?"
Leonard: „Das müsste gehen."

Howard: „Vielleicht möchtest Du ja mit mir hingehen? Ich weiß, dass die Kollegen begeistert wären, dort mal eine Frau zu sehen."
Penny: „Was für ein Ball ist das, wenn ich die einzige Frau bin?"
Howard: „Oh, naja, ich habe das vielleicht nicht ganz deutlich ausgedrückt. Du wärst die Einzige, bei der man gerne hin fasst."
Penny: „Du bist ein Schwein, Howard!"

Leonard: „Sheldon, wir müssen das abblasen."
Sheldon: „Diese Option haben wir nicht! Wie haben die Herausforderung angenommen und können uns nicht davor drücken."
Leonard: „Warum nicht? Wir haben uns unser Leben lang vor Kämpfen gedrückt. Ich kann mich durch ein Loch im Zaun quetschen, das halb so groß ist wie ich."

Daten:
Drehbuch: Daley Haggar, Steven Molaro, Richard Rosenstock, Bill Prady
Regie: Mark Cendrowski
Gastdarsteller: John Ross Bowie (Barry Kripke), Chris Krauser (Club Patron)

Folge 2x13 „Der Freundschafts-Algorithmus"
Originaltitel: The Friendship Algorithm
Erstausstrahlung USA: 19.Januar 2009
Erstausstrahlung DE: 21.November 2009

Inhalt:
Sheldon benötigt für seine Arbeit den Zugang zum Open Science Grid Computer und ausgerechnet Barry Kripke soll ihm diesen verschaffen. Also versucht er, sich mit Kripke anzufreunden. Leichter gesagt als getan, denn Kripke hat keinerlei Interesse daran, Sheldons Freund zu werden. Sheldon versucht auf wissenschaftlichem Wege zu ergründen, wie man neue Freunde gewinnt.

Charakterfacts:
- Sheldon hasst es, wenn eine Person pfeift und hat dieses natürlich in der Mitbewohnervereinbarung untersagt.
- Sheldon kann nicht schwimmen und hasst es generell, ins Wasser zugehen.
- Sheldon hat Angst vor Vögeln, liebt aber Affen.

Facts/Trivia:
- Als Sheldon vor der Kletterwand steht, meint er, diese wirke „monolitischer" und er spricht von „monolithen, die Knochen als Waffen gebrauchen". Dies ist ein Verweis auf den Film „2001: Odyssee im Weltraum".

Nerdtalk:
Kripke: „Vor dem Essen benutze ich Zahnseide, um wieder Platz in meinen Zahnfleischtaschen zu schaffen."
Penny: „Bääähh!"
Kripke: „Hallo, wow! Wie konnte ich Dich übersehen?! Ich bin Barry."
Penny: „Penny...!"
Kripke: „Ahhhh....das klingt so gewöhnlich. Ich glaube, ich nenne Dich...Roxanne! Uh, gebackenes Huhn!"
Howard: „Und schon wirke ICH ziemlich attraktiv, häa...?"

Leonard: „Vor ein paar Monaten wolltest Du schwimmen lernen mithilfe des Internets."
Sheldon: „Ich konnte danach auch schwimmen!"
Leonard: „Auf dem Boden."
Sheldon: „Der Bewegungsablauf lässt sich übertragen. Ich habe nur keine Lust, ins Wasser zu gehen."
Leonard: „Wozu dann schwimmen lernen?"
Sheldon: „Die polaren Eiskappen schmelzen, Leonard. In der Zukunft wird man gezwungen sein zu schwimmen."

Leonard: „Das war es schon. Jetzt landen alle E-Mails von Wolowitz direkt in Deinem Spamordner."
Penny: „Danke. Wobei seine E-Mails nicht annähernd so genervt haben, wie seine Urlaubsfotos in der Badehose."
Leonard: „Ja, die habe ich auch bekommen. Das ist keine Badehose, da kam nur keine Sonne hin."

Daten:
Drehbuch: Bill Prady, Richard Rosenstock, Chuck Lorre, Steven Molaro
Regie: Mark Cendrowski

Gastdarsteller: John Ross Bowie (Barry Kripke), Will Deutsch (Jeremy), Jane Galloway Heitz (Mildred), Jade Zdanow (Rebecca), Chris Krauser (Club Patron)

Folge 2x14 „In der Kreditklemme"
Originaltitel: The Financial Permeability
Erstausstrahlung USA: 2.Februar 2009
Erstausstrahlung DE: 21.November 2009

Inhalt:
Sheldon ist völlig perplex, als Penny sich in seiner Wohnung vor dem Vermieter verstecken muss. Sie erklärt ihm, dass sie finanzielle Probleme hat und ihre Miete nicht zahlen konnte. Zu Pennys Überraschung bietet Sheldon an, ihr finanziell auszuhelfen, was sie nach einigem Zögern gerne annimmt. Als Leonard von Pennys Geldsorgen erfährt, versucht er herauszufinden, wie sie da hineingeraten ist. Es stellt sich raus, dass sie vor einiger Zeit ihrem Exfreund Kurt eine größere Geldsumme geliehen hat, die er ihr bis heute nicht zurückgezahlt hat.

Charakterfacts:
• Wer hätte das gedacht: Sheldon schreibt tatsächlich in ein Tagebuch.
• Penny wollte eigentlich nur sechs Monate als Kellnerin arbeiten.

Facts/Trivia:
• Als Penny Sheldon bittet, ihr mehr Zeit für die Rückzahlung des Geldes zu geben, ist Sheldons Essensbox noch geschlossen. Sekunden später hält er eine offene Box in der Hand. Zu sehen bei Minute 08:54.
• Sheldon sagt, er gebe genau 46,9 Prozent seines Nettoeinkommens aus.
• In dieser Episode gibt es zahlreiche Verweise auf Ereignisse früherer Episoden: Sheldon erinnert Penny an die Kontrollleuchte in ihrem Auto: In Folge 02x05.Homo novus Automobilis bemerkte er die Warnleuchte, Penny lies ihren Wagen aber nicht reparieren. In der Pilotepisode 01x01 Penny und die Physiker gingen Sheldon und Leonard zu Kurt, um Pennys Fernseher abzuholen. Sheldon meint, dass Kurt ihn nicht wiedererkannt hat, weil er letztes Mal ein Halloweenkostüm getragen hat. Gemeint ist die Folge 01x06 „Das Mittelerde Paradigma".

Nerdtalk:
Raj: „Und wenn wir nach dem Film essen?"
Sheldon: „Völlig inakzeptabel. Die verspätete Essensaufnahme führt morgen zu Stuhlgang während der Arbeitszeit."

Penny will sich Geld von Sheldon leihen:
Sheldon: „Jetzt nimm!"
Penny: „Wirklich? Bist Du Dir ganz sicher?"

Sheldon: *„Ich erwarte keinerlei größere Ausgaben. Es sei denn, sie entwickeln eine bezahlbare Methode, um ein Skelett mit Adamantium zu verschmelzen, wie bei Wolverine."*
Penny: *„Arbeiten die denn an so was?"*
Sheldon: *„Na, das will ich doch sehr hoffen!"*

Die Freunde wollen Schulden bei Pennys Exfreund eintreiben:
Leonard: *„Okay, ihr kennt alle unseren Plan?"*
Howard: *„Ja, Koothrappali macht sich in die Hose, ich übergebe mich, Sheldon rennt weg und Du gibst den Löffel ab. Was haltet ihr von einem Uhrenvergleich?"*
Leonard: *„Wir Vier nehmen es doch wohl mit einem auf!"*

Daten:
Drehbuch: Chuck Lorre, Steven Molaro, Richard Rosenstock, Eric Kaplan
Regie: Mark Cendrowski
Gastdarsteller: Brian Wade (Kurt)

Folge 2x15 „Die Streichelmaschine"

Originaltitel: The Maternal Capacitance
Erstausstrahlung USA: 9.Februar 2009
Erstausstrahlung DE: 28.November 2009

Inhalt:
Leonard versucht verzweifelt seine Mutter, Dr. Beverly Hofstadter, davon abzuhalten, ihn zu besuchen. Kaum ist sie angekommen, fängt sie auch schon an, Leonard vor seinen Freunden bloßzustellen. Beverly hat an allem etwas zu kritisieren und die erste Begegnung mit Penny verläuft auch alles andere als freundlich. Sheldon hingegen ist ganz angetan von Beverly, sind die beiden sich doch in vielen Bereichen sehr ähnlich.

Charakterfacts:
• Leonard hat zwei Geschwister: Sein Bruder Michael arbeitet als Anwalt und seine Schwester ist Chirurgin.

Facts/Trivia:
• Christine Baranski, die Leonards Mutter spielt, wurde für den Auftritt in dieser Folge für den Emmy Award in der Kategorie „Outstanding Guest Actress in a Comedy Series" nominiert.

Nerdtalk:
Leonards bezaubernde Mutter ist zu Besuch. Sheldon mag sie besonders gern.
Leonard: *„Hier ist Dein Tee, Mutter. Hattet ihr ein anregendes Thema?"*
Sheldon: *„Die Häufigkeit des Geschlechtsverkehrs Deiner Eltern."*

Leonard: „Faszinierend. Wenn Du Glück hast, zeigt sie Dir ihre PowerPoint Präsentation."

Leonard: „Na, Mutter, gibt es etwas Neues?"
Beverly: „Geht es auch etwas präziser?"
Leonard: „Ok, wie ist es Dir so ergangen?"
Beverly: „Oh, ich habe kürzlich ein paar faszinierende Menopausen Symptome gehabt."
Leonard: „Vielleicht etwas weniger Persönliches."
Beverly: „Oh. Dein Onkel Floyd ist tot."
Leonard: „Oh, mein Gott! Was ist passiert?"
Beverly: „Sein Herz hat nicht mehr geschlagen. Ich würde gerne urinieren."

Penny: „Okay, eigentlich wollte ich schon immer mal wissen, wie Leonard war, als er klein war."
Beverly: „Oh, Sie meinen, als er jung war. Klein war er schon immer."
Penny: „Oh, okay, na schön. Wie war er, als er jung war?"
Beverly: „Fragen Sie bitte spezifischer."
Penny: „Oh, als er fünf oder sechs war. Fünf…."
Beverly: „Oh, das war die Zeit, die Freud als die phallische Phase der psychosexuellen Entwicklung bezeichnet hat. Eine veraltete Theorie, aber der Junge verbrachte den Großteil des Tages damit, an seinem Penis herumzuspielen."

Daten:
Drehbuch: Chuck Lorre, Bill Prady, Richard Rosenstock, Steven Molaro
Regie: Mark Cendrowski
Gastdarsteller: Christine Baranski (Beverly Hofstadter)

Folge 2x16 „Die Kissen Katastrophe"
Originaltitel: The Cushion Saturation
Erstausstrahlung USA: 2.März 2009
Erstausstrahlung DE: 28.November 2009

Inhalt:
Bei einem Paintball-Turnier kommen sich Leslie Winkle und Howard näher, woraufhin die beiden im Bett landen. Leslie spielt Howard fortan nun Forschungsgelder und andere Vergünstigungen zu. Dann verlangt sie von ihm etwas, worauf er keine Lust hat. Unterdessen versucht Leonard, Pennys Notebook zu reparieren. Als Penny mit Leonards Paintball-Kanone spielt, schießt sie aus Versehen eine Farbpatrone auf Sheldons Sitzkissen.

Charakterfacts:
• Leonard hat Sheldon verschwiegen, dass das asiatische Restaurant „Szechuan Palace" schon vor zwei Jahren geschlossen wurde.

Facts/Trivia:
• Mit dieser Episode wurde der Vertrag von Sara Gilbert als Hauptdarstellerin aufgehoben. Die Autoren fanden nicht genug Geschichten für den Charakter Leslie Winkle. Leslie hat aber am Ende der dritten Staffel noch einmal einen Gastauftritt.
• Am Ende der Episode sieht man, wie Sheldon genau fünf Mal auf Leonard schießt. Auf seinem Anzug sind aber sieben Farbtreffer zu sehen.
• Beim Paintball Spiel am Anfang sagt Raj: „Ich liebe den Geruch von Paintballs am Morgen". Eine Anspielung auf ein berühmtes Zitat aus dem Film „Apocalypse Now".

Nerdtalk:
Die Freunde sind mitten in einer Paintball Schlacht:
Raj: „Wir brauchen einen Plan. Wie wäre es mit Operation Hammer der Götter?"
Leonard: „Und was war noch mal Hammer der Götter?"
Raj: „Wir verstecken uns hinter den Müllcontainern und überfallen die Leute, wenn sie pinkeln wollen."

Leonard: „Wieso kauerst Du Dich da hin?"
Sheldon: „Das ist mein Platz. Wo soll ich mich sonst hinkauern?"
Leonard: „Vielleicht irgendwo in Afrika."

Leonard: „Ich dachte, wir spielen heute noch Halo."
Howard: „Was verlangst Du denn von mir, Leonard? Eine Frau erwartet mich sehnsüchtig und will Sex mit mir. Du kannst das doch verstehen, oder?"
Penny: „Nein, irgendwie nicht."

Daten:
Drehbuch: Chuck Lorre, Bill Prady, Lee Aronsohn
Regie: Mark Cendrowski
Gastdarsteller: --

Folge 2x17 „Das Placebo Bier"

Originaltitel: The Terminator Decoupling
Erstausstrahlung USA: 9.März 2009
Erstausstrahlung DE: 5.Dezember 2009

Inhalt:
In San Francisco findet eine große Wissenschaftskonferenz mit zahlreichen bekannten Experten statt. Natürlich ist dieses eine Pflichtveranstaltung für die Freunde, doch Sheldon setzt durch, sodass man mit dem Zug fährt, anstatt zu fliegen, wie es Leonard, Howard und Raj eigentlich wollten. Zufällig sitzt die attraktive Schauspielerin Summer Glau im gleichen Zugabteil. Nach einem kurzen Streit darüber, wer sie zuerst ansprechen darf, genehmigt Raj sich ein Bier und setzt sich zu ihr. Summer findet ihn sogar recht sympathisch und findet das Gespräch interessant. Dann stellt Howard fest, dass Raj ein alkoholfreies Bier getrunken hat.

Charakterfacts:
- Sheldon verfügt über umfangreiches Wissen bezüglich Zugmodellen und deren Geschichte.
- Auch wenn Raj nur glaubt unter Alkoholeinfluss zu stehen, kann er mit Frauen reden.

Facts/Trivia:
- Der echte Dr. George F. Smoot tritt am Ende der Episode auf. Angeblich hatte er selber als Fan der Serie um einen Gastautritt gebeten.
- Summer Glau ist eine vielbeschäftigte Schauspielerin, die schon in zahlreichen TV-Serien mitwirkte. Ihren Durchbruch feiert sie mit einer festen Rolle in der kurzlebigen Scifi-Serie „Firefly".
- Penny sagt innerhalb eines Telefonats mit ihrer Freundin, dass sie die Chance hätte, Anne Frank zu spielen. Tatsächlich hat die Darstellerin Kaley Cuoco in einer Episode der Serie „Meine wilden Töchter" einen Charakter dargestellt, der Anne Frank spielen durfte.
- Eigentlich war die Schauspielerin Katee Sackhoff aus der Serie „Battlestar Galactica" für einen Gastauftritt in dieser Episode vorgesehen. Als diese absagte, sprang Summer Glau ein.

Nerdtalk:
Sheldon: *„Ich habe meinen USB-Stick vergessen!"*
Leonard: *„Na und?"*
Sheldon: *„Das heißt, wir müssen zurück!"*
Leonard: *„Okay. Sheldon, wenn ich Dich jetzt frage, WIESO, darf Deine Antwort nicht lauten: Weil ich meinen USB-Stick vergessen habe."*

Howard: *„Im Gegensatz zu Dir kann ich mit Frauen sprechen, auch wenn ich nicht betrunken bin.*

Raj: *„Du lässt dabei außer Acht, dass ich, wenn auch stumm, ein Ausländer und exotisch bin, während Du dagegen schwächlich und bleich bist."*
Howard: *„Naja, Du kennst ja die alte Redensart: bleich und schwach – immer wach!"*

Raj und Howard verstauen ihr Gepäck im Zug:
Sheldon: *„Was in aller Welt macht ihr denn da?"*
Raj: *„Was auch immer. Wir machen es offensichtlich falsch."*

Daten:
Drehbuch: Bill Prady, Dave Goetsch, Tim Doyle, Stephen Engel
Regie: Mark Cendrowski
Gastdarsteller: Summer Glau (himself), George Smoot (Himself), Robert Clotworthy (Train Conductor)

Folge 2x18 „Business im Wohnzimmer"

Originaltitel: The Work Song Nanocluster
Erstausstrahlung USA: 16.März 2009
Erstausstrahlung DE: 5.Dezember 2009

Inhalt:
Als Sheldon ein Paket zu Penny rüberbringen will, erzählt sie ihm, dass sie ein Gewerbe betreibt. Penny verkauft selbstgebastelte Haarspangen an ihre Arbeitskolleginnen. Nachdem Sheldon ihr einige Hinweise gegeben hat, bittet sie ihn um Hilfe, damit sie dieses Geschäft ausbauen kann. Nachdem auch Leonard, Howard und Raj von der Sache Wind bekommen haben, stürzen sich alle in die Arbeit. Nachdem Leonard einen Online-Shop eingerichtet hat, trudelt bald der erste Großauftrag rein. Gemeinsam arbeitet man die Nacht durch, um die Bestellung von eintausend Haarnadeln nicht platzen zu lassen.

Charakterfacts:
• Sheldon verträgt keinen Kaffee. Trinkt er doch welchen, verfällt er in eine Art Koffeinrausch.

Facts/Trivia:
• Bisher verstand Sheldon keine sarkastischen oder ironischen Bemerkungen. Als Penny am Anfang der Episode eine Bemerkung macht, erkennt er jedoch sofort, dass diese sarkastisch gemeint war.

Nerdtalk:
Howard: „Hey! Ich habe eine tolle Idee! Wir holen uns ein paar Mädels her und spielen Laserhindernisstripschach."
Leonard: „Glaub mir Howard, die Mädchen, die bereit wären, da mitzuspielen, willst Du gar nicht nackt sehen."
Howard: „Da unterschätzt Du mich aber."

Penny will Sheldon ihre Geschäftsidee vorstellen. Das Wohnzimmer ist ihr Geschäftsraum:
Penny: „Sie nun hier, ich habe ein Unternehmen gegründet!"
Sheldon: „Offensichtlich kein Reinigungsunternehmen."

Sheldon: „Wenn Du moderne Marketing-Technik nutzen und einen Herstellungsprozess optimieren würdest, wird daraus eventuell ein rentables Geschäft."
Penny: „Und Du kennst Dich mit so was aus?"
Sheldon: „Penny! Ich bin Physiker. Ich habe fundierte Kenntnisse über das gesamte Universum und alles, was darin ist."
Penny: „Wer ist Radiohead?"
Leonard: „Ich habe bedeutende Grundkenntnisse über die wichtigen Dinge unseres Universums!"

Penny: „Moment mal, Augenblick: Ihr wollt Haarspangen machen mit Bluetooth?"
Sheldon: „Ja, Penny. Alles ist viel besser mit Bluetooth."

Daten:
Drehbuch: Bill Prady, Lee Aronsohn, Dave Goetsch, Richard Rosenstock
Regie: Peter Chakos
Gastdarsteller: ---

Folge 2x19 „Der Kampf der Bienenkönigin"
Originaltitel: The Dead Hooker Juxtaposition
Erstausstrahlung USA: 30.März 2009
Erstausstrahlung DE: 12.Dezember 2009

Inhalt:
Penny erzählt beim gemeinsamen Abendessen, dass die Nachbarn, die in der Wohnung über Leonard und Sheldon wohnen, ausziehen. Für Sheldon ist der Gedanke an neue Nachbarn der blanke Horror. Doch beim ersten zufälligen Treffen im Treppenhaus ist Leonard sofort von der attraktiven Nachbarin Alicia begeistert. Auch Howard und Raj verfallen ihr schnell und Alicia nutzt dieses schamlos aus. Penny reagiert sauer, weil sie kaum noch beachtet wird.

Charakterfacts:
• Kein Geheimnis: Sheldon hasst Veränderungen jeglicher Art.

Facts/Trivia:
• Sheldon sagt zu Penny, sie habe den falschen Senf gekauft. Dies stimmt nicht, es ist der gleiche, den Leonard in Folge 2x04 mitbrachte.
• Als Penny den Jungs chinesisches Essen spendiert, stellt Sheldon eine Reihe von Fragen zu dem Essen. Die gleiche Szene gab es mit Sheldon und Leonard in Episode 2x04.

Nerdtalk:
Howard: *„Penny, ich möchte gleich die Gelegenheit ergreifen und darauf hinweisen, dass Du heute ganz besonders hinreißend aussiehst."*
Penny: *„Auch nicht mit tausend Kondomen, Howard!"*
Howard: *„Das ist doch wenigstens mal eine Zahl."*

Penny: *„Glaub mir, die Tussi nutzt andere aus, indem sie ihr Aussehen einsetzt und dadurch willensschwache Männer dazu bringt, ihr Casting-Termine bei irgendwelchen blöden Fernsehserien zu verschaffen. Bei so was kriege ich immer einen dicken Hals."*
Sheldon: *„Darf ich mal etwas einwerfen?"*
Penny: *„Bitte!"*
Sheldon: *„Du hast den falschen Senf besorgt."*

Sheldon: *„Nächste Frage: Bist Du fruchtbar?"*
Alicia: *„Was!?"*
Sheldon: *„Ich möchte ermitteln, ob schreiende Säuglinge über mir im Bereich des Möglichen liegen."*
Alicia: *„Zurzeit habe ich keine Pläne in der Richtung."*
Sheldon: *„Sag mir Bescheid, wenn sich dass ändert."*

Daten:
Drehbuch: Steven Molaro
Regie: Mark Cendrowski
Gastdarsteller: Valerie Azlynn (Alicia)

Folge 2x20 „Der Wolowitz-Koeffizient"

Originaltitel: The Hofstadter Isotope
Erstausstrahlung USA: 13.April 2009
Erstausstrahlung DE: 12.Dezember 2009

Inhalt:
Sheldon ist entsetzt, weil es am Donnerstag thailändisches Essen anstatt Pizza gibt. Er hasst es, wenn von Gewohnheiten abgewichen wird, obwohl man besprochen hatte, dass jeder dritte Donnerstag, der „alles ist möglich" Tag sein soll. Leonard, Howard und Raj haben Lust auszugehen und in Bars Frauen anzuquatschen. Da Sheldon jedoch dagegen ist, beschließt man stattdessen in den Comicladen zu gehen. Da Penny noch ein Geschenk für ihren Neffen sucht, geht sie spontan mit. Überraschenderweise findet sie den Besitzer des Comicladens, Stuart, sehr sympathisch und verabredet sich mit ihm zu einem Date.

Charakterfacts:
- Howard ist ein recht schlechter Amateurzauberer.
- Penny findet Stuart, den Besitzer des Comicladens, sympathisch.

Facts/Trivia:
- Kevin Sussman, der Stuart darstellt, spielte zusammen mit Simon Helberg (Howard) 2006 in dem Film „Es lebe Hollywood" mit.

Nerdtalk:
Howard: „Wenn ich es durchrechne, komme ich auf eine Zahl von 5.182 potenziellen Sexpartnern in einem Umkreis von 40 Kilometern."
Leonard: „Soll das ein Witz sein?"
Howard: „Ich bin spitz und Ingenieur, Leonard. Ich scherze nie über Mathe oder Sex."
Raj: „Also worauf warten wir? Lasst uns die Weiber knallen!"

Sheldon: „Chinesisches Essen und klassische Videospiele! Nach dem Albtraum des -alles ist möglich- donnerstags wird das heute ein Freitag, wie er im Buche steht!"
Howard: „Wer ist für einen Sheldon-freien Sonntag?"

Penny (im Comicladen): „Die Typen starren mich alle an."
Leonard: „Keine Sorge, die haben mehr Angst vor Dir, als Du vor ihnen."
Penny: „Unwahrscheinlich."

Leonard: „Hey, Howard!"
Howard: „Ja?"
Leonard: „Bring mich in so eine Nachtbar mit Frauen!"

Howard: *„Wirklich?"*
Leonard: *„Ja!"*
Howard: *„Okay! Ich geh nur schnell rein und zieh meine Unterwäsche aus."*
Leonard: *„Wieso?"*
Howard: *„Wenn ich heute zum Zuge kommen, will ich nicht in meiner Aquaman-Unterhose dastehen."*

Daten:
Drehbuch: David Goetsch
Regie: Mark Cendrowski
Gastdarsteller: Kevin Sussman (Stuart)

Folge 2x21 „Die Las Vegas Kur"
Originaltitel: The Vegas Renormalization
Erstausstrahlung USA: 27.April 2009
Erstausstrahlung DE: 19.Dezember 2009

Inhalt:
Howard ist total niedergeschlagen, weil Leslie Winkle ihm per Telefon den Laufpass gegeben hat.
Leonard und Raj haben die Idee, mit Howard einen Ausflug nach Las Vegas zu unternehmen, um ihn wieder aufzumuntern. Da Howard aber lieber frustriert im Hotel bleiben will, heuern die beiden eine Prostituierte für ihn an. Sheldon freut sich, die Wohnung den Abend für sich ganz allein zu haben. Dummerweise sperrt er sich selber aus, weshalb er den Abend bei Penny verbringen muss.

Charakterfacts:
• Raj´s mittlerer Name lautet Ramayan.

Facts/Trivia:
• Obwohl die Darstellerin, Sara Gilbert, zu diesem Zeitpunkt nicht mehr bei der Produktion beschäftigt war, ist der Charakter Leslie Winkle wichtiger Bestandteil dieser Folge.
• Zum zweiten Mal muss Penny für Sheldon das Katzenlied singen.
• Gastdarstellerin Jodi Lyn O'Keefe ist eine vielbeschäftige US-Schauspielerin, die vor allem durch zahlreiche Auftritte in bekannten TV-Serien wie Two and a Half Men, Prison Break oder LOST bekannt ist.

Nerdtalk:
Sheldon: *„Was ist die genaue Bedeutung von Freunden mit Sonderleistungen? Hat er vor, ihr eine Versicherung zu verkaufen?"*

Leonard: „Nein! Stell Dir doch mal vor, du wärst mit jemandem befreundet, mit dem Du auch Sex hast, und dürftest trotzdem ausgehen, mit wem Du willst."
Sheldon: „Tut mir leid, nichts davon kann ich mir vorstellen."

Sheldon: „Hallo Nachbarin!"
Penny: „Hallo...Sheldon?!"
Sheldon: „Wie ist das werte Befinden an diesem schönen Abend?"
Penny: „Ausgezeichnet."
Sheldon: „Guuut! Dass macht mich glücklich!"
Penny: „Wirklich? Bist Du betrunken?"

Sheldon schläft bei Penny in der Wohnung:
Sheldon: „Penny?"
Penny: „Was?"
Sheldon: „Ich kann nicht schlafen."
Penny: „Womöglich liegt das daran, dass Du nicht die Klappe hältst."
Sheldon: „Ich habe Heimweh."
Penny: „Du bist nur sechs Meter von zu Hause entfernt!"
Sheldon: „Sechs Meter, sechs Lichtjahre – es spielt keine Rolle. Es liegen dennoch Galaxien dazwischen."

Daten:
Drehbuch: Andrew Roth, Jessica Ambrosetti, Nicole Lorre, Andrew Roth
Regie: Mark Cendrowski
Gastdarsteller: Jodi Lyn O'Keefe (Mikayla)

Folge 2x22 „Die Weltraumtoilette"
Originaltitel: The Classified Materials Turbulence
Erstausstrahlung USA: 4.Mai 2009
Erstausstrahlung DE: 19.Dezember 2009

Inhalt:
Howard hat ein schwerwiegendes Problem: Die Toilette, die er für die internationale Raumstation ISS entwickelt hat, hat einen Konstruktionsfehler. Er bittet seine Freunde, ihm bei der Suche nach einer Lösung zu helfen. Leonard plagt aber noch eine andere Sache: Comicladenbesitzer Stuart hat sich für ein zweites Date mit Penny verabredet und will nun ausgerechnet von ihm Ratschläge, wie er sich gegenüber ihr verhalten soll.

Charakterfacts:
• Sheldon erträgt es nicht, wenn jemand Anrufe oder Mailboxnachrichten ignoriert. Seiner Meinung nach ist dieses der erste Schritt in die Anarchie.

Facts/Trivia:
• In einer Szene fragt Raj Howard, ob er sein Sperma verkauft hat. Leonard und Sheldon wollten dieses in der ersten Szene der Pilotepisode tun, trauten sich dann aber nicht.

Nerdtalk:
Sheldon: „Riecht ihr das? Das ist der Duft neuer Comicbücher! Oh….ja…!"
Howard: „Die gehen heute auf mich Freunde!"
Raj: „Du bezahlst? Hast du wieder Dein Sperma verkauft?"

Raj (hält ein kleines Plastikstück in der Hand): „Howard, warte! Wieso nimmst Du nicht das hier, statt des PVC-Stückes, um die Filteranordnung zu fixieren?"
Howard: „Vielleicht, weil das hier kein Ersatzteil aus der Raumstation ist, sondern es stammt aus der Pizzaschachtel und verhindert, dass der Deckel auf den Käse drückt!"
Raj: „Ach, dafür ist das? In Indien drückt der Deckel auf den Käse. Natürlich herrscht bei uns große Armut und die Cholera bricht hin und wieder aus. Ein wenig Pappe auf dem Käse ist nichts Schlimmes."

Howard: „Leute, wir haben einen Code Red!"
Sheldon: „Meinst Du Code Red, den Notfallalarm in Krankenhäusern, Code Red, den Computerwurm oder Code Red, die Kirschlimonade eines Herstellers aus Montana?"

Daten:
Drehbuch: Chuck Lorre, Lee Aronsohn
Regie: Mark Cendrowski
Gastdarsteller: Kevin Sussman (Stuart), Robert Clotworthy (Astronaut), Travis Davis (Ground Controller)

Folge 2x23 „Drei Monate im Eis"

Originaltitel: The Monopolar Expedition
Erstausstrahlung USA: 11.Mai 2009
Erstausstrahlung DE: 19.Dezember 2009

Inhalt:
Weil Sheldon den Professor seiner Universität eines Nachts nervt, unterbreitet dieser ihm kurzerhand das Angebot, eine dreimonatige Expedition zum Nordpol zu leiten. Zuerst freuen sich Leonard, Howard und Raj über die Aussicht auf drei Monate Sheldon freie Zeit. Als Sheldon jedoch erklärt, wie wichtig die wissenschaftliche Arbeit sein könnte, entschließen sie sich, in zu begleiten. Als Penny von der Expedition erfährt, ist sie nicht davon begeistert, versucht aber, sich dieses nicht anmerken zu lassen. Sie weiß, dass sie vor allem Leonard vermissen würde.

Charakterfacts:
• Sheldon nimmt sein Frühstück immer um Punkt 8.00 Uhr Morgens zu sich und geht um 8:20 in das Badezimmer.

Facts/Trivia:
• Am Nordpol sollen die Freunde langsame, bewegliche Monopole nachweisen. Der magnetische Nordpol liegt geografisch allerdings über Nord-Kanada.
• In dieser Episode wird Sheldons BAZINGA-Ausruf eingeführt. Er benutzt diesen, um seinem Umfeld klar zu machen, dass er gerade einen Witz gemacht hat.

Nerdtalk:
Howard: „Wir fahren doch nicht wirklich mit ihm zum Nord-Pol, oder?"
Leonard: „Warte, lass uns doch erst darüber reden. Es ist eine der renommierten National Science Foundation Expeditionen, wie können wir das einfach ausschlagen?"
Howard: „Ganz einfach: Statt zu sagen, nein, wir wollen nicht mit zu dieser tollen Expedition, sagen wir: nein, wir wollen nicht drei Monate in einer engen Arktis-Station festhängen mit einem klugscheißenden Spinner!"

Leonard: „Also, ich glaube, ich kann nicht mit auf die Expedition gehen."
Sheldon: „Was?
Leonard: „Ich kann nicht mit zum Nord-Pol."
Sheldon: „Okay, Leonard. Ich weiß, Du hast Sorge, Du könntest mich enttäuschen. Aber tröste Dich ruhig mit dem Wissen, dass meine Erwartungen an Dich nicht besonders hoch sind."

Howard: „Und Du würdest es mit Sheldon aushalten?"

Raj: *"Naja, ich bin Hindu. Meine Religion lehrt uns, wenn wir in diesem Leben leiden, werden wir belohnt im nächsten. Drei Monate am Nord-Pol mit Sheldon, und ich werde wiedergeboren als gut bestückter Milliardär mit Privatjet."*

Daten:
Drehbuch: Richard Rosenstock, Eric Kaplan
Regie: Mark Cendrowski
Gastdarsteller: Brian George (Dr. Koothrappali), Alice Amter (Mrs. Koothrappali),

Staffel 3 (2009-2010)

Folge 3x01 „Der Nordpool Plan"
Originaltitel: The Electric Can Opener
Erstausstrahlung USA: 21.September 2009
Erstausstrahlung DE: 7.Februar 2011

Inhalt:
Nach einer dreimonatigen Expedition am Nordpol kehren die Freunde zurück nach Hause. Penny ist überglücklich, Leonard wieder zu sehen. Die beiden wollen jetzt eigentlich gerne alleine sein, werden aber immer wieder gestört. Für Sheldon scheint die Expedition ein voller Erfolg gewesen zu sein. Er prahlt mit den Ergebnissen seiner Forschung und sieht sich selber schon als zukünftigen Nobelpreisträger. Als Howard und Raj ihm erklären, dass sie seine Experimente manipuliert haben, weil er sie am Nordpol fast in den Wahnsinn getrieben hätte, ist Sheldon schwer enttäuscht. Er kündigt seinen Job und fährt nach Texas zu seiner Mutter.

Charakterfacts:
• Obwohl Sheldon als Wissenschaftler keine Religion anerkennt, hat er in Anwesenheit seiner Mutter Respekt vor ihrem Glauben und betet notgedrungen sogar vor dem Essen.

Facts/Trivia:
• In einer Szene vergleicht Raj Howards Outfit mit dem der Figur Woody aus „Toy Story". Laurie Metcalf, die Sheldons Mutter spielt, sprach einer Figur im englischen Original von „Toy Story".
• Als einziger trägt Sheldon keinen Vollbart. Sein Bart erinnert an den, den der Charakter Spock aus dem „Spiegeluniversum" in der klassischen „Raumschiff Enterprise" Serie trägt.

Nerdtalk:
Leonard: „Ohhhh, Gott sei Dank, endlich zu Hause!"
Howard: „Unfassbar! Wir haben es drei Monate in dieser tiefgefrorenen Hölle ausgehalten."
Raj: „Es war wie ein verschneiter Albtraum ohne Aussicht auf Erwachen."
Sheldon: „Ich weiß ja nicht, auf welcher Arktis Expedition ihr wart, aber ich fand sie sehr unterhaltsam."

Raj (zu Howard, der einen Schnurrbart trägt): „Das steht Dir!"
Howard: „Danke! Ich nenne ihn den Clooney."
Raj: „Ich würde ihn den Super Mario nennen, aber was soll´s."

Leonard: „Nimmst Du bitte mal diesen dämlichen Hut ab!?"
Howard: „Nein, das ist Integrationsbereitschaft."
Raj: „In was? In Toy Story?"

Mary Cooper: „Darf ich euch etwas zu trinken anbieten?"
Leonard: „Nein, danke."
Howard: „Um ehrlich zu sein, hätte ich jetzt richtig Lust auf ein Lone Star Bier."
Mary Cooper: „In diesem Haus gibt es keinen Alkohol. Rede nicht so kariert und runter mit dem Hut!"
Howard: „Entschuldigung. Ich nehme einen Diät Kakao, falls so etwas da ist."
Mary Cooper: „Du kriegst ´ne Cola!"

Daten:
Drehbuch: Steven Molaro
Regie: Mark Cendrowski
Gastdarsteller: John Ross Bowie (Barry Kripke), Laurie Metcalf (Mary Cooper),

Folge 3x02 „Die Grillenwette"
Originaltitel: The Jiminy Conjecture
Erstausstrahlung USA: 28.September 2009
Erstausstrahlung DE: 7.Februar 2011

Inhalt:
Leonard trifft seine Freunde im Comicbuchladen und erzählt ihnen von der gemeinsamen Nacht mit Penny. Zur Überraschung der Drei erklärt Leonard, der Sex mit Penny sei nur durchschnittlich gewesen. Auch Penny findet, dass die Nacht nicht optimal gelaufen ist, und will ausgerechnet mit Sheldon darüber reden. Sheldon beschäftigt aber eine Wette mit Howard, bei der es darum geht, die genaue Art einer Grille herauszufinden.

Charakterfacts:
• Howard sammelte in seiner Kindheit Insekten.
• Außerdem lernte er im Alter von 13 Kung Fu, zumindest behauptet Howard dieses gegenüber Sheldon.
• Raj hat eine große Abneigung gegenüber Insekten aller Art.

Facts/Trivia:
• Immer wenn in der Serie über Grillen gesprochen wird, erwähnt einer der Charaktere „Jiminy Crickct". Jiminy Cricket ist die Disney Version der sprechenden Grille aus dem Kinderbuch Pinocchio.Immer wenn in der Serie über Grillen gesprochen wird, erwähnt einer der

Charaktere „Jiminy Cricket". Jiminy Cricket ist die Disney Version der sprechenden Grille aus dem Kinderbuch Pinocchio.

Nerdtalk:
Penny ist sauer darüber, dass Leonard über ihr Sexleben mit den Jungs spricht:
Sheldon: „Es geht darum, dass ihr beide eine enttäuschende, sexuelle Begegnung hattet. Leonard umschrieb sie im Laufe des Abends als ganz nett. Das hier ist nur die Fortsetzung der Sticheleien, die darauf folgen."
Penny: „Okay, ja, dann werde ich wohl woanders weiter essen. Vielleicht in einem Flugzeug, das gegen einen Berg prallt."
Leonard: „Penny, warte! Sag mal, hast Du sie noch alle? (zu Sheldon)"
Sheldon: „Anscheinend habe ich irgendeine Grenze überschritten."

Leonard: „Ehrlich gesagt denke ich, wir beide waren ein wenig ... wie soll ich sagen?"
Raj: „Unbefriedigt? Ernüchtert?"
Howard: „Entsetzt? Beschämt? Angewidert?"
Leonard: „Naja, es war eben einfach nicht so, wie ich es mir erträumt hatte."
Howard: „Ich hatte noch nie Sex, wie ich ihn in meinen Träumen habe."
Raj: „In Deinen Träumen bist Du ja auch von der Hüfte abwärts ein Pferd."

Daten:
Drehbuch: Jim Reynolds
Regie: Mark Cendrowski
Gastdarsteller: Lewis Black (Professor Crawley)

Folge 3x03 „Sex oder Pralinen"
Originaltitel: The Gothowitz Deviation
Erstausstrahlung USA: 5.Oktober 2009
Erstausstrahlung DE: 8.Februar 2011

Inhalt:
Da ihr Bett beim letzten Schäferstündchen kaputtgegangen ist, übernachtet Penny bei Leonard. Als sie am nächsten Morgen das Frühstück zubereitet und Sheldon dabei trifft, kommt es zum Streit zwischen den beiden. Schließlich darf es laut Sheldons Planung an jedem Tag nur bestimmtes Essen geben. Leonard bittet seinen Freund, netter zu Penny zu sein. Sheldon versucht daraufhin, Penny nach seinen Vorstellungen mithilfe von Pralinen abzurichten wie ein Tier. Howard und Raj versuchen unterdessen, in einer Gothikbar Frauen aufzureißen.

Charakterfacts:
Keine besonderen Fakten in dieser Episode.

Facts/Trivia:
- Schnittfehler: Als Penny Sheldon fragt, ob er einen armen Ritter möchte, ist das Toast zur Hälfte mit Teig bedeckt. Im nächsten Schnitt ist es vollständig bedeckt. Zu sehen bei Minute 0:54.
- Der Anime Film, den sich Penny, Leonard und Sheldon ansehen, heißt Oshikuru: Demon Samurai. Die ist ein rein fiktiver Film, der auch schon in der Sitcom Two and a Half Men in einer Episode eine Rolle spielte. Der Charakter Charlie Harper soll dort die Titelmelodie für den Film komponieren.

Nerdtalk:
Penny möchte Frühstück machen:
Penny: *„Na gut, willst Du armer Ritter?"*
Sheldon: *„Heute ist Haferflocken-Tag."*
Penny: *„Weißt Du was: Am nächsten armer Ritter-Tag bekommst Du Haferflocken."*
Sheldon: *„Ach, herrje. Bist Du am nächsten armer Ritter-Tag etwa noch hier?"*

Raj (im Tattoo Studio): *„Du willst Deinen Körper verunstalten, um vielleicht billigen Sex mit einer Unbekannten zu haben, die Dich aus einer Bar abgeschleppt hat?"*
Howard: *„Jaaaaa!"*
Raj: *„Was wird Deine Mutter dazu sagen?"*
Howard: *„Sie wird es nicht sehen. Sie misst Fieber bei mir jetzt im Mund."*

Sheldon: *„Ohhhhh, Penny, es ist fast so, als wäre die Cheesekake-Factory in den Händen von Hexen!"*
Penny: *„Ohhhh, Sheldon, Du denkst wohl, ich würde Dir nicht ins Gesicht boxen."*

Penny (tanzt in der Küche): *„Morgen Sheldon! Komm, tanz mit mir!"*
Sheldon: *„Nein!"*
Penny: *„Wieso nicht?"*
Sheldon: *„Penny, ich bin zwar ein Verfechter der Viele-Welten-Theorie, die die Existenz von unendlich vielen Sheldons in unendlich vielen Universen postuliert. Dennoch wirst Du es nicht erleben, dass ich in einem davon tanze."*
Penny: *„Hast Du in einer dieser Welten Spaß?"*
Sheldon: *„Die Mathematik legt nahe, dass ich in einigen ein Pappnasen-Clown bin."*

Daten:
Drehbuch: Maria Ferrari, Bill Prady
Regie: Mark Cendrowski
Gastdarsteller: Molly Morgan (Bethany), Sarah Buehler (Sarah), Andy Mackenzie (Skeeter)

Folge 3x04 „Für ihn oder mit ihm"
Originaltitel: The Pirate Solution
Erstausstrahlung USA: 12.Oktober 2009
Erstausstrahlung DE: 8.Februar 2011

Inhalt:
Die Freunde sind geschockt, als Raj ihnen erzählt, ihm drohe die baldige Abschiebung zurück nach Indien. Sein Visum soll nicht verlängert werden, da er bei seiner Forschungsarbeit keine Resultate erzielt. Die Abschiebung kann nur verhindert werden, wenn Raj schnell eine andere Arbeit findet.
Aufgrund Howards Empfehlung bewirbt er sich auf eine freigewordene Stelle bei einem Forschungsprojekt. Leider verläuft das Vorstellungsgespräch nicht erfolgreich, weshalb Sheldon vorschlägt, das Raj für ihn arbeiten soll.

Charakterfacts:
- Raj mag sein Heimatland Indien nicht besonders.
- Pennys Bruder aus Nebraska hat Ärger mit der Justiz, vermutlich wegen Drogendelikten.

Facts/Trivia:

Nerdtalk:
Sheldon: „Jedenfalls habe ich vom Institutsleiter zusätzliches Geld bewilligt bekommen. Raj kann also für mich arbeiten."
Raj: „Ich soll mit Dir arbeiten?"
Sheldon: „FÜR mich! Du wirst mir genauer zuhören müssen, wenn Du für mich arbeitest."
Raj: „Okay, versteh´ das bitte jetzt nicht falsch, aber da schwimme ich lieber nackt durch den Ganges mit offenen Wunden am ganzen Körper und sterbe infektionsbedingt einen qualvollen Tod, als mit Dir zu arbeiten!"

Howard: „Was soll das heißen, Du hast den Job nicht gekriegt? Wie kann das sein?"
Raj: „Du weißt schon, er ist Brite, ich bin Inder. Seit Ghandi mögen wir uns nicht mehr besonders."

Penny: „Ach, normalerweise fahr ich zum Thanksgiving zu meiner Familie nach Nebraska, aber dieses Jahr fällt es wegen des Prozesses meines Bruders aus."
Leonard: „Was hat er denn angestellt?"
Penny: „Ach, das ist alles nur ein großes Missverständnis. Er würde euch übrigens gefallen, er ist gewissermaßen Chemiker."

Daten:
Drehbuch: Steve Holland
Regie: Mark Cendrowski
Gastdarsteller: Elizabeth Bogush (Dr. Catherine Millstone), Oliver Muirhead (Professor Laughlin), Elena Campbell-Martinez (Cleaning Lady), Eli Marienthal (Mike Wyatt)

Folge 3x05 „Der Mann, der seine Omi liebte"

Originaltitel: The Creepy Candy Coating Corollary
Erstausstrahlung USA: 19.Oktober 2009
Erstausstrahlung DE: 9.Februar 2011

Inhalt:
Als Penny widerwillig bei einem Spieleabend dabei ist, fragt sie Sheldon, warum er nicht bei „Mystische Warlords von Ka`a" mitspielt. Er erklärt, dass ihn das Kartenspiel aufgrund seines eidetischen Gedächtnisses nicht herausfordern würde. Raj versucht, Sheldon zunächst erfolglos zu überreden, bei einem Spieleturnier im Comicbuchladen mitzumachen. Als Sheldon aber hört, dass der ehemalige „Star Trek" Darsteller Wil Wheaton daran teilnimmt, sagt er zu. Er ist aufgrund einer früheren Angelegenheit noch sauer auf Wheaton und will die Gelegenheit nutzen, um sich an ihm zu rächen. Howard bittet Leonard, Penny zu fragen, ob sie ihn eine ihrer Freundinnen vorstellen könnte.

Charakterfacts:
• Sheldon verfügt über ein eidetisches Gedächtnis. Er kann sich an winzige Details auch Jahre später noch erinnern.

Facts/Trivia:
• Das Fantasy-Kartenspiel „Mystische Warlords von Ka`a" ist rein fiktiv. Allerdings wurde später ein Facebook-Spiel mit dem Titel „The Big Bang Theory: Mystic Warlords of Ka'a" entwickelt.
• Sheldon verweist mehrfach auf den „Star Trek" Film „Der Zorn des Khan". Die letzte Szene, in der er drei Mal laut den Namen Wheaton schreit, ist eine Nachstellung einer berühmten Szene aus dem Film.
• Der Charakter Bernadette Rostenkowski hat in dieser Episode ihren ersten Auftritt. Später wird sie eine tragende Rolle in der Serie übernehmen, nachdem sich die Beziehung zu Howard vertieft.
• Erster Gastauftritt von Will Wheaton. Zum Ende der dritten Staffel taucht er noch einmal auf.

Nerdtalk:
Das erste Treffen zwischen Howard und Bernadette und gleich soviele Gemeinsamkeiten:
Bernadette: *"Legt Sie Dir jeden Morgen hin, was Du anziehen sollst, als wärst Du neun Jahre alt?"*
Howard: *"Du wohnst bei Deiner Mutter?"*
Bernadette: *"Nein! Das ist ja das Schlimme."*
Howard: *"Das ist hart. Dann hör Dir das mal an: Ich musste im Kindergarten Gummihandschuhe tragen, damit ich mich bei den anderen Kindern nicht mit irgendetwas anstecke."*
Bernadette: *"Das ist gar nichts. Ich durfte nicht Radfahren, weil meine Mutter Angst hatte, ich könnte bei Schlaglöchern meine Jungfräulichkeit verlieren."*

Penny (nach dem Sex mit Leonard): *"Wow! Du bist echt ein Genie."*
Leonard: *"Eigentlich nicht. Ich habe gegoogelt, wie das richtig geht."*

Penny: *"Ich habe ihr nur gesagt, dass Du Raumfahrtingenieur bist, fünf Sprachen sprichst ..."*
Howard: *"Sechs! Vergiss klingonisch nicht."*
Leonard: *"Bei Frauen zählt klingonisch nicht, Howard. Stimmt´s?"*
Penny: *"Genau!"*

Daten:
Drehbuch: Steven Molaro, Lee Aronsohn, Bill Prady, Chuck Lorre
Regie: Mark Cendrowski
Gastdarsteller: Wil Wheaton (Himself), Matt Barr (Mike), Ian Scott Rudolph (Captain Sweatpants), Owen Thayer (Lonely Larry)

Folge 3x06 „Football für Nerds"
Originaltitel: The Cornhusker Vortex
Erstausstrahlung USA: 2.November 2009
Erstausstrahlung DE: 9.Februar 2011

Inhalt:
Die vier Freunde wollen mit Flugdrachen einen Drachenkampf veranstalten. In Zweierteams treten sie mit ihren selbstgebauten Drachen gegeneinander an, mit dem Ziel, die Drachen des jeweils anderen Teams zum Absturz zu bringen. Da Howard sich von einer schönen Frau ablenken lässt, verliert Raj seinen Drachen an Sheldon und ist sauer auf seinen Freund. Penny sieht sich mit Freunden ein Footballspiel an. Da sie Leonard nicht gefragt hat, ob er auch kommen möchte, glaubt er, Penny würde sich vor ihren Freunden für ihn schämen. Er nimmt sich vor, alles über Football zu lernen.

Charakterfacts:
- Raj macht in seiner Freizeit gelegentlich Pilates.
- Sheldon kennt sich mit Football aus, da diese Sportart in seiner Heimat Texas allgegenwärtig ist.

Facts/Trivia:
- Den von Sheldon benutzen Zylonen Toaster gibt es wirklich. Er ist in strenglimitierter Auflage ein begehrtes Sammlerobjekt für Fans der TV-Serie „Battlestar Galactica".
- Raj erklärt erstmals sein Problem, nicht mit Frauen sprechen zu können. Er leidet an selektivem Mutismus, einer physischen Störung.

Nerdtalk:
Leonard: „Ich sehe mir am Samstag mit Penny und ihren Freunden ein Spiel an. Ich will nicht wie ein Idiot dastehen. Ich will dazugehören."
Sheldon: „Wenn Du zu Pennys Freunden dazugehören willst, wärst Du als Idiot doch am besten getarnt."

Sheldon: „Penny! Penny! Penny!"
Penny: „Sheldon! Komm rein.
Sheldon: „Danke! Ich will ein Sandwich machen, aber ich habe kein Brot mehr."
Penny: „Im Kühlschrank ist welches."
Sheldon: „Brot gehört nicht in den Kühlschrank. Die Kristallisation der Stärkemoleküle wird durch die niedrigen Temperaturen beschleunigt. Dadurch schmeckt das Brot schneller alt."
Penny: „Wir hier auf der Erde sagen: Danke!"

Howard hat Raj sitzen lassen, um einer Frau nachzulaufen:
Raj: „Als Freund hast Du versagt, weiß Du das? Sowas von versagt, klar?"
Howard: „Was hätte ich denn machen sollen? Ihre Augen haben gesagt: Komm, fang mich doch!"
Raj: „Ihre Augen haben gesagt: Komm mir bloß nicht nahe."
Howard: „Ich hatte sie fast und dann bekam ich diese blöde Muskelzerrung."
Raj: „Ich bitte Dich! Du wiegst vierzig Kilo. Du hast keine Muskeln."

Daten:
Drehbuch: Richard Rosenstock, David Goetsch, Steven Molaro, Bill Prady
Regie: Mark Cendrowski
Gastdarsteller: Jason Mesches (Denny), Zachary Burr Abel (Todd)

Folge 3x07 „Der Gitarrist auf der Couch"
Originaltitel: The Guitarist Amplification
Erstausstrahlung USA: 9.November 2009
Erstausstrahlung DE: 10.Februar 2011

Inhalt:
Als Penny Leonard erzählt, dass sie Besuch von einem Exfreund bekommt, der auch bei ihr schlafen wird, reagiert er sauer. Es kommt zu einem heftigen Streit zwischen Penny und Leonard und keiner versteht den Standpunkt des anderen. Da Sheldon extrem harmoniebedürftig ist, versucht er zwischen den beiden zu vermitteln, macht aber alles nur noch schlimmer. Er wendet sich an seine anderen Freunde. Als auch Howard und Raj in Streit geraten, fühlt sich Sheldon überfordert und flieht. Es stellt sich heraus, dass er in der Kindheit sehr unter den ständigen Streiterei seiner Eltern gelitten hat.

Charakterfacts:
• Sheldon hatte offenbar eine schwere Kindheit und litt unter den ständigen Streitereien seiner Eltern. Deswegen erträgt er es nicht, wenn in seiner Nähe gestritten wird.
• Stuart offenbart, dass er Penny liebt. Er behält dies aber für sich.

Facts/Trivia:
• Eigentlich sollte diese Episode im englischen Original den Titel „The Wandering Troubador Catalyst" tragen.

Nerdtalk:
Sheldon ist sauer auf Leonard und Penny:
Leonard (zu Sheldon): „Bitte rede mit mir, sonst gehe ich nicht weg."
Penny: „Hey, was hat er denn?"
Leonard: „Das ist ein wenig kompliziert. Er tut wieder so, als sei er in einer anderen, physikalischen Dimension, in der er uns beide nicht wahrnehmen kann. Weil er weder etwas hört noch sieht."
Sheldon: „Ihr braucht euch nichts einzubilden. Ich ignoriere euch nur."

Leonard: „Ich muss Dich etwas fragen: Findest Du es okay, dass Penny ihren Exfreund auf der Couch schlafen lässt?"
Howard: „Nein, ich finde damit ist sie zu weitgegangen."
Leonard: „Danke!"
Howard: „Ja, aber wenn sie Dich fallen lässt, hat sie spätestens morgen früh jemanden Neues. Und Du hast eine neue Freundin, wenn Du weißt, wie Du Dir eine backen kannst."

Penny: *„Sheldon, bitte versuch uns zu verstehen. Weißt Du, Leonard und ich, wir führen eine Beziehung und gelegentlich streiten wir uns. Aber was auch immer zwischen uns geschieht, wir werden Dich immer lieb haben! Oder Leonard?"*
Leonard: *„Immer, ist aber verdammt lang."*

Daten:
Drehbuch: Jim Reynolds, Richard Rosenstock, Bill Prady, Lee Aronsohn
Regie: Mark Cendrowski
Gastdarsteller: Jacob Murray (Justin)

Folge 3x08 „Das Suppentatoo"
Originaltitel: The Adhesive Duck Deficiency)
Erstausstrahlung USA: 16.November 2009
Erstausstrahlung DE: 10.Februar 2011

Inhalt:
Leonard, Howard und Raj wollen einen Meteorschauer beobachten und haben ihre Zelte an einem geeigneten Platz aufgeschlagen. Dort sind auch zahlreiche andere Schaulustige. Raj und Howard hoffen, dort vielleicht auch bei Frauen punkten zu können. Doch lediglich zwei ältere Lehrerinnen finden die Jungs sympathisch und schenken ihnen Kekse. Was sie nicht wissen: es sind Haschkekse. Schon kurz nach dem Verzehr zeigen sich bei den Jungs die Auswirkungen. Sheldon, der zu Hause geblieben ist, wird durch einen Hilferuf von Penny aufgeschreckt. Sie hatte einen Unfall in der Dusche und jetzt muss Sheldon ihr helfen.

Charakterfacts:
• Howard hatte seinen ersten Sex mit seiner Cousine.
• Penny hat auf der rechten Seite ihres Po's eine chinesische Tätowierung, die „Suppe" bedeutet. Sie glaubte jedoch, es würde Tapferkeit heißen.

Facts/Trivia:
• Im Auto sagt Penny zu Sheldon, er solle mit Warpgeschwindigkeit fahren und nennt ihn Spock. Sheldon erklärt ihr, dass Spock Wissenschaftsoffizier sei und somit das Raumschiff Enterprise nicht gesteuert hat. Das aber ist nicht korrekt: In einigen der ersten Episoden von Raumschiff Enterprise steuert Spock sehr wohl das Schiff.

Nerdtalk:
Leonard: *„Wie schade, dass Penny arbeiten muss. Sie steht auf Camping."*
Raj: *„Das ist wirklich schade. Ihr hättet Sex im Zelt, und ich hätte zugesehen, wie Howard es mit einem Kaktus treibt."*

Penny hatte einen Unfall und Sheldon muss sie ins Krankenhaus fahren:
Penny: *„Könntest Du bitte etwas schneller fahren?"*
Sheldon: *„Ohhhch! Ich finde, dass wir schon schnell genug fahren. Was ist das?"*
Penny: *„Nichts. Irgendwelche Geräusche im Motor."*
Sheldon: *„Das kann aber nicht nichts sein. Die Motorkontrollleuchte ist an, wir sollten in eine Werkstatt fahren!"*
Penny: *„Nein, die brennt schon, solange das Auto mir gehört."*
Sheldon: *„Dann sollten wir unbedingt mit einem Mechaniker reden, bevor es explodiert!"*
Penny: *„Es wird nicht explodieren, fahr einfach weiter. Mit Warpgeschwindigkeit, Mister Spock."*
Sheldon: *„Mister Spock hat die Enterprise nicht gesteuert! Er war Wissenschaftsoffizier. Und ich garantiere Dir: hätte er je die Motorkontrollleuchte der Enterprise blinken sehen, wäre er mit dem Schiff sofort rechts rangeflogen!"*

Leonard (bekifft auf einem Stein liegend): *„Ich hasse meinen Namen! Das Wort NERD steckt darin. Leon-Nerd!"*

Daten:
Drehbuch: Chuck Lorre, Bill Prady, David Goetsch
Regie: Mark Cendrowski
Gastdarsteller: --

Folge 3x09 „Die Racheformel"
Originaltitel: The Vengeance Formulation
Erstausstrahlung USA: 23.November 2009
Erstausstrahlung DE: 11.Februar 2011

Inhalt:
Howard und Bernadette verstehen sich auch bei ihrem zweiten Date gut, doch Howard ist sich nicht sicher, ob er eine Beziehung möchte. Bernadette geht deshalb auf Distanz, sie will Klarheit in dieser Sache. Howard will dieser Entscheidung aus dem Weg gehen und fantasiert lieber von seinen Traumfrauen. Sheldon wird eingeladen, einem Radiosender ein Interview zu geben. Doch sein Erzrivale Kripke will ihm diesen Auftritt vermiesen und spielt ihm einen bösen Streich, wobei Leonard sich in der Radiosendung blamiert. Er schwört bittere Rache.

Charakterfacts:
• Bernadette hat so ihre Probleme, Ironie und Witze zu verstehen. Ganz besonders die von Howard.

Facts/Trivia:
• Gastdarstellerin Katee Sackhoff wurde vor allem durch ihre Rolle der Kara „Starbuck" Thrace in der Scifi-Serie *Battlestar Galactica* bekannt.

Nerdtalk:
Penny: „Hey, Howard, wieso rufst Du eigentlich nicht Bernadette an?"
Howard: „Sollst Du mich das fragen?"
Penny: „Ja! Sie hat seit einer Woche nichts von Dir gehört. Ich dachte, sie gefällt Dir?"
Howard: „Ist ja auch so. Aber sie sucht etwas Festes und vielleicht ist sie gar nicht mein Typ."
Penny: „Sie ist unentgeltlich mit Dir ausgegangen. Was willst Du denn noch?"

Howard: „Hey, wusste einer von Euch, dass man nach drei Dates mit derselben Frau einen Anspruch auf Sex hat?"
Raj: „Ich hatte noch nie drei Dates mit derselben Frau."
Leonard: „Bei Penny und mir dauerte es zwei Jahre. Allerdings hatten wir auch bloß drei Dates in diesen zwei Jahren."

Howard kommt nach dem Date mit Bernadette früh Nachhause:
Penny: „Wieso kommt Du denn so früh zurück?"
Howard: „In der Liebe und auch im Showbusiness ist es klug, wenn man sich rar macht."
Penny: „Und was heißt das übersetzt?"
Leonard: „Sie lässt ihn nicht ran."

Daten:
Drehbuch: Chuck Lorre, Maria Ferrari
Regie: Mark Cendrowski
Gastdarsteller: Katee Sackhoff (Herself), Ira Flatow (Himself), John Ross Bowie (Barry Kripke)

Folge 3x10 „Das Gorillaprojekt"
Originaltitel: The Gorilla Experiment
Erstausstrahlung USA: 7.Dezember 2009
Erstausstrahlung DE: 11.Februar 2011

Inhalt:
Howard ist sehr glücklich, endlich eine Freundin zu haben und lässt dieses auch jeden wissen. Er nimmt Bernadette mit zum gemeinsamen Abendessen bei seinen Freunden. Da sie sich für Leonards Arbeit interessiert, lädt er sie ein, sich sein Experiment anzusehen. Howard reagiert daraufhin eifersüchtig und ist der Meinung, Leonard würde versuchen, seine Freundin anzugraben. Penny macht es traurig, dass sie nicht mit Leonard über seine Arbeit sprechen kann.

Deshalb bittet sie Sheldon, er solle ihr Grundwissen über Physik beibringen. Eine Bitte, die Penny schon bald bereut.

Charakterfacts:
• Da sich Sheldon und Leonards Mutter sehr gut verstehen und auch gemeinsame Interessen haben, tauschen sie sich oft per Telefon und Internet aus.

Facts/Trivia:
• Schnittfehler: In der Szene, in der Penny und Beverly in der Bar trinken, wechselt der Flüssigkeitsstand in Beverlys Glas mehrfach.

Nerdtalk:
Bernadette: „Oh, Deine Schuhe sehen toll aus!"
Penny: „Oh, ich mag sie auch total gerne."
Bernadette: „Wo hast Du die gekauft?"
Penny: „In dem neuen Schuhladen."
Bernadette: „Da wollte ich schon lange mal hingehen."
Penny: „Oh, tolle Auswahl, tolle Preise!"
Sheldon: „Meine Mutter hatte recht: die Hölle existiert."

Sheldon: „Wieso weinst Du?"
Penny: „Weil ich so dumm bin."
Sheldon: „Deswegen weint man doch nicht. Man weint, weil man traurig ist. Ich zum Beispiel weine, weil andere dumm sind, denn das macht mich traurig."

Penny: „Ich habe mich gefragt, ob Du mir ein klein wenig Physik beibringen könntest?"
Sheldon: „ Ein...klein...wenig?"
Penny: „Ja."
Sheldon: „So etwas gibt es nicht. Physik beinhaltet das ganze Universum. Von den Quantenpartikeln bis hin zu den Supernovae. Von den Kreiselektronen bis hin zu den kreisenden Galaxien."
Penny: „Ja, okay, cool. Ich wollte keine Wissenschaftsendung. Ich möchte nur so viel wissen, dass ich mit Leonard über seine Arbeit reden kann. Genauso wie Bernadette."
Sheldon: „Dann lerne es doch von Leonard."
Penny: „Das soll eine Überraschung werden."
Sheldon: „Kannst du ihn nicht anders überraschen? Er wäre zum Beispiel sehr angenehm überrascht, wenn Du Deine Wohnung putzen würdest."

Daten:
Drehbuch: Chuck Lorre, Richard Rosenstock, Steve Holland

Regie: Mark Cendrowski
Gastdarsteller: --

Folge 3x11 „Mädels an der Bar"
Originaltitel: The Maternal Congruence
Erstausstrahlung USA: 14.Dezember 2009
Erstausstrahlung DE: 14.Februar 2011

Inhalt:
Penny und Leonard schmücken gerade den Weihnachtsbaum, da verkündet Sheldon, dass Leonards Mutter zu Besuch kommen wird. Penny ist darüber überrascht, dass Leonard ihr das nicht gesagt hat. Schließlich muss er gestehen, dass seine Mutter nicht einmal weiß, dass er und Penny ein Paar sind. Penny glaubt, Leonard würde sich ihretwegen vor seiner Mutter schämen. Es stellt sich heraus, dass Sheldon seit einiger Zeit regelmäßig mit Leonards Mutter in Kontakt steht und bestens über die Familienneuigkeiten informiert ist – im Gegensatz zu Leonard. So erfährt er auch als Letzter über die bevorstehende Scheidung seiner Eltern.

Charakterfacts:
• Da sich Sheldon und Leonards Mutter sehr gut verstehen und auch gemeinsame Interessen haben, tauschen sie sich oft per Telefon und Internet aus.

Facts/Trivia:
• Schnittfehler: In der Szene, in der Penny und Beverly in der Bar trinken, wechselt der Flüssigkeitsstand in Beverlys Glas mehrfach.

Nerdtalk:
Gespräche mit Leonards Mutter sind immer ein Vergnügen:
Penny: „Ach, ich bitte Sie. Es macht Ihnen nichts aus, dass Ihre Ehe zerbrochen ist?"
Beverly: „Hm, naja. Anfänglich empfand ich vielleicht so etwas Ähnliches wie Schmerz oder womöglich Wut. Aber das ist die natürliche Reaktion des limbischen Systems auf den Betrug durch so einen widerwärtigen Schweinehund."
Penny: „ Klar. Verstehe."
Beverly: „Zum Glück wurde mein Schock durch den Umstand gemildert, dass ich seit acht Jahren keinen Verkehr mit ihm hatte."
Penny: „Acht Jahre?"
Beverly: „Ach, das ist gar nichts. Ich habe mich seit Anfang der 80er Jahre selbst um meine Orgasmen gekümmert."

Sheldon: „Leonard! Leonard! Leonard!"
Leonard: „Was ist denn?"

Sheldon: „Ich habe Tee gekocht."
Leonard: „Ich will keinen Tee."
Sheldon: „Ich habe ihn nicht für Dich gekocht! Das ist mein Tee!"

Leonards Mutter und Penny betrinken sich in einer Bar:
Beverly: „Ich fühle eine extreme Wärme in meinen Extremitäten."
Penny: „So lange es nicht warm an Ihrer Hose runterläuft, ist alles okay"

Daten:
Drehbuch: Lee Aronsohn, Steven Molaro, Richard Rosenstock, Maria Ferrari
Regie: Mark Cendrowski
Gastdarsteller: Christine Baranski (Beverly Hofstadter)

Folge 3x12 „Howards Phasen"
Originaltitel: The Psychic Vortex
Erstausstrahlung USA: 11.Januar 2010
Erstausstrahlung DE: 14.Februar 2011

Inhalt:
Leonard und Howard können es selber kaum glauben: sie gehen gemeinsam mit zwei Frauen aus. Zusammen mit Bernadette und Penny wollen sie in einem schicken Restaurant essen gehen. Doch bei der Fahrt dorthin erwähnt Penny, dass sie eine Wahrsagerin um Rat gefragt hat. Als sich Leonard darüber lustig macht, kommt es zum Streit. Der Abend verläuft nicht so, wie erwartet und Leonard zeigt als Wissenschaftler kein Verständnis für Penny. Währenddessen überredet Raj Sheldon dazu, auch auszugehen, um Frauen kennenzulernen. Tatsächlich treffen die beiden zwei hübsche Mädchen, die sogar mit ihnen nach Hause kommen.

Charakterfacts:
• Penny glaubt an diverse spirituelle ober übernatürliche Phänomene wie Wahrsagerei, Voodoo Magie oder Geister.
• Sheldon ist in der Lage, das Grundwissen einer neuen Sprache an einem Abend zu erlernen. In dieser Episode ist er gerade dabei, Finnisch zu lernen.

Facts/Trivia:
Keine Infos zu dieser Episode.

Nerdtalk:
Leonard: „Wer hätte je gedacht, dass wir beide gleich ein Doppeldate mit echten Frauen haben werden, die öffentlich zugeben, unsere Freundinnen zu sein!?"
Howard: „Ja, ich finde echte Frauen sind die Besten."

Sheldon: „*Das verstehe ich nicht. Was gibt es denn sonst noch für Frauen?*"
Leonard: „*Howard, mit künstlichen Frauen kennst Du Dich besser aus. Übernimmst Du das?*"
Howard: „*Nein, das würde ihn zu sehr aufregen.*"

Wenn eine Frau mit Sheldon intim werden will – er es aber nicht versteht:
Martha: „*Sheldon?*"
Sheldon: „*Ja?*"
Matha: „*Weißt Du, es geht ganz schön ab im Wohnzimmer. Da dachte ich, ich könnte vielleicht ein wenig in Dein Zimmer kommen, oder?*"
Sheldon: „*Aber selbstverständlich. Komm rein. Ich schlaf in Leonards Zimmer. Gute Nacht!*"

Raj: „*Sheldon! Die Welt ist voller Menschen, die ausgehen! Lass uns ausgehen! Ausgehen ist gut!*"
Sheldon: „*Wenn das Ausgehen so gut ist, wieso wurde dann das Zuhause im Laufe von Tausenden von Jahren perfektioniert?*"
Raj: „*Eine Marketingstrategie?*"

Daten:
Drehbuch: Lee Aronsohn, Steven Molaro
Regie: Mark Cendrowski
Gastdarsteller: Danica McKellar (Abby), David Trice (Waiter), Jen Drohan (Martha)

Folge 3x13 „Terror in der Stadt der Rosen"
Originaltitel: The Bozeman Reaction
Erstausstrahlung USA: 18.Januar 2010
Erstausstrahlung DE: 15.Februar 2011

Inhalt:
Nach längerer Zeit besuchen die Freunde ihr chinesisches Stamm-Restaurant. Da man dort die Karte geändert hat, beschließen sie, lieber Italienisch essen zu gehen. Als Leonard und Sheldon nach Hause kommen, stellen sie entsetzt fest, dass bei ihnen eingebrochen wurde. Es wurden die meisten elektronischen Geräte gestohlen. Für Sheldon bedeutet dieses eine traumatische Erfahrung und er fühlt sich nachts nun nicht mehr sicher. Dies geht soweit, dass er beschließt, in eine andere Stadt zu ziehen.

Charakterfacts:
• Penny hat in ihrer Wohnung einen Baseballschläger zur Selbstverteidigung versteckt.
• Sheldon und Leonard besaßen nahezu alle populären Spielkonsolen, die es auf dem Markt gibt.

Facts/Trivia:
• Als Sheldon im Internet und auf der großen Karte nach einer Stadt sucht, in der er wohnen möchte, sitzt Penny die ganze Zeit über auf seinem Platz, ohne dass ihn dies stört.

Nerdtalk:
Sheldon (nachdem Howard und Raj ein Sicherheitssystem eingebaut haben): „Und wenn sie den Strom abschalten?"
Raj: „Das Notstromaggregat hat 200 Watt und kann nicht abgeschaltet werden."
Sheldon: „Und wenn jemand meinen Schlüssel stiehlt?"
Raj: „Ein Stimmen- und Fingerabdruckscanner ist integriert."
Sheldon: „Und wenn mich jemand kidnappt, meine Stimme gegen meinen Willen aufzeichnet und mir den Daumen abschneidet?"
Leonard: „Dem schicke ich einen großen Präsentkorb!"

Sheldon: „Wie ich sehe, trinkt ihr Wein."
Leonard: „Stimmt genau! Und wir wollten gerade ins Bett."
Sheldon: „Ah....ha."
Penny: „Sheldon, willst Du heute Nacht hier schlafen?"
Sheldon: „Oh....! Leonard ist zwar klein, aber für Euch beide zusammen ist es dann doch sicher zu eng auf der Couch."

Leonard: „Hältst Du es nicht für etwas übertrieben, gleich in eine andere Stadt ziehen zu wollen?"
Sheldon: „In unserer Wohnung wurde eingebrochen und unser Sicherheitssystem hat versucht, mich zu töten. Als Folge daraus verlasse ich Pasadena für immer. Was bitte schon ist daran übertrieben?"
Penny: „Ach, hör mal Sheldon, Du kannst nicht wegziehen. Musst Du denn nicht hierbleiben, damit das Mutterschiff Dich bei seiner Rückkehr wiederfindet?"

Daten:
Drehbuch: Bill Prady, Lee Aronsohn, Jim Reynolds
Regie: Mark Cendrowski
Gastdarsteller: Julio Oscar Mechoso (Officer Hackett), Artie O'Daly (Young Man)

Folge 3x14 „Fast wie Einstein"
Originaltitel: The Einstein Approximation
Erstausstrahlung USA: 1.Februar 2010
Erstausstrahlung DE: 15.Februar 2011

Inhalt:
Sheldon ist besessen davon, ein bestimmtes physikalisches Phänomen zu erklären, was er nicht versteht. Er leidet unter akutem Schlafmangel und die Suche nach einer Lösung treibt nicht nur ihn, sondern auch Penny und Leonard in den Wahnsinn. Schließlich ist Sheldon der Meinung, dass eine seiner Meinung nach primitive Arbeit helfen könnte, seine Gedanken zu ordnen. Also macht er sich auf Jobsuche. Raj ist frustriert, weil Howard und Leonard oft zusammen etwas mit ihren Freundinnen unternehmen und er dabei das fünfte Rad am Wagen ist.

Charakterfacts:
• Zum Zeitpunkt dieser Episode ist Sheldon 29 Jahre alt.

Facts/Trivia:
Keine Infos zu dieser Episode vorhanden.

Nerdtalk:
Sheldon: *„Struktur, Konstante, Struktur! Ein Atom!"*
Howard: *„Man, der ist ja total weggetreten."*
Leonard: *„Allerdings. Heute Morgen hat er ein Stück Butter als Deo benutzt."*
Howard: *„Deswegen duftet er nach Popcorn!"*

Sheldon arbeitet in de Cheesecake Factory – einfach so:
Sheldon: *„Vorsicht Penny!"*
Penny: *„Sheldon!? Was tust Du denn hier?"*
Sheldon: *„Ich will die Tische abräumen. Sie sind voll."*
Penny: *„Nein, warte, warte. Nein, was tust Du HIER?!"*
Sheldon: *„Eine vernünftige Frage. Ich fragte mich kürzlich, was ist der primitivste, stumpfsinnigste Job, der denkbar ist. Und drei Antworten fielen mir ein. Kassierer im Mauthäuschen, Apple-Store Fachmann und – was Penny tut."*

Penny: *„Was tust Du da?"*
Sheldon: *„Ich betrachte meine Arbeit als flüchtiges, peripheres Bild, weil ich meine Colliculi superiores aktivieren will."*
Penny: *„Interessant! Ich trinke dafür immer einen Kaffee. Warst Du die ganze Nacht auf?"*
Sheldon: *„Ist es schon Morgen?"*

Penny: „Ja."
Sheldon: „Dann war ich die ganze Nacht auf."

Daten:
Drehbuch: Lee Aronsohn, Dave Goetsch, Steve Holland
Regie: Mark Cendrowski
Gastdarsteller: Yeardley Smith (Sandy), Kevin Brief (Glen)

Folge 3x15 „Freiflug nach Genf"
Originaltitel: The Large Hadron Collision
Erstausstrahlung USA: 8.Februar 2010
Erstausstrahlung DE: 16.Februar 2011

Inhalt:
Die Freunde sprechen darüber, wie sie den bevorstehenden Valentinstag verbringen wollen. Raj ist traurig, weil er keine Freundin hat. Da Howard und Leonard den Tag ganz romantisch mit ihren Freundinnen verbringen werden, weiß er nicht, was er machen soll. Für Leonard ergibt sich ein ganz besonderer Glücksfall: er soll für einen krank gewordenen Professor einspringen und eine Reise in die Schweiz antreten. Da er noch eine Person mitnehmen kann, hofft er auf eine romantische Zeit mit Penny. Sheldon ist sich jedoch sicher, dass Leonard ihn mitnehmen wird, da man in Genf den Teilchenbeschleuniger besichtigen kann. Es kommt zum großen Streit zwischen den beiden.

Charakterfacts:
• Sheldon beherrscht das tuvanische Kehlkopfsingen.

Facts/Trivia:
Der englische Originaltitel bezieht sich auf den Namen, Large Hadron Collider, des weltweit größten Teilchenbeschleunigers, der in Genf gebaut wurde

Nerdtalk:
Penny: „Was ist das denn jetzt für eine Überraschung?"
Leonard: „Augenblick noch. Auf diesem Tablet findest Du Hinweise auf das, was wir an unserem ersten gemeinsamen Valentinstag machen werden."
Penny: „Ohhh! Okay! Dann lass mal sehen. Hier haben wir Milchschokolade, Schweizer Käse, Fondue. Mein laktoseintoleranter Freund wird das alles essen, dann klettere ich auf seinen Rücken, und wir fliegen zum Mond!"

Sheldon: „Vermutlich weißt Du, warum ich hier bin."

Penny: *„Um uns zu studieren, unsere Schwächen herauszufinden und dann Deinen außerirdischen Vorgesetzten Meldung zu erstatten?"*
Sheldon: *„Ja, sehr amüsant."*

Leonard: *„Habt ihr Sheldon gesehen?"*
Raj: *„Nein. Ist er noch sauer wegen der Reise?"*
Leonard: *„Ja, er fühlt sich von mir verraten. Hört mal, was würdet ihr an meiner Stelle machen?"*
Howard: *„Ich würde mit Sheldon in die Schweiz fahren."*
Leonard: *„Meinst Du das ernst?"*
Howard: *„Selbstverständlich! Dann würde ich ihn da lassen."*

Daten:
Drehbuch: Chuck Lorre, Steven Molaro, Jim Reynolds
Regie: Mark Cendrowski
Gastdarsteller: Erin Pickett (Restaurant Patron)

Folge 3x16 „Sheldon pro se"
Originaltitel: The Excelsior Acquisition
Erstausstrahlung USA: 1.März 2010
Erstausstrahlung DE: 16.Februar 2011

Inhalt:
Die Freunde können es kaum glauben, als Stuart ihnen erzählt, dass Stan Lee in seinem Comicladen eine Autogrammstunde gibt. Die Chance, den legendären Schöpfer solcher Comichelden wie Spider Man oder Hulk zu treffen, wollen sie sich unter keinen Umständen entgehen lassen. Sheldon bekommt jedoch unerwartet eine Vorladung vom Gericht – genau an dem Tag der Autogrammstunde.

Charakterfacts:
• Sheldon bewahrt etliche Gehaltsschecks ungeöffnet zu Hause auf, da die Dinge, die er gerne kaufen würde, noch nicht erfunden worden sind.

Facts/Trivia:
• Der Schauspieler Leonard Nimoy (Spock, Star Trek) hat eine einstweilige Verfügung gegen Sheldon erwirkt.
• Stan Lee gilt als Legende der Comic Verlagswelt. Sein Medienunternehmen Marvel Comics vermarktet große Comiclizenzen wie Spider Man, X-Men oder The Avengers.
• Stan Lees blauer Bademantel ist den Uniformen der Fantastic Four nachempfunden.

• Die Dartscheibe an der Tür von Leonard und Sheldons Wohnung hat in dieser Episode die Position gewechselt. Nun ist wieder die Zahl 20 in der rechten, oberen Ecke zu sehen. Wie zu Beginn der Serie.

Nerdtalk:
Leonard: *„Und wer ist Stan Lee?"*
Penny: *„Ähm, er war in Star Trek."*
Leonard: *„Nein."*
Penny: *„Star Wars?"*
Leonard: *„Nein."*
Penny: *„Ähm, Stan Lee...oh, er ist in diesen doofen Kung-Fu Filmen, die Du so gerne magst!"*
Leonard: *„Das ist Bruce Lee!"*
Penny: *„Ohhhh....! Dann heißt also Bruce Lee's trotteliger Bruder Stan?"*

Sheldon muss vor Gericht erscheinen:
Sheldon: *„Guten Morgen euer Ehren! Ich bin Doktor Sheldon Cooper. Ich fungiere heute pro se. Das ist der Fachterminus für sich selbst vertreten."*
Richter Kirby: *„Ich weiß, was das bedeutet. Ich habe Jura studiert!"*
Sheldon: *„Und sind nur am Verkehrsgericht gelandet."*

Daten:
Drehbuch: Bill Prady, Steve Holland, Maria Ferrari
Regie: Peter Chakos
Gastdarsteller: Stan Lee (Himself), Steve Paymer (Judge J. Kirby), Marcus Folmar (Guard), Ian Scott Rudolph (Captain Sweatpants)

Folge 3x17 „Die Herren des Ringes"
Originaltitel: The Precious Fragmentation
Erstausstrahlung USA: 8.März 2010
Erstausstrahlung DE: 17.Februar 2011

Inhalt:
Eigentlich wollten die Freunde nur chinesisches Essen besorgen, doch unterwegs kaufen sie eine Kiste mit Trödelsachen. Penny ist davon wenig begeistert und findet die Aktion albern. In der Kiste befindet sich allerlei Nerdkram, unter anderem auch ein Exemplar des Rings aus der „Herr der Ringe" Film-Trilogie. Wie sich herausstellt, handelt es sich dabei um einen der neun Ringe, die tatsächlich auch in den Filmen verwendet wurden. Es entbrennt zwischen den Freunden ein erbitterter Streit darum, wem der Ring gehört und was damit gemacht werden soll.

Charakterfacts:
• Als Howard Elf Jahre alte war, verließ der Vater die Familie.

Facts/Trivia:
• Schnittfehler: Als die vier Freunde den Ring festhalten und Leonard den Schlüssel fallen lässt, landet er in der Mitte. Einen Moment später liegt er viel näher bei Leonard.
• Adam West ist ein US-amerikanischer Schauspieler, der vor allem durch die Hauptrolle in der TV-Serie „Batman" bekannt wurde, die von 1966 bis 1968 produziert wurde. Aufgrund der aus heutiger Sicht sehr trashigen Machart, genießt die Serie einen gewissen Kultstatus.

Nerdtalk:
Howard: „Na, Sheldon, wie ist es, von einem Mädchen verprügelt zu werden?"
Sheldon: „Es war nicht das erste Mal. Ich habe eine Zwillingsschwester, die schon im Uterus angriffslustig war. Hätte ich doch nur daran gedacht, ihren Fötus zu absorbieren. Dann hätte ich jetzt ein Muttermal statt ihrer langweiligen Karten alljährlich zu Weihnachten."

Leonard: „Wir waren auf dem Weg ins Chinarestaurant, als wir glaubten, Adam West zu sehen und sind ihm gefolgt."
Penny: „Wer ist Adam West?"
Sheldon: „Was?? Wer Adam West ist?? Leonard, worüber redet ihr eigentlich nach dem Koitus?"
Howard: „Ich wette: Hey, vier Minuten! Neuer Rekord! Deswegen bin ich der Spaßvogel."

Leonard: „Wieso muss ich immer die schweren Sachen tragen?"
Sheldon: „Ist doch ganz einfach. In unserer Schar zusammengewürfelter, exzellenter Wissenschaftler habe ich den Durchblick, Wolowiz ist der Spaßvogel und Koothrappali ist der liebenswerte Ausländer, der alles daran setzt, unsere Lebensweise zu verstehen. Nach dem Auswahlverfahren bis Du daher unser Muskelpaket."
Leonard: „Ja, aber demnächst eins mit Muskelfaserriss."

Daten:
Drehbuch: Maria Ferrari, Lee Aronsohn, Eric Kaplan, Maria Ferrari
Regie: Mark Cendrowski
Gastdarsteller: Frank Maharajh (Venkatesh Koothrappali)

Folge 3x18 „Die dunkle Seite des Mondes"
Originaltitel: The Pants Alternative
Erstausstrahlung USA: 22.März 2010
Erstausstrahlung DE: 17.Februar 2011

Inhalt:
Sheldon ist überrascht, als Leonard ihm sagt, dass er dieses Jahr den Wissenschaftspreis der Universität gewonnen hat. Seine Freude darüber, dass seine Arbeit endlich die verdiente Anerkennung bekommt, erhält einen Dämpfer, als er erfährt, dass er eine Dankesrede halten muss. Für Sheldon ist ein Auftritt vor so einer großen Menschenmenge ein Albtraum. Doch seine Freunde wollen ihm helfen, diese Angst zu überwinden. Raj versucht es mit Meditation, Penny will ihm ein neues Outfit verpassen und Leonard spielt den Psychologen.

Charakterfacts:
• Raj's Problem, nicht mit Frauen sprechen zu können, war früher sogar noch schlimmer und es führte zu zeitweiliger Inkontinenz. Durch Meditation gelang es ihm zumindest, dieses in den Griff zu bekommen.
• Leonard hat panische Angst vor größeren Menschenansammlungen. Die Grenze zieht er bei 36 erwachsenen Personen oder 70 Kindern.

Facts/Trivia:
Keine Infos zu dieser Episode vorhanden.

Nerdtalk:
Sheldon: „Habe ich ein Problem? Hat meine Mutter angerufen?"
Penny: „Setz Dich!"
Leonard: „Wir können Dir helfen, Dein Lampenfieber zu überwinden."
Sheldon: „Ohhhh! Das bezweifle ich. Ich habe noch keine Lösung gefunden, dabei bin ich viel klüger als ihr."
Penny: „Ja, aber nicht klüger als wir alle zusammen, Sheldon!"
Sheldon: „Oh, aber genau das habe ich doch gemeint!"

Leonard: „Hey, Sheldon! Ich war gerade oben in der Verwaltung und dort habe ich rein zufällig aufgeschnappt, wer dieses Jahr den Wissenschaftspreis gewinnen wird."
Sheldon: „Und nun möchtest Du mir sagen, dass meine Beiträge wieder mal nicht berücksichtigt worden sind? Ich bin der William Shattner der theoretischen Physik. Na schön, sag es mir. Welchen aufgeblasenen Wichtigtuer zeichnen sie dieses Jahr aus?"
Leonard: „Prima, dass Du die Frage so gestellt hast. Dich!"

Sheldon: „Problem!"

Leonard: „*Welches?*"
Sheldon: „*Die erwarten von mir eine Dankesrede auf dem Bankett. Ich kann so etwas aber nicht.*"
Howard: „*Aber Du hältst doch andauernd Reden. Du redest im Grunde ununterbrochen. Was Du nicht kannst, ist einfach die Klappe halten.*"
Raj: „*Du hast eben erst ewig darüber geredet, wieso Guacamole braun wird. Währenddessen wurde sie braun.*"

Daten:
Drehbuch: Chuck Lorre, Bill Prady, Steve Holland
Regie: Mark Cendrowski
Gastdarsteller: ---

Folge 3x19 „Das L-Wort"
Originaltitel: The Wheaton Recurrence
Erstausstrahlung USA: 12.April 2010
Erstausstrahlung DE: 21.Februar 2011

Inhalt:
Nach einer gemeinsamen Nacht sagt Leonard Penny, dass er sie liebt. Sie reagiert überrascht und überspielt die Sache, ohne ihm darauf zu antworten. Leonard ist daraufhin sauer auf Penny, vor allem, da sie einem klärenden Gespräch aus dem Weg geht. Für ein Bowlingspiel gegen Comicladenbesitzer Stuart und sein Team spannen die Jungs auch Penny mit ein. Überrascht stellt Sheldon fest, dass sein Erzfeind Wil Wheaton im gegnerischen Team mitspielt. Er will alles daran setzen, gegen ihn zu gewinnen. Zwischen Penny und Leonard kommt es während des Spiels zum Streit.

Charakterfacts:
• Sheldon spielte schon als Kind in einer christlichen Jugendmannschaft Bowling.

Facts/Trivia:
• Als Will Wheaton zu Sheldon sagt. „Komm auf die dunkle Seite" zitiert er natürlich aus den „Star Wars" Filmen.

Nerdtalk:
Leonard: „*Ist das Euer ernst? Habt ihr nichts Besseres zu tun, als über die Einsatzmöglichkeiten von Riesenameisen zu diskutieren?*"
Howard: „*Was ist mit ihm?*"
Sheldon: „*Vielleicht ist er in einer sensiblen Phase seines Monatszyklus.*"
Howard: „*Er hat seine Tage oder was soll das heißen?*"

Leonards schlechte Laune ist immer noch das Thema:
Raj: *"Vielleicht hatte er ja auch Streit mit Penny?"*
Leonard: *"Nein, das war kein Streit!"*
Howard: *"Ohhh, aber irgendetwas ist doch passiert!"*
Leonard: *"Ich möchte nicht darüber sprechen!"*
Sheldon: *"Aber ich ahne, Du wirst es doch tun, und ich will es nicht hören. Entschuldigt mich."*

Tiefgründige Gespräche unter Freunden:
Howard: *"Okay, wie wäre es mit Riesenhasen? Vergessen wir die Riesenameisen."*
Raj: *"Ob groß oder klein, ich mag diese Biester nicht. Hasen gucken immer so, als wollten sie etwas sagen, aber sie tun es nie."*
Sheldon: *"Das Atmungssystem der Hasen wäre in der Tat auch für Riesenwuchs geeignet. Und im Übrigen gehören sie zu den Säugetieren, bei denen das Skrotum vor dem Penis liegen kann."*
Raj: *"Vielleicht wollen sie ja darüber sprechen."*
Howard: *"Leonard, wie stehst Du zu Riesenhasen und der Positionierung ihres Skrotums?"*
Leonard: *"Das ist mir ja so egal."*
Raj: *"Wirklich? Sonst verteidigst Du vehement einen eher umstrittenen Standpunkt, wenn es um ungewöhnliche tierische Genitalien geht."*

Daten:
Drehbuch: Chuck Lorre, Steven Molaro, Nicole Lorre, Jessica Ambrosetti
Regie: Mark Cendrowski
Gastdarsteller: Wil Wheaton (Himself), Owen Thayer (Lonely Larry), Ian Scott Rudolph (Captain Sweatpants

Folge 3x20 „Spaghetti mit Würstchen"
Originaltitel: The Spaghetti Catalyst
Erstausstrahlung USA: 3.Mai 2010
Erstausstrahlung DE: 18.Februar 2011

Inhalt:
Nachdem Penny und Leonard sich getrennt haben, wissen die Freunde nicht so recht, wie sie sich am besten verhalten sollen. Vor allem Sheldon bereitet diese Situation Probleme, als er zufällig Penny trifft und sie ihm zum Essen einlädt. Er erzählt den anderen nichts davon, und Howard redet ihm auch noch ein, er müsse jetzt besonders loyal gegenüber Leonard sein. Da Penny aber versprochen hat, eines seiner Lieblingsgerichte zu kochen, will er keinesfalls auf das Essen verzichten. Er versucht einen Weg zu finden, zu Penny zu gehen, ohne dass es die anderen bemerken.

Charakterfacts:
• Sheldon mag unter anderem auch gerne italienisches Essen. Eines seiner Lieblingsgerichte sind die titelgebenden Spaghetti mit Tomatensoße und kleinen Würstchenstücken darin.
• Raj erzählt, er habe seit einem Jahr keinen Sex mehr gehabt.
• Sheldon bekommt Albträume, wenn er an die Comicfigur Goofy erinnert wird.

Facts/Trivia:
• In einer Szene unterhalten sich Leonard und Raj über Martha Stuart und Raj meint in einer Bemerkung: „Das Gefängnis verändert Menschen". Stuart ist in den USA ein bekannter TV-Star und Verlegerin. Raj´s Anspielung ist ein Verweis auf eine fünfmonatige Gefängnisstrafe, die Stuart wegen Insiderhandel an der Börse antreten musste.

Nerdtalk:
Raj: „Ich habe mal eine Frage: Glaubst Du, Du kommst in die Hölle, weil Du Schwein süßsauer futterst?"
Howard: „Juden haben keine Hölle. Wir haben nur Sodbrennen."

Sheldon: „Ich kenn nur nicht die angemessenen Umgangsformen, nachdem Du und Leonard keinen Koitus mehr habt."
Penny: „Gott! Können wir bitte nicht einfach sagen: Uns nicht mehr sehen?"
Sheldon: „Wir könnten, wenn es so wäre. Da ihr aber im selben Gebäude wohnt, seht ihr euch andauernd. Die Variable, die sich geändert hat, ist der Koitus."
Penny: „Also, die Umgangsform sieht so aus: Wir zwei bleiben Freunde und Du sagst nie wieder Koitus."
Sheldon: „Gut! Gut, ich bin froh, dass wir Freunde bleiben."
Penny: „Wirklich?"
Sheldon: „Oh, ja! Es war äußerst mühsam, Dich in mein Leben zu integrieren. Es wäre schrecklich, sollte dies umsonst gewesen sein."

Daten:
Drehbuch: Chuck Lorre, Bill Prady, Lee Aronsohn, Steven Molaro
Regie: Anthony Joseph Rich
Gastdarsteller: ---

Folge 3x21 „Vierer ohne Sheldon"
Originaltitel: The Plimpton Stimulation
Erstausstrahlung USA: 10.Mai 2010
Erstausstrahlung DE: 21.Februar 2011

Inhalt:
Die Freunde sind völlig überrascht, als Sheldon ihnen mitteilt, er erwarte weiblichen Besuch, der auch bei ihm übernachten werde. Bei dem Gast handelt es sich um Dr. Elizabeth Plimpton, eine bekannte Persönlichkeit in der wissenschaftlichen Forschung. Howard, Raj und Leonard sind ganz begeistert, verehren sie doch allesamt die Arbeit von Dr. Plimpton. Doch sie zeigt zunächst vor allem Interesse an Leonard. Der kann sein Glück nach einer gemeinsamen Nacht nicht fassen, hat aber auch ein schlechtes Gewissen gegenüber Penny.

Charakterfacts:
• Howard erwähnt nebenbei, dass er schon seit Wochen von Bernadette getrennt ist.
• Sheldon hat ein eigenes Toilettenlied.

Facts/Trivia:
• Gastdarstellerin Judy Greer ist eine bekannte US-Schauspielerin, die in zahlreichen Filmen und TV-Serien mitwirkte. In der ebenfalls von Chuck Lorre produzierten Sitcom „Two and a Half Men" spielte sie 2007 sowie ab 2011 mit. Gastauftritte hatte sie in Serien wie „CSI: Miami", „Dr. House" oder auch „How I Met Your Mother". Zudem hatte Greer auch eine populäre Rolle in der Serie „Californication", wo sie die Hure Trixie darstellte.

Nerdtalk:
Sheldon: „Es missfällt mir, dass Du Leonard nahelegst, mit Dr. Plimpton den Beischlaf zu vollziehen. Sie hat, da sei Dir sicher, Besseres zu tun."
Penny: „Ich muss überhaupt nichts nahelegen. Es ist doch schon längst passiert."
Sheldon: „Das ist absolut lächerlich! Sag es ihr, Leonard."
Leonard: „...naja..."
Sheldon: „Nein!"
Leonard: „Komm schon! Es war nicht meine Schuld!"
Sheldon: „Soll das etwa heißen, dass Du irgendwie gestolpert und in ihrem Intimbereich gelandet bist?"
Penny: „Wisst Ihr was, ich fahr mit dem Bus zur Arbeit."
Leonard: „Ach, Penny, ich kann Dich doch trotzdem fahren!"
Penny: „Nein, lieber nicht. Du könntest auf einer Bananenschale ausrutschen und mich schwängern."

Sheldon: „Ach, Leonard, ich habe da etwas für Dich. Gemäß unserer Mitbewohnervereinbarung erhältst Du fristgerecht 24 Stunden im Voraus die Ankündigung, dass wir für zwei Nächte einen nicht mit uns verwandten, weiblichen Gast haben werden."
Leonard: „Mit nicht verwandt und weiblich meinst Du doch trotzdem menschlich, oder?"
Sheldon: „Natürlich! Haustiere verstoßen gegen die Mitbewohnervereinbarung. Hiervon ausgenommen sind nur Assistenztiere, wie Blindenhunde und eines Tages auch kybernetisch verbesserte Menschenaffen."
Howard: „Ich hoffe, dass du nicht die Absicht hast, eine Frau zu entführen?"
Sheldon: „Sarkasmus?"
Howard: „Ja, aber mit aufrichtiger Sorge."

Daten:
Drehbuch: Chuck Lorre, Bill Prady, Lee Aronsohn
Regie: Mark Cendrowski
Gastdarsteller: Judy Greer (Dr. Elizabeth Plimpton)

Folge 3x22 „Die Wahrheit über den Fahrstuhl"
Originaltitel: The Staircase Implementation
Erstausstrahlung USA: 17.Mai 2010
Erstausstrahlung DE: 21.Februar 2011

Inhalt:
Penny freut sich eigentlich auf einen ruhigen, gemütlichen Abend, doch Leonard und Sheldon streiten so laut, dass sie alles mit anhören muss. Schließlich klopft Leonard an ihre Tür und fragt, ob er bei ihr übernachten kann. Penny ist einverstanden und fragt Leonard, warum er es schon so lange aushält, mit Sheldon zusammenzuwohnen. Leonard erzählt ihr zum ersten Mal die Geschichte, wie Sheldon und er sich kennengelernt haben. Außerdem wird endlich die Frage beantwortet, warum der Fahrstuhl schon seit Jahren defekt ist.

Charakterfacts:
• Bevor Sheldon Leonard und die anderen kennenlernte, war er tatsächlich noch unsicherer im Umgang mit anderen Menschen.

Facts/Trivia:
• Die Rückblende in dieser Episode spielt zeitlich im Jahr 2003. In Howards Zimmer sieht man auf dem Schrank ein „Roboraptor"-Spielzeug sowie auf seinem Fernseher eine Playstation 2 Slimline. Diese beiden Dinge waren 2003 aber noch gar nicht auf dem Markt.
• Der Transvestiten-Nachbar, der vor Penny neben Leonard und Sheldon wohnte, wurde schon in der Pilotepisode erwähnt.

- Leonard war es, der die berühmte braune Couch besorgte. Er kaufte sie vom Nachbarn für 100 Dollar.
- Gastdarsteller Steven Yeun ist vor allem durch seine Rolle des Glenn aus der TV-Serie „The Walking Dead" bekannt.

Nerdtalk:
Sheldon: „Und, wo kommt die Couch her?"
Leonard: „Unten ist eine Familie ausgezogen und hat sie mir heute für 100 Dollar verkauft. Die beiden haben mir geholfen, sie raufzubringen."
Sheldon: „Aber was ist denn an unseren Stühlen auszusetzen?"
Leonard: „Das sind Gartenstühle! Und wir hatten keinen Platz für Besucher."
Sheldon: „Hast Du nie daran gedacht, dass das beabsichtigt war?"

Leonard bewirbt sich darum, bei Sheldon wohnen zu dürfen:
Sheldon(2003): „Ist ihr Stuhlgang regelmäßig?"
Leonard: „Ich schätze ja…"
Sheldon: „So wird das nichts, wenn Sie nur schätzen. Wann entleeren Sie ihren Darminhalt?"
Leonard: „Naja, dann, wenn ich muss!"
Sheldon: „Wenn Sie müssen??! Tut mir leid, ich vermiete nicht an Hippies!"

Leonard (über Sheldon): „Du findest also auch, dass er einen Knall hat?"
Penny: „Nicht so sehr, wie der Typ, der sich dafür entschieden hat, bei ihm zu wohnen!"
Leonard: „Ob Du es glaubst oder nicht - er war schlimmer als ich ihn kennengelernt habe."
Penny: „Oh, das glaube ich wirklich nicht!"
Leonard: „Du bist ja vielleicht naiv."

Daten:
Drehbuch: Lee Aronsohn, Steven Molaro, Steve Holland, Steve Holland
Regie: Mark Cendrowski
Gastdarsteller: Ed Lieberman (Announcer), Ajgie Kirkland (Louie), Steven Yeun (Sebastian), Ally Maki (Joyce Kim)

Folge 3x23 „Nie mehr dumme Typen"
Originaltitel: The Lunar Excitation
Erstausstrahlung USA: 24.Mai 2010
Erstausstrahlung DE: 22.Februar 2011

Inhalt:
Die Freunde wollen auf dem Dach ein interessantes Laserexperiment durchführen. Leonard glaubt, dass Penny vielleicht Lust hat, dabei zuzusehen. Als er zu ihr geht, lernt er zufällig

ihren neuen Freund Zack kennen. Zack entspricht den Männern, mit denen Penny sich früher abgegeben hat: groß, gut aussehend, aber auch sehr dumm. Auch Penny ist sich dessen bewusst und ärgert sich über sich selbst, hatte sie sich doch vorgenommen, von solchen Männern Abstand zu halten. Währenddessen erstellen Howard und Raj heimlich ein Profil für Sheldon in einem Online-Datingportal. Tatsächlich findet sich eine perfekte und geeignete Frau.

Charakterfacts:
• Sheldon trinkt gerne heiße Schokolade, aber nur in Monaten, die ein „R" im Namen beinhalten.

Facts/Trivia:
• In dieser Episode hat Mayim Bialik ihren ersten Auftritt als Amy Farrah Fowler. Amy wird im Verlauf der Serie zu einem der Hauptcharaktere werden.
• Als kleine Überraschung gibt es ein kurzes Wiedersehen mit Sara Gilbert als Leslie Winkle.
• Zum ersten Mal sieht man die Nachbarin Mrs. Gunderson, die in der Serie oft Erwähnung fand.

Nerdtalk:
Howard: „Raj, nicht doch! Milliarden von Dollar sind investiert worden, um das Internet auszubauen und es mit Bildern von nackten Frauen zu füllen. Wir müssen nicht mehr heimlich durch Fenster spannen."
Raj (sieht durch ein Fernrohr): „Das ist es nicht. Bei den Leuten ist der Fernseher an, The Good Wife läuft gerade. Ich sage Dir was: Das ist mein neues Grey´s Anatomy."

Raj (zu Leonard): „Wenn Du wirklich darüber hinwegkommen willst, dass Penny einen anderen Kerl hat, dann werde selbst aktiv und pack den Stier bei den Hoden!"
Howard: „Hörnern!"
Raj: „Was?"
Howard: „Es heißt, pack den Stier bei den Hörnern. Nicht Hoden."
Raj: „Deshalb fand ich das immer ekelhaft!"

Raj: „Heiliger Kuhmist!"
Howard: „Was?"
Raj: „Wir haben jetzt den endgültigen Beweis, dass Außerirdische unter uns sind."
Howard: „Wie bitte?"
Raj: „Die Dating-Webseite hat eine Frau für Sheldon gefunden!"
Howard: „Das kann nicht sein, eine richtige Frau?"
Raj: „Ja, siehst Du? Mit Brüsten und so weiter."
Howard: „Glaub mir. Brüste sind kein ausschließlicher Hinweis auf eine Frau."

Raj: „*Seit wann?*"

Howard: „*Ich zeige Dir bei Gelegenheit mal ein Foto von meinem Onkel Lui in der Badehose.*"

Daten:

Drehbuch: Chuck Lorre, Bill Prady, Maria Ferrari, Maria Ferrari

Regie: Peter Chakos

Gastdarsteller: Sara Gilbert (Leslie Winkle), Mayim Bialik (Amy Farrah Fowler), Brian Smith(Zack), Lauri Johnson (Mrs. Gunderson)

Staffel 4 (2010-2011)

Folge 4x01 „31 Liebhaber, aufgerundet"
Originaltitel: The Robotic Manipulation
Erstausstrahlung USA: 23.September 2010
Erstausstrahlung DE: 5.September 2011

Inhalt:
Howard ist so stolz auf den von ihm konstruierten Roboterarm, dass er ihn mit zu seinen Freunden nimmt. Eigentlich darf er dies nicht, da dieser Arm für den Einsatz auf der Internationalen Raumstation gedacht ist. Trotzdem sind die Freunde begeistert, auch Penny, die zum Essen vorbeikommt, staunt nicht schlecht. Mehr noch staunt sie aber, als sie erfährt, dass Sheldon eine Freundin hat. Sheldon selber sieht in Amy aber nicht seine Freundin, schließlich pflegen die beiden ihren Kontakt ausschließlich über Internet und Handy. Penny überredet Sheldon zu einem richtigen Date mit Amy. Als Howard zu Hause alleine mit seinem Roboterarm ist, kommt ihm eine verhängnisvolle Idee.

Charakterfacts:
- Amy hat mit ihrer Mutter die Vereinbarung getroffen, einmal im Jahr ein Date zu haben.
- Sheldon hatte in seinem bisherigen Leben noch nie eine Verabredung mit einer Frau.

Facts/Trivia:
- Die Handlung der vierten Staffel beginnt vier Monate nach den Ereignissen der dritten Staffel. Amy und Sheldon haben sich seitdem nicht mehr getroffen, sondern ausschließlich per E-Mail oder SMS Kontakt gehalten. Dies aber laut Sheldon täglich.
- Raj erwähnt in einer Szene Aquaman. Aquaman ist ein fiktiver Charakter des Verlages DC-Comics, der vor allem durch die Comicreihen Batman und Superman bekannt ist.
- Laut Sheldon hatte Penny in den drei Jahren, in denen er sie kennt, siebzehn verschiedene Partner.

Nerdtalk:
Sheldon erklärt Penny Howards Roboterarm:
Sheldon: *„Ist Dir bewusst, dass die innovative Technologie dieses Arms ungelernte Servierkräfte wie Dich eines Tages überflüssig machen wird?"*
Penny: *„Wirklich? Sie bauen einen Roboter, der auf Deinen Hamburger spuckt?"*

Raj: *„Eine Sache bei Aquaman wollte ich immer schon wissen."*
Leonard: *„Ja?"*

Raj: *„Wo kackt der Typ?"*
Leonard: *„Was?"*
Raj: *„Wie sehen die Toiletten in Atlantis aus? Wie würde man spülen? Und wenn du gespült hast, wo gehen Kacke und Pippi hin?"*

Penny: *„Darf ich Dir eine Frage stellen?"*
Sheldon: *„Angesichts Deiner minderwertigen Schulbildung, rate ich Dir, mir so viele Fragen wie möglich zu stellen."*

Daten:
Drehbuch: Steven Molaro, Eric Kaplan, Steve Holland
Regie: Mark Cendrowski
Gastdarsteller: Vernee Watson-Johnson (Althea),

Folge 4x02 „Der sicherste Ort der Welt"
Originaltitel: The Cruciferous Vegetable Amplification
Erstausstrahlung USA: 30.September 2010
Erstausstrahlung DE: 7.September 2011

Inhalt:
Sheldon versucht wissenschaftlich zu errechnen, wann er sterben wird. Er kommt zu dem Ergebnis, dass er nicht mehr leben wird, wenn die Wissenschaft einen Weg findet, das menschliche Bewusstsein unabhängig vom Körper zu erhalten. Deshalb nimmt er sich vor, sein Leben radikal umzustellen. Durch gesunde Ernährung und Sport will er seine Lebenszeit verlängern. Als er sich bei dem Versuch, mit Penny joggen zu gehen, verletzt, denkt er erneut um. Er erschafft einen Roboter, damit er sein Zimmer nicht mehr verlassen muss, um so allen Gefahren aus dem Weg zu gehen.

Charakterfacts:
- Sheldons Onkel Ted starb durch eine Begegnung mit einem Waschbär.

Facts/Trivia:
- Sheldon hat auf seiner Tafel seine Verwandten notiert. Seine Schwester Missy hat der Zuschauer in der Serie schon kennengelernt. Wie auf der Tafel zu sehen ist, heißt sein Bruder George, Jr.
- Die Freunde treffen in der Cheesecake Factory Apple Mitgründer Steve Wozniak und seine Frau Alice.
- Obwohl Sheldon Angst vor Hunden hat, hätte er gerne einen Hundupus – eine Kreuzung aus Hund und Oktopus.

Nerdtalk:
Sheldon: „Ich befasse mich hier mit dem wissenschaftlichen Versuch, herauszufinden, wann ich sterbe."
Leonard: „Viele Menschen würden das wirklich gerne wissen."

Leonard: „Du kannst nicht als virtuelle Präsenz existieren. Und schon gar nicht, wenn Du zur Arbeit gehst (Sheldons Roboter kommt um die Ecke). Großer Gott!"
Sheldon: „Was meinst Du, wodurch ich in meinem Alter statistisch gesehen am wahrscheinlichsten sterbe?"
Leonard: „Durch die Hand eines Mitbewohners?"
Sheldon: „Durch einen Unfall!"
Leonard: „So werde ich es aussehen lassen!"

Penny: „Warte, hat Kybernetik etwas mit Robotern zu tun?"
Sheldon: „Ja. Auch."
Penny: „Dann willst Du Dich in so eine Art Roboter verwandeln?"
Sheldon: „Um es so zu sagen: Ja!"
Penny: „Okay, dazu 'mal eine Frage: Hast Du das nicht schon längst?"
Sheldon: „Sehr freundlich, aber traurigerweise, nein."

Daten:
Drehbuch: Steven Molaro, Chuck Lorre, Jim Reynolds
Regie: Mark Cendrowski
Gastdarsteller: Steve Wozniak (Himself)

Folge 4x03 „Paradoxe Psychologie"
Originaltitel: The Zazzy Substitution
Erstausstrahlung USA: 7.Oktober 2010
Erstausstrahlung DE: 14.September 2011

Inhalt:
Bei einem gemeinsamen Essen lernen Howard, Raj und Leonard Amy, Sheldons Freundin, besser kennen. Offenbar ist sie sogar noch einen Tick forscher als Sheldon. Zusammen sind die beiden nicht zum Aushalten, weswegen die Freunde zu Penny flüchten. Als Leonard Sheldon darauf anspricht, reagiert dieser beleidigt und verweist darauf, dass er auch gegenüber Penny tolerant war. Dann aber kommt es wegen einer wissenschaftlichen Meinungsverschiedenheit zum Bruch zwischen Amy und Sheldon. Insgeheim freut sich Leonard darüber, doch Sheldon besorgt sich tierischen Ersatz für Amy.

Charakterfacts:
- Raj sagt statt „Toilette" tatsächlich „Töpfchen".
- Leonard hat eine Tante namens Nancy.

Facts/Trivia:
- Dass sich Sheldon ein ganzes Katzenrudel zulegt, ist ein klarer Verstoß gegen seine eigene Mitbewohnervereinbarung, laut der keine Haustiere, außer Assistenztiere wie z. B. Blindenhunde erlaubt sind.
- Sheldon hat sämtliche seiner Katzen nach Physikern benannt, die am sogenannten „Manhattan Project" mitgearbeitet haben.
- In dieser Folge hat Laurie Metcalf zum dritten Mal einen Gastauftritt als Sheldons Mutter Mary Cooper.

Nerdtalk:
Raj: „Spoileralarm! Spoileralarm!"
Leonard: „Wieso?"
Raj: „Verrat es mir nicht. Ich lese diese Artikel immer auf dem Töpfchen."
Howard: „Auf dem Töpfchen? Wie alt bist Du? Fünf?"
Raj: „Es ist das Töpfchen, wie nennst Du es?"
Howard: „Toilette."
Raj: „Das ist zu vulgär, meinst Du nicht?"
Howard: „Oh! Und Töpfchen ist okay?"
Raj: „Töpfchen klingt unschuldig, Töpfchen ist liebenswert."
Howard: „Was machst Du auf dem Töpfchen? Pipi?"
Raj: „Wenn ich nicht Kaka machen musst?!"

Sheldon: „Du fühlst Dich von Amys Intelligenz eingeschüchtert. Dazu sag ich nur: Arbeite an Deiner!"
Leonard: „Na gut, ich komme mal gleich zur Sache. Amy verurteilt andere, sie ist scheinheilig und ehrlich gesagt einfach unausstehlich."
Sheldon: „Und?"
Leonard: „Für all das haben wir doch schon Dich!"

Daten:
Drehbuch: Lee Aronsohn, Steven Molaro, Maria Ferrari
Regie: Mark Cendrowski
Gastdarsteller: Laurie Metcalf (Mary Cooper)

Folge 4x04 „Und jetzt mit Zunge"
Originaltitel: The Hot Troll Deviation
Erstausstrahlung USA: 14.Oktober 2010
Erstausstrahlung DE: 14.September 2011

Inhalt:
Raj und Sheldon streiten sich immer häufiger, seit sie zusammenarbeiten und sich ein Büro teilen. Raj besteht darauf, endlich einen eigenen Schreibtisch zu bekommen, doch Sheldon sieht dafür keine Notwendigkeit. Schließlich gibt Sheldon klein bei, doch als Raj einen überdimensionierten Tisch anschafft, eskaliert der Streit erneut. Unterdessen versucht Howard wieder Kontakt zu Bernadette aufzunehmen, nur traut er sich nicht so richtig und sucht deshalb Rat bei Penny.

Charakterfacts:
- Raj hat drei Brüder und zwei Schwestern.
- Leonard kann keine Melonen essen, da er diese nicht verträgt.

Facts/Trivia:
- Entgegen Howards Aussage ist es in dem Spiel *World of Warcraft* nicht möglich, virtuellen Sex mit den Charakteren auszuüben.
- Zweiter Gastauftritt von Katee Sackhoff.
- In dieser Episode hat auch *Star Trek* Legende George Takei, der durch seine Rolle als Hikaru Sulu berühmt wurde, einen Gastauftritt. Dabei wird vor allem auch seine Homosexualität thematisiert.

Nerdtalk:
Raj: „Oh! Du bist so arrogant! Wenn Du ein Superheld wärst, wärst Du Captain Arrogant! Und weißt Du, was Deine Superkraft wäre? Arroganz!"
Sheldon: „Du irrst Dich schon wieder. Wäre meine Superkraft die Arroganz, wäre mein Name Doktor Arroganto!"
Howard: „Das Teamwork von Sheldon und Raj ist wirklich lustig anzusehen."
Leonard: „Ja. So als würden ein Alien und ein Predator als Geschäftspartner einen Gemüseladen eröffnen."

Leonard: „Was zwischen Dir und Bernadette vorgefallen ist, hast Du nie erzählt."
Howard: „Ich hatte eine Dummheit gemacht."
Leonard: „Ja, dass ist schon klar."
Howard: „Es war eine von den Sachen, nachdem man sich nicht mehr traut, einem in die Augen zu sehen."

Leonard: „Das könnte alles sein. Von furzen im Bett bis zum Töten eines Obdachlosen. Oh, mein Gott! Du hast einen Penner überfahren!"

Leonard: „Dann hat Howard Penny gebeten, mit Bernadette zu reden, woraufhin Bernadette einverstanden war, mit ihm einen Kaffee zu trinken."
Sheldon: „Eine Frage."
Leonard: „Ja?"
Sheldon: „Wieso in aller Welt erzählst Du mir das alles?"
Leonard: „Ich weiß auch nicht. Manchmal sind Deine Bewegungen so lebensecht, dass ich vergesse, dass Du kein richtiger Junge bist."

Daten:
Drehbuch: Chuck Lorre, Steven Molaro, Adam Faberman, Bill Prady, Lee Aronsohn
Regie: Mark Cendrowski
Gastdarsteller: Katee Sackhoff, George Takei

Folge 4x05 „Der Gestank der Verzweiflung"
Originaltitel: The Desperation Emanation
Erstausstrahlung USA: 21.Oktober 2010
Erstausstrahlung DE: 20.September 2011

Inhalt:
Leonard ist frustriert darüber, wieder Single zu sein. Howard ist erneut mit Bernadette zusammen und Sheldon pflegt seine ungewöhnliche Beziehung mit Amy. Als Leonard den Frust nicht mehr aushält, bittet er Howard, er solle Bernadette fragen, ob sie ihm eine ihrer Freundinnen vorstellen könnte. Die Vier verabreden sich zu einem Doppeldate. Sheldon bricht in Panik aus, als Bernadette ihn ihrer Mutter vorstellen möchte. Er zieht alle Register, um ihr aus dem Weg zu gehen.

Charakterfacts:
- Comicladenbesitzer Stuart hat zu diesem Zeitpunkt eine Freundin.
- Howard wurde einmal von einem Transsexuellen überfallen.
- Amy und Sheldon suchen jeden Tag ein „Wort des Tages" aus.

Facts/Trivia:
- Raj erwähnt, dass auch er angeblich eine Freundin hat. Da sie taub sei, wäre auch seine Stummheit gegenüber Frauen kein Problem.
- Penny taucht in dieser und der nächsten Episode nicht auf, da sich die Darstellerin Kaley Cuoco zu diesem Zeitpunkt einen Beinbruch beim Pferdereiten zugezogen hatte.

Nerdtalk:
Leonard: „Wie läuft es so zwischen euch?"
Sheldon: „Och, der Status ist so, wie er immer war. Sie ist eine Frau, sie ist eine Bekannte, sie ist nicht meine, verzeih´ mir bitte die Anführungszeichen, Freundin."
Leonard: „Ja. Richtig. Also, simst ihr euch nur und schickt E-Mails? Du hast nicht den Wunsch, etwas mit ihr zu unternehmen? So im selben Raum?"
Sheldon: „Leonard, Du bist mein bester Freund. Ich kenne Dich seit sieben Jahren, und ich kann es kaum ertragen, hier mit Dir auf einer Couch zu sitzen."

Amy bittet Sheldon, ihrer Mutter den netten Freund vorzuspielen:
Amys Mutter (über Skype): „Es freut mich, sie kennenzulernen, Sheldon. Ganz ehrlich, ich habe Amy nicht geglaubt, als sie mir sagte, dass sie einen Freund hat."
Sheldon: „Ich versichere Ihnen, ich bin ganz real. Und ich habe regelmäßigen Verkehr mit Ihrer Tochter!"
Amys Mutter: „Was?"
Sheldon: „Oh, ja! Wir sind wie wilde Tiere, die läufig sind. Es ist ein Wunder, dass noch keiner von uns verletzt wurde."
Amys Mutter: „Amy, was erzählt er da?"
Amy: „Du wolltest immer, dass ich einen Freund habe, Mutter. Hier ist er. Ich schalte jetzt wieder aus. Mein Verlangen nach Sheldon verzehrt meine Lenden."
Sheldon: „Oh, ja! Es wird Zeit für mich, mit der Vagina Ihrer Tochter Liebe zu machen."

Daten:
Drehbuch: Lee Aronsohn, David Goetsch, Bill Prady
Regie: Mark Cendrowski
Gastdarsteller: Charlotte Newhouse (Joy), Annie O'Donnell (Mrs. Fowler)

Folge 4x06 „Finger weg von meiner Schwester"
Originaltitel: The Irish Pub Formulation
Erstausstrahlung USA: 28.Oktober 2010
Erstausstrahlung DE: 20.September 2011

Inhalt:
Raj freut sich, dass seine jüngere Schwester Priya für einen Tag zu Besuch in der Stadt ist. Vorsichtshalber warnt er jedoch Howard davor, seine Schwester anzugraben. Howard versichert ihm, dass er nichts dergleichen vorhat. Schließlich sei er ja wieder mit Bernadette zusammen. Priya hat auch viel mehr Interesse an Leonard und verbringt die Nacht mit ihm. Da Leonard und Howard sich aber vor Jahren versprochen haben, beide die Finger von Rajs Schwester zu lassen, darf niemand etwas davon erfahren. Dummerweise hat Sheldon aber den nächtlichen Frauenbesuch bemerkt.

Charakterfacts:
- Sheldon schämt sich für sein Gaumenzäpfchen, da es angeblich eine ungewöhnliche Form hat.
- Leonards Ur-Großmutter war zur Hälfte Cherokee.

Facts/Trivia:
- Obwohl Kaley Cuoco im Vorspann genannt wird, taucht sie aufgrund ihres gebrochenen Beines auch in dieser Episode nicht auf. Die Autoren mussten dazu das Drehbuch umschreiben.
- Raj sagt, er habe für Sheldon „Thomas, die kleine Lokomotive" als Geschenk gekauft. Die Geschichten von „Thomas the Tank Engine" gelten im englischen Sprachraum als Kinderbuchklassiker.

Nerdtalk:
Leonard: „Es tut mir leid, Raj. Aber in Wahrheit war ich letzte Nacht mit Priya zusammen."
Sheldon: „Höre nicht auf ihn! Er ist noch ganz durcheinander von dem vielen Whisky und dem Guinness in seinem Organismus."
Raj: „Was hast Du mit Priya gemacht?"
Sheldon: „Sie waren mit dem Koitus beschäftigt. Aber was noch viel wichtiger ist, wenn Leonard nicht von der Story abgewichen wäre, hättest Du sie plausibel gefunden?"

Priya (sieht auf die Uhr): „Oh! Leonard, wach auf!"
Leonard: „Hä? Tut mir leid!"
Priya: „Was denn?"
Leonard: „Ich weiß nicht. Wenn ich mit einem Mädchen im Bett bin, ist das meine Standardreaktion."

Sheldon ist nicht davon begeistert, das Priya in der Wohnung übernachtet hat:
Sheldon: „Priya?"
Priya: „Guten Morgen Sheldon."
Sheldon: „Oh, schäme Dich Leonard, oh, schäme Dich! Wenn ich daran denke, dass ich bereit war, den letzten Rest meiner Hämorridencreme an Dich zu verschwenden!"

Daten:
Drehbuch: Chuck Lorre, Lee Aronsohn, Steven Molaro, Maria Ferrari, Eric Kaplan
Regie: Mark Cendrowski
Gastdarsteller: Aarti Mann (Priya Koothrappali)

Folge 4x07 „Besuch vom FBI"

Originaltitel: The Apology Insufficiency
Erstausstrahlung USA: 4.November 2010
Erstausstrahlung DE: 27.September 2011

Inhalt:
Howard bekommt die Möglichkeit, an einem neuen Überwachungssatelliten des Verteidigungsministeriums mitzuarbeiten. Aus Sicherheitsgründen werden natürlich alle Beteiligten vorher genau überprüft. Howard sagt seinen Freunden, dass sie möglicherweise Besuch vom FBI erhalten. Tatsächlich besucht eine FBI-Agentin Leonard, Sheldon und Raj, um von ihnen mehr über Howard zu erfahren. Während die Befragung bei Raj und Leonard nur ein wenig peinlich verläuft, gelingt es Sheldon einmal wieder, sich zu verplappern.

Charakterfacts:
- Howards zweiter Vorname lautet Joel.
- Sheldon gibt zu, seinen Platz auf der Couch mehr zu lieben, als seine Mutter.

Facts/Trivia:
- In dieser Episode sieht man Penny nur hinter der Bartheke. Darstellerin Kaley Cuoco hatte zu diesem Zeitpunkt ein Gipsbein. Durch diesen Kniff konnte dies versteckt werden.
- Kaley Cuoco wurde über Twitter gefragt, was wirklich in Sheldons Glas war. Sie antwortete „Water and Spit", also Wasser und Spucke.
- Gastdarstellerin Eliza Dushku wurde vor allem durch ihre Rolle der Faith in der TV-Serie „Buffy – Im Bann der Dämonen" und „Angel – Jäger der Finsternis" bekannt.
- Der Astrophysiker und Kosmologe Neil deGrasse Tyson hat in dieser Episode einen Gastauftritt.

Nerdtalk:
Leonard: „Nein, ganz im Ernst. Ich weiß jetzt endlich, was mein Problem mit Frauen ist."
Sheldon: „Das Wasserschwein ist das größte Mitglied der Nagetierfamilie."
Leonard: „Was hat das mit meinem Frauenproblem zu tun?"
Sheldon: „Nichts. Das war der verzweifelte Versuch, ein alternatives Gesprächsthema einzubringen."

Howard: „Ach, ja, ich brauche dafür eine Unbedenklichkeitsbescheinigung und es kann sein, dass sich das FBI bei euch meldet."
Raj: „Oh! Ich will nicht mit dem FBI sprechen!"
Leonard: „Wieso nicht?"
Raj: „Ich bin braun und ich spreche komisch!"

Agent Page: „Dr. Cooper?"
Sheldon: „Ja?"
Agent Page: „Ich bin Special-Agent Page, FBI."
Sheldon: „Sie sagen, Sie sind Special-Agent Page, FBI?"
Agent Page: „Hier ist mein Ausweis."
Sheldon: „Und hier ist meine Mitgliedskarte der Gerechtigkeitsliga. Aber das besagt nicht, dass ich Batman kenne."

Daten:
Drehbuch: Bill Prady, Steven Molaro, Steve Holland
Regie: Mark Cendrowski
Gastdarsteller: Neil deGrasse Tyson , Eliza Dushku (FBI Special Agent Angela Page)

Folge 4x08 „21 Sekunden"
Originaltitel: The 21-second Excitation
Erstausstrahlung USA: 11.November 2010
Erstausstrahlung DE: 27.September 2011
Drehbuch: Chuck Lorre, Lee Aronsohn

Inhalt:
Die vier Freunde freuen sich schon den ganzen Tag auf eine Sondervorstellung von „Jäger des verlorenen Schatzes" in ihrem Kino. Bei dieser Version sind stolze 21 Sekunden neues Filmmaterial enthalten. Penny und Bernadette wollen die männerfreie Zeit nutzen, um einen gemütlichen Frauenabend zu machen. Als Amy davon hört, drängt sie sich den beiden anderen auf. Vor dem Kino müssen die Freunde feststellen, dass schon eine Riesenschlange von Menschen ansteht. Möglicherweise besteht die Gefahr, dass sie selber keine Karten mehr bekommen. Dann taucht auch noch Sheldons Erzfeind Wil Wheaton auf und spielt seinen Promibonus aus.

Charakterfacts:
- Amy war noch nie bei einer Pyjamaparty, hat noch nie „Wahrheit oder Pflicht" gespielt und hat sich offenbar auch noch nie mit anderen Frauen über typische Frauenthemen ausgetauscht.

Facts/Trivia:
- Um Kaley Cuoco's Gipsbein zu kaschieren, mussten die Serienmacher kreativ sein. So sieht man die Darstellerin in dieser Episode nur sitzend oder hinter dem Bartresen stehen. Die Szene, in der Penny wegläuft, wurde von einem Double gespielt.

- In dieser Episode twittert Wil Wheaton böse Sprüche, um Sheldon zu ärgern. Als diese Episode ausgestrahlt wurde, twitterte Will Wheaton aus Spaß tatsächlich die gleichen Sprüche über seinen realen Account.
- Mit dieser Episode wurde die Darstellerin Mayim Bialik (Amy) zu einer Hauptdarstellerin befördert.

Nerdtalk:
Penny (über Indiana Jones): „Okay, helft mir mal. Wieso kann ein Archäologie-Professor so gut die Peitsche schwingen?"
Howard: „Vielleicht hat er im Sex-Shop einen Kurs gemacht. So habe ich es gelernt."

Bernadette: „Wisst ihr, was ich an Howard so sehr liebe? Sein Brusthaar!"
Penny: „Howard hat eine behaarte Brust?"
Bernadette: „Nein, nur dieses eine Haar. Aber es ist richtig lang."

Sheldon (an der Schlange vor dem Kino): „An dieser Stelle könnten wir sein, wenn wir nicht essen gegangen wären. Und hier würden wir sein, wenn Koothrappali nicht noch Nachtisch bestellt hätte!"
Raj: „Den hatte ich verdient! Ich habe den Brokkoli aufgegessen!"

Daten:
Regie: Mark Cendrowski
Gastdarsteller: Wil Wheaton, Eric Andre (Joey), Owen Thayer (Lonely Harry), Kristen Kimmick (Movie Goer), Ian Scott Rudolph (Captain Sweatpants)

Folge 4x09 „Der falsche richtige Freund"
Originaltitel: The Boyfriend Complexity
Erstausstrahlung USA: 18.November 2010
Erstausstrahlung DE: 4.Oktober 2011

Inhalt:
Leonard will gerade Penny fragen, ob sie zum Pizzaessen rüberkommen möchte, als ihm ein älterer Mann die Tür öffnet. Wie sich herausstellt, ist Pennys Vater gerade zu Besuch. Völlig überraschend küsst Penny Leonard und lässt ihn dann im Flur stehen. Später erklärt sie ihm, dass sie ihrem Vater erzählt hat, dass die beiden noch ein Paar wären. Ihr Vater hält große Stücke von Leonard und ist der Meinung, er sei der richtige Mann für seine Tochter nach all den bisherigen Enttäuschungen. Leonard spielt mit und genießt die Situation. Raj muss sich für eine Planetenbeobachtung unterdessen die Nacht um die Ohren schlagen. Howard und Bernadette besuchen ihn auf der Arbeit.

Charakterfacts:
- Leonard ist der erste Freund von Penny, den ihre Eltern akzeptieren.

Facts/Trivia:
- In Episode 2x15 „Die Streichelmaschine" sagte Penny, ihr Vater würde Bob heißen. In dieser Episode heißt er aber Wyatt.
- Pennys Vater sagt zu Leonard, er würde gerne Enkel haben, bevor er stirbt. In der Episode 2x20 erwähnt Penny aber ihren Neffen, was bedeutet, dass einer ihrer Geschwister ein Kind hat. Somit haben Pennys Eltern zumindest schon einen Enkelsohn.
- Gastdarsteller Keith Carradine ist der Halbbruder von David Carradine.

Nerdtalk:
Raj: „Glaubst Du, Wolverine hat eine Prostata aus Adamantium?"
Howard: „Das ist ja eine blöde Frage."
Raj: „Es geht hier um besondere Untersuchungen bei Superhelden. Da gibt es keine dummen Fragen."

Leonard: „Ich hatte ja den Eindruck, dass das etwas zu bedeuten hat."
Howard: „Ja, das erinnert mich an die Zeit, als sich Leonard zwanghaft mit Penny beschäftigt hat. Versteh mich nicht falsch, ich mag Deine neuen Sachen. Aber hin und wieder höre ich gerne Deine alten Hits."
Raj: „Huhu! Sag mal, unsere Babys werden intelligent und hübsch sein. Darüber muss ich immer noch lachen!"
Leonard: „Wieso rede ich überhaupt noch mit euch?"
Sheldon: „Falls es Dich beruhigt – wir hören Dir nur selten zu."

Daten:
Drehbuch: Lee Aronsohn, Jim Reynolds, Chuck Lorre, Steven Molaro, David Goetsch
Regie: Mark Cendrowski
Gastdarsteller: Keith Carradine (Wyatt)

Folge 4x10 „Die animalische Amy"
Originaltitel: The Alien Parasite Hypothesis
Erstausstrahlung USA: 9.Dezember 2010
Erstausstrahlung DE: 4.Oktober 2011

Inhalt:
Penny, Amy und Bernadette machen sich einen schönen Abend und gehen gemeinsam Essen. Zufällig treffen sie Pennys Exfreund Zack, der eine Lieferung zustellen will. Amy findet ihn

äußerst attraktiv, nur ist sie sich dessen nicht bewusst. Sie wundert sich über ihre seltsamen körperlichen Reaktionen und bespricht diese mit Sheldon. Beide kommen zu dem Ergebnis, dass Amy Zack sexuell anziehend findet, doch was kann man gegen diesen Trieb unternehmen? Raj und Howard wollen währenddessen herausfinden, wer von den beiden am ehesten geeignet wäre, ein Superheld zu sein.

Charakterfacts:
- Howard meidet Umkleidekabinen, da er sich nicht vor anderen Männern ausziehen kann.
- Raj hat Mal einen Pilates-Kurs besucht.

Facts/Trivia:
- Sheldon versucht mittels Differenzialdiagnose herauszufinden, welche Ursache Amys körperliche Reaktionen haben könnte. Zu diesem Zweck notiert er alle Möglichkeiten auf eine weiße Tafel, auf der auch schon Lupus aufgeführt ist. Dies ist ein Verweis auf die TV-Serie „Dr.House".
- Sheldon sagt, seine Lieblingsnummer sei die 73. Dieses ist die 20. Episode.

Nerdtalk:
Amy: „Ich denke, wir müssen uns der grausamen Wahrheit stellen. Ich war sexuell erregt durch Pennys Freund Zack."
Sheldon: „Nicht so schnell. Ich weiß nicht, ob wir die Hypothese vom Alien-Parasiten zu schnell verworfen haben."
Amy: „Betrachten wir es ganz logisch. Ich habe einen Magen, ich kann hungrig werden. Ich habe Genitalien und das Potenzial, sexuell erregt zu werden."
Sheldon: „Ein Kreuz, das wir alle tragen müssen."

Penny: „Wie geht es Amy?"
Sheldon: „Amy hat sich verändert. Ich muss mich vielleicht von ihr trennen."
Penny: „Oh, nein. Wieso?"
Sheldon: „Ich dachte, sie sei ein hochentwickeltes Wesen von reinem Intellekt. So wie ich. Aber Vorkommnisse in jüngster Zeit zeigen, dass sie möglicherweise eine Sklavin ihrer niederen Triebe ist. So wie Du!"
Penny: „Auf diese Beleidigung gehe ich jetzt nicht ein."
Sheldon: „Welche Beleidigung?"
Penny: „Ja! Deswegen überhöre ich sie mal. Soll das heißen, Amy sei...oh, wie ist das wissenschaftliche Wort?"
Sheldon: „Vergiss die Wissenschaft! Sie ist läufig!"

Daten:
Drehbuch: Lee Aronsohn, Jim Reynolds, Maria Ferrari
Regie: Mark Cendrowski
Gastdarsteller: Brian Smith (XXXVI) (Zack)

Folge 4x11 „Der peinliche Kuss"
Originaltitel: The Justice League Recombination
Erstausstrahlung USA: 16.Dezember 2010
Erstausstrahlung DE: 11.Oktober 2011

Inhalt:
Als Penny Leonard die Post vorbeibringt, hat sie Zack im Schlepptau. Leonard ist ein wenig erstaunt darüber, dass Penny wieder mit ihm zusammen ist. Zack freut sich, die Jungs wiederzusehen, doch sie machen sich über ihn lustig. Penny ist sauer über das Verhalten und macht ihnen Vorwürfe. Leonard bekommt tatsächlich ein schlechtes Gewissen und schlägt vor, dass man sich gemeinsam bei ihm entschuldigt. Sheldon, Raj und Howard sind davon anfangs nicht begeistert, lenken schließlich aber ein. Sie laden Zack ein, mit ihnen zum Comicladen zu gehen. Dort findet zu Sylvester ein Kostümwettbewerb statt und Sheldon ist der Meinung, Zack wäre der perfekte Superman.

Charakterfacts:
- Zack steht auch auf Comichefte.
- Stuart hat durchschnittlich einen Stundenverdienst von nur 1,75 Dollar bei einer 70-Stunden-Woche.

Facts/Trivia:
- Bei der Kostümparty ist Stuart als Dr. Who aus der gleichnamigen TV-Serie verkleidet.
- Sheldon fragt Penny, in welchem Universum Wonder Woman blond sei. Tatsächlich spielte Cathy Lee Crosby in der wenig erfolgreichen Verfilmung von 1974 eine blonde Wonder Woman.

Nerdtalk:
Die Freunde suchen für einen Kostümwettbewerb einen Superman:
Leonard: „Zack?"
Howard: „Er ist der einzige Typ, den wir kennen, der richtige Muskeln hat."
Leonard: „Hey! Ihr könnt mich doch nicht einfach durch Zack ersetzen!"
Sheldon: „Wieso nicht? Penny hat das auch getan."

Leonard: „Ich weiß ja nicht. Vielleicht sollten wir uns bei ihm entschuldigen."
Howard: „Dann geh und entschuldige Dich!"

Leonard: „Warum ich?"
Howard: „Du hast angefangen. Wir haben nur nachgetreten."
Leonard: „Was soll ich denn sagen?"
Sheldon: „Zack, es tut mir leid, dass Du dumm bist."

Penny soll als Wonderwoman bei dem Wettbewerb mitmachen:
Howard: „Leonard, rede Du mit Penny."
Leonard: „Warum glaubst Du, dass ich sie überreden kann?"
Howard: „Du hast sie zum Sex mit Dir rumgekriegt. Offenbar ist Deine Superkraft die Gehirnwäsche."

Daten:
Drehbuch: Chuck Lorre, Lee Aronsohn, Maria Ferrari, Bill Prady, Steven Molaro
Regie: Mark Cendrowski
Gastdarsteller: Brian Smith (XXXVI) (Zack)

Folge 4x12 „Die Bus-Hose"

Originaltitel: The Bus Pants Utilization
Erstausstrahlung USA: 6.Januar 2011
Erstausstrahlung DE: 11.Oktober 2011

Inhalt:
Leonard hat eine Idee, die ihm und den anderen bei der täglichen Arbeit helfen könnte. Er hat vor, eine Smartphone App zu entwickeln, die Gleichungen per Kamera erfasst und anschließend berechnet. Howard, Raj und Sheldon sind sofort begeistert von der Idee und auch von der Aussicht, mit dem Verkauf der App vielleicht noch Geld zu verdienen. Sheldon will natürlich sofort das Ruder an sich reißen, und ernennt sich selber zum Projektleiter. Daraufhin wirft ihn Leonard aus dem Team. Frustriert darüber versucht er Howard und Raj auf seine Seite zu ziehen, doch die beiden sind auch genervt von ihm.

Charakterfacts:
- Sheldon hat eine eigene „Bus-Hose", die er aus Hygienegründen trägt, wenn er mal mit öffentlichen Verkehrsmitteln fahren muss.

Facts/Trivia:
- Als Leonard Penny von der App erzählen will, fängt Sheldon an, das Lied „Deep in the Heart of Texas" zu singen. Sheldon stammt aus Texas, weshalb er wohl gerade dieses Lied wählt.

Nerdtalk:

Leonard: „Ich hatte gerade eine Wahnsinnsidee. Wir müssen doch immer wieder unsere Arbeit unterbrechen, um Differenzialgleichungen zu lösen. Zum Beispiel bei der Fourier-Analysis oder der Anwendung der Schrödingergleichung."
Sheldon: „Nein, Howard nicht. Er ist ja nur ein Ingenieur."
Leonard: „Jedenfalls dachte ich an folgendes: Schreiben wir doch eine kleine App, die nicht nur Handschriften erkennt, sondern auch mathematische Gleichungen und Symbole. Dann könnt ihr mit dem Smartphone einfach ein Foto von der Gleichung machen und Boom!"
Raj: „Wisst ihr, was eine tolle App ist? Eine, die Furzgeräusche macht!"

Raj: „Wenn ich mehr verdienen würde, könnte ich mir öfter frei nehmen und mit Mädchen auf Unterwasserfahrt gehen."
Howard: „Was wird das? Ein bizarres Sex-Ding?"
Raj: „Nein! Du nimmst hübsche Mädchen mit in Dein Privat-U-Boot und zeigst ihnen Fische. Warum ist bei Dir immer alles unanständig?"

Penny: „Hey, Du brauchst Leonard und seine App nicht. Mach doch eine mit mir!"
Sheldon: „Mit Dir?"
Penny: „Ehrlich, ich habe eine tolle Idee für eine."
Sheldon: „Ist sie besser, als Deine Idee, nach Los Angeles zu ziehen, um eine berühmte Schauspielerin zu werden?"

Daten:

Drehbuch: Chuck Lorre, Steven Molaro, Maria Ferrari, Lee Aronsohn, Eric Kaplan
Regie: Mark Cendrowski
Gastdarsteller: ---

Folge 4x13 „Die neutrale Zone"

Originaltitel: The Love Car Displacement
Erstausstrahlung USA: 20.Januar 2011
Erstausstrahlung DE: 25.Oktober 2011

Inhalt:

Die vier Freunde sind auf eine Jahrestagung als Referenten eingeladen worden. Amy fragt Penny, ob sie nicht mitkommen möchte. Nachdem sie gehört hat, dass es dort auch einen Wellnessbereich gibt, sagt sie zu. Sheldon will bei so einer Reise natürlich nichts dem Zufall überlassen und übernimmt die präzise Planung. Am Ziel angekommen gibt es trotz Sheldons Planung ein großes Durcheinander darüber, wer nun mit wem auf einem Zimmer schläft. Außerdem trifft Bernadette noch ihren attraktiven Exfreund, was Howard auf die Palme bringt.

Charakterfacts:
- Amy sieht Penny als ihre beste Freundin an.

Facts/Trivia:
- In dieser Episode erfährt man zum ersten Mal Bernadettes Nachnamen: Rostenkowski.
- Als sich Sheldon den Zuhörern vorstellt, führt er sämtliche Titel auf, die er trägt: B.S. (Bachelor of Science), M.S. (Master of Science), M.A. (Master of Arts), Ph.D. (Doctor of Philosophy), Sc.D. (Doctor of Science).

Nerdtalk:
Amy: „Zu dumm. Ich wollte meine Verbindung zu Dir als beste Freundin vertiefen."
Penny: „Ich bin Deine beste Freundin?"
Amy: „Liest Du nicht meinen Blog?"
Penny: „Oh, mach Dir nichts draus. Leonards lese ich auch nicht, und wir haben miteinander geschlafen."

Amy: „Frauengespräch?"
Penny: „Ähm, okay. Und worüber?"
Amy: „Stimmst Du der Freudschen Theorie über den Penisneid zu?"
Penny: „Ähm, ich hab mir noch nie darüber Gedanken gemacht. Wieso?"
Amy: „Manchmal denke ich, es wäre schön, einen zu haben."
Penny: „Wirklich?"
Amy: „Nicht wegen Sex. Aus praktischen Gründen. Du kannst nicht leugnen, dass unsere inneren Rohrleitungen vergleichsweise extrem Wartungsintensiv sind."
Penny: „Und auch darüber habe ich noch nie nachgedacht."

Howard: „Darf ich Dich was fragen, Börni?"
Sheldon: „Wohl eher nicht."
Howard: „Wie würdest du Dich fühlen, wenn Du meine Exfreundin treffen würdest, und sie wäre so eine Art Angelina Jolie?"
Bernadette: „Ach, bitte Howard! Bleib mal realistisch!"
Howard: „Was? Bin ich nicht sexy genug für Angelina Jolie?"
Raj: „Wenn ich etwas dazu sagen darf: NEIN!"

Daten:
Drehbuch: Lee Aronsohn, Steven Molaro, Steve Holland
Regie: Mark Cendrowski
Gastdarsteller: Rick Fox (Glenn), Ed Lieberman (Announcer)

Folge 4x14 „Ein Traum von Bollywood"

Originaltitel: The Thespian Catalyst
Erstausstrahlung USA: 3.Februar 2011
Erstausstrahlung DE: 25.Oktober 2011

Inhalt:
Sheldon freut sich auf eine neue Aufgabe: Er soll als Dozent Studenten unterrichten. Als er nach Hause kommt, ist er sehr zufrieden mit seiner Vorlesung. Ganz anders sehen das die Studenten, die im Internet verbreiten, wie furchtbar langweilig der Unterricht war. Als seine Freunde ihm dies zeigen, versteht Sheldon die Welt nicht mehr. Amy schlägt ihm vor, Schauspielunterricht zu nehmen, um seinen Unterricht zu verbessern. Sheldon fragt Penny, ob sie ihm das Schauspielern beibringen kann. Raj ist wieder mal frustriert darüber, dass er keine Freundin findet. Nachdem Bernadette ihn versucht aufzumuntern, schwelgt er in verrückten Fantasien.

Charakterfacts:
- Sheldon versuchte im Alter von neun Jahren einmal einen Klimmzug zu machen – und scheiterte dabei.
- Sheldon deutet an, als Kind geschlagen worden zu sein.

Facts/Trivia:
- In einer Szene trägt Sheldon ein T-Shirt, auf dem die Zahl 73 aufgedruckt ist. Dies ist ein Verweis auf die 73. Episode 4x10 „Die animalische Amy".
- Penny hat anscheinend die Telefonnummer von Sheldons Mutter als Kurzwahl in ihrem Handy gespeichert.
- Howard sagt in einer Szene über einen Kommentar von Sheldon: „Soweit ich weiß, sagte Darth Vader genau das Gleiche, bevor er mit dem Bau des Todesterns anfing". Dies ist natürlich falsch, da der Bau im Film bereits begann, bevor es Darth Vader überhaupt gab.

Nerdtalk:
Sheldon: „Ist Dir klar, dass diese Vorlesung mein erster Fehlschlag war, seit meinem unglückseligen Versuch, einen Klimmzug zu machen, im Alter von neun?"
Amy: „Wenn Dich dieses demütigende Erlebnis so sehr quält, sollten wir etwas dagegen unternehmen."
Sheldon: „Zum Beispiel?"
Amy: „Das Erste, was mir einfällt, wäre den Abschnitt Deines Gehirns zu isolieren, indem die Erinnerung sitzt und dann mit einem Laser auszulöschen."
Sheldon: „Hm, nein. Eine minimale Abweichung reicht aus und auf einmal hocke ich bei den Ingenieuren und baue mit Wolowitz Kinkerlitzchen."

Sheldon: *„Ich hätte gerne Unterricht von Dir."*
Penny: *„Du willst eine Schauspielstunde?"*
Sheldon: *„Vielleicht auch zwei. Ich möchte das Handwerk perfekt beherrschen."*

Daten:
Drehbuch: Chuck Lorre, Steven Molaro, Bill Prady, Jim Reynolds,
Regie: Mark Cendrowski
Gastdarsteller: ---

Folge 4x15 „Der Mann der Stunde"

Originaltitel: The Benefactor Factor
Erstausstrahlung USA: 10.Februar 2011
Erstausstrahlung DE: 25.Oktober 2011

Inhalt:
Die Universität veranstaltet eine Spendenveranstaltung, um Forschungsgelder einzusammeln. Leonard, Howard und Raj freuen sich auf die Party, nur Sheldon hat überhaupt keine Lust. Doch Dr. Siebert, der Universitätspräsident, verlangt, dass auch Sheldon kommt. Auf der Feier lernen die Freunde auch Mrs. Latham, eine reiche Witwe, kennen. Die ist vor allem an Leonard interessiert und lädt ihn zu einem gemeinsamen Abendessen ein und stellt großzügige Spenden für seinen Fachbereich in Aussicht.

Charakterfacts:
- Amy erwähnt nebenbei, dass sie mit einem arabischen Prinzen verlobt ist.
- Nicht überraschend: Sheldon erklärt, dass er eine Keimphobie hat.

Facts/Trivia:
- Raj erzählt, dass seine Eltern sehr wohlhabend sind und viele Bedienstete für sie arbeiten. Howard wirkt darüber überrascht, dabei weiß er, dass Rajs Eltern reich sind.
- Penny erwähnt zwei Mal, dass sie und die anderen Freunde Sheldon eine Art Aufklärungsbuch geschenkt haben.

Nerdtalk:
Penny: *„Oh, Howard. Bernadette lässt Dich mit einem Rollkragen zu so einer wichtigen Veranstaltung?"*
Howard: *„Entschuldige! Meine Freundin sucht mir doch nicht Sachen aus. Meine Mutter macht das!"*

Präsident Siebert: *„Dr. Hofstadter repräsentiert unser Experimentalphysik-Programm. Er berichtet sicher gerne von seiner faszinierenden Arbeit."*

Mrs. Latham: *„Oh, gut! Faszinieren Sie mich!"*
Leonard: *„Öhhm…"*
Mrs. Latham: *„Sie sind so süß, wenn sie sich fast nass machen. Ich mache es Ihnen etwas leichter. Wenn Sie morgens ins Labor kommen, welche Maschine schalten Sie dann zuerst ein?"*
Leonard: *„Kaffeemaschine?"*

Leonard: *„Hast Du einen an der Waffel? Ich werde mich nicht prostituieren, nur damit wir neues Equipment bekommen."*
Sheldon: *„Ach, komm schon! Wieso nicht?"*
Leonard: *„Gute Nacht Sheldon!"*
Sheldon: *„Angesichts der vielen Zeit, die Du mit Selbstbefleckung verbringst, könntest Du wenigstens diese eine Mal in Betracht ziehen, Deine Genitalien dafür einzusetzen, tatsächlich etwas zu erreichen."*

Daten:
Drehbuch: David Goetsch, Steve Holland
Regie: Mark Cendrowski
Gastdarsteller: Jessica Walter (Mrs. Latham), Joshua Malina (President Siebert)

Folge 4x16 „Ich bin nicht deine Mutter!"

Originaltitel: The Cohabitation Formulation
Erstausstrahlung USA: 17.Februar 2011
Erstausstrahlung DE: 1.November 2011

Inhalt:
Leonard ist ganz aufgeregt, weil Rajs Schwester Priya wieder in der Stadt ist. Er will sie unbedingt treffen, doch Raj will auf keinen Fall, dass er etwas mit ihr anfängt. Bernadette ist sauer auf Howard, da er nach dem Sex immer gleich wieder verschwindet. Er begründet dies damit, seiner Mutter morgens helfen zu müssen. Bernadette ist mit diesem Zustand unzufrieden. Sie stellt Howard vor die Wahl: entweder sie oder seine Mutter. Tatsächlich steht Howard am nächsten Tag vollbepackt vor ihrer Tür. Die anfängliche Freude darüber endlich zusammenzuwohnen, weicht schnell, als Bernadette erkennt, dass Howard in ihr eine Art Mutterersatz sieht.

Charakterfacts:
- Howard und seine Mutter sind sich einig, dass alle CSI-Serien ihre eigenen Vorzüge haben.
- Penny hat anscheinend einen ausgeprägten Geruchssinn. Zumindest wenn es darum geht, welches Essen es bei ihren Nachbarn gibt.

Facts/Trivia:
- Zum ersten Mal überhaupt sieht man Sheldon eine Jeans Hose tragen.
- Leonards Schwester ist zum Zeitpunkt dieser Episode 38 Jahre alt und verheiratet.
- Dies ist die vierte Episode, die mit einer Rückblende beginnt.

Nerdtalk:
Penny: „Oh, hier kommt der Pizzaduft her."
Sheldon: „Das ist bemerkenswert! Wenn Mozzarella ein Explosivstoff wäre, wärst Du ein guter Ersatz für die Sprengstoffspürhunde am Flughafen."

Priya: „Also, Penny, Leonard sagt, Du bist Schauspielerin. Das ist doch bestimmt aufregend."
Penny: „Oh, ja, ja! Es ist toll. Heute hatte ich ein Casting und ich dachte, es wäre für eine Katzenfutter-Werbung. Doch es war ein Porno."
Sheldon: „Hast Du die Rolle bekommen?"
Penny: „Ich habe auf das Casting verzichtet!"
Sheldon: „Kannst Du beim Stand Deiner Karriere wirklich wählerisch sein?"

Sheldon: „Nur keine Sorge! Als Dein tertiärer Freund bin ich bereit einzuspringen, um Trost zu spenden."
Howard: „Das ist eigentlich nicht notwendig."
Sheldon: „Doch, doch! Ich bereite den Tee zu, während Du ausführlich und narzisstisch über Dein Problem monologisierst."
Howard: „Danke sehr!"
Sheldon: „Dafür sind tertiäre Freunde doch da!"

Daten:
Drehbuch: Bill Prady, Steven Molaro, Jim Reynolds
Regie: Mark Cendrowski
Gastdarsteller: Aarti Mann (Priya Koothrappali)

Folge 4x17 „Das Juwel von Mumbai"

Originaltitel: The Toast Derivation
Erstausstrahlung USA: 24.Februar 2011
Erstausstrahlung DE: 1.November 2011

Inhalt:
Da Leonard und Priya nun ein Paar sind und sie bei Raj wohnt, treffen sich die Freunde jetzt öfter bei ihm in der Wohnung. Sheldon kommt mit dieser Situation überhaupt nicht klar und weigert sich auch, mit zu Raj zu gehen. Amy macht ihm klar, dass Leonard schon immer die treibende Kraft innerhalb dieser Freundesgruppe war. Da Sheldon dies nicht akzeptieren will, beschließt er, sich einfach einen neuen Freundeskreis zu suchen. Er lädt Stuart, Zack und Kripke zu sich ein. Unterdessen scheinen Howard, Raj, Leonard ohne Sheldon viel Spaß zu haben, bis sie feststellen, dass es ohne ihn doch nicht das Gleiche ist.

Charakterfacts:
- Stuart wohnt aus Geldmangel in seinem Comicladen.
- Amy besitzt eine elektrische Zahnbürste, die sie „Gerard" nennt und gelegentlich zweckentfremdet.

Facts/Trivia:
- In dieser Episode taucht die konservierte Schneeflocke wieder auf, die Leonard Penny in Episode *3x01 Der Nordpol Plan* schenkte.
- Am Ende der Episode hat Levar Burton einen kurzen Gastauftritt. Burton wurde vor allem durch seine Rolle des Geordi La Forge in der TV-Serie Raumschiff Enterprise: Das nächste Jahrhundert bekannt.

Nerdtalk:
Raj hat seine Freunde zu sich eingeladen:
<u>Sheldon:</u> *„Ach herrje!"*
<u>Leonard:</u> *„Was?"*
<u>Sheldon:</u> *„Rajs Fernseher! Mir wird gerade klar, dass wird den Abend lang auf einen Plasmabildschirm mit einem Cluster toter Pixel in der linken oberen Ecke starren werden."*
<u>Leonard:</u> *„Du musst ja nicht Fernsehen. Lies ein Buch!"*
<u>Sheldon:</u> *„Und damit zum Außenseiter werden? Nein, das ist nicht mein Stil."*

<u>Penny:</u> *„Zum ersten Mal in meinem Leben habe ich keine Beziehung und kann gut damit leben."*
<u>Amy:</u> *„Wenn es für Dich neu ist, auf sich allein gestellt zu sein, wüsste ich ein paar spannungslösende Techniken für Frauen, die ich über die Jahre perfektioniert habe. Nur ein Beispiel: Hast Du eine elektrische Zahnbüste?"*

Penny: „Äh, nein."
Amy: „Dann kauf Dir eine!"

Leonard: „Ich weiß nicht, wie ich es Dir sagen soll, Sheldon, aber ich esse mit Priya und die anderen sind auch da. Kommst Du oder nicht?"
Sheldon: „Natürlich nicht! Und, weißt Du wieso? Kurz gesagt: Tradition! Seit acht Jahren versammeln sich hier jeden Donnerstag Du und ich und unsere Freunde. Zu dieser Stunde an diesem besonderem Ort und brechen das Brot belegt mit Käse und Sauce. Besprechen die Probleme des Tages und ja: mancher lacht fröhlich. Aber ich fürchte, unser reichhaltiges Erbe bedeutet Dir nichts."
Leonard: „Da hast Du wohl recht. Bis dann."

Daten:
Drehbuch: David Goetsch, Jim Reynolds
Regie: Mark Cendrowski
Gastdarsteller: LeVar Burton, Brian Smith (Zack), Aarti Mann (Priya Koothrappali), John Ross Bowie (Barry Kripke)

Folge 4x18 „Herz zwei"
Originaltitel: The Prestidigitation Approximation
Erstausstrahlung USA: 10.März 2011
Erstausstrahlung DE: 1.November 2011

Inhalt:
Howard zeigt Raj und Sheldon einen neuen Zaubertrick, woraufhin Sheldon unbedingt herausfinden will, wie dieser funktioniert. Dafür ist ihm jedes Mittel recht. Leonard und Priya vertiefen ihre Beziehung und sie sagt ihm, dass sie möglicherweise sogar in seine Stadt ziehen will. Allerdings fängt Priya auch an, Leonard verändern zu wollen. Sie verlangt, er solle Kontaktlinsen anstatt der Brille tragen, kleidet ihn neu ein und möchte, dass er keinen Kontakt mehr zu Penny hat. Leonard weiß nicht, wie er Penny das sagen soll.

Charakterfacts:
- Leonard trug als Kind Kontaktlinsen, die er aber nicht verträgt. Seitdem trägt er die Brille.
- Rajs Geburtstag ist der 6. Oktober.

Facts/Trivia:
- Zum ersten Mal sieht man das indische Restaurant „Tandoori Palace", das in vielen vorherigen Episoden immer nur erwähnt wurde.
- Sheldon sagt in einer Szene, er habe ein fotografisches Gedächtnis. Sonst hat er es immer ein eidetisches Gedächtnis genannt.

Nerdtalk:

Leonard: „Was wird das?"

Sheldon: „Ich versuche, Wolowitz Kartentrick nachzuvollziehen."

Leonard: „Dafür brauchst Du Infrarot-Kameras?"

Sheldon: „Ja, ich messe den Wert der Restwärme auf den Spielkarten, um zu ermitteln, welche angefasst wurde. Übrigens: Falls Du Kinder haben willst, empfehle ich den Wechsel von Sportslips zu Boxershorts. Deine Hoden sind nämlich zu warm."

Priya möchte, dass Leonard keinen Kontakt mehr zu Penny hat:

Penny: „Ich verspreche, ich halte von jetzt an Abstand zu Dir."

Leonard: „Nein, warte! Nicht so schnell, von welcher Art Abstand sprechen wir hier? Immerhin sind wir direkte Nachbarn. Ich kann die Toilettenspülung aus Deinem Badezimmer hören."

Penny: „Du kannst meine Toilettenspülung hören?"

Leonard: „Ich höre nicht extra hin aber... Wenigstens ist mit Deinen Abflüssen alles in Ordnung. Mit den Abflussrohren im Bad!"

Sheldon verzweifelt an Howards Zaubertrick:

Sheldon: „Schon klar, diese Karten sind manipuliert!"

Howard: „Dann hol andere und ich mach den Trick damit."

Sheldon: „Also, Du meinst, diese Karten sind in Ordnung?"

Howard: „Ich meine: Glaub an Magie Du Muggle!"

Daten:

Drehbuch: Chuck Lorre, Steven Molaro, Eric Kaplan
Regie: Mark Cendrowski
Gastdarsteller: Julie Michaels (Professor), Aarti Mann (Priya Koothrappali)

Folge 4x19 „Der Zarnecki-Feldzug"

Originaltitel: The Zarnecki Incursion
Erstausstrahlung USA: 31.März 2011
Erstausstrahlung DE: 7.Februar 2012

Inhalt:
Als Leonard nach Hause kommt, herrscht große Aufregung in der Wohnung – Sheldon wurde bestohlen und ein Polizist nimmt gerade seine Aussage auf. Leonard glaubt zuerst, es wurde in der Wohnung eingebrochen, doch dann stellt sich heraus, dass lediglich Sheldons „World of Warcraft" Account gehackt wurde. Sheldon will alles daran setzen, den Täter ausfindig zu machen, um ihn zur Rede zu stellen. Howard, Raj und Leonard wollen ihm dabei helfen. Priya findet die ganze Sache albern und zeigt kein Verständnis dafür, dass Leonard keine Zeit für sie hat und lieber seinem Freund helfen will.

Charakterfacts:
- Raj mag die Musik von Beyoncé (und ihre Kurven).

Facts/Trivia:
- In „World of Warcraft" ist es tatsächlich nicht möglich, Reittiere zu stehlen oder zu verkaufen. Diese sind fest an das Benutzerkonto gebunden.
- In seinem Rachedurst zitiert Sheldon eine Zeile aus dem Shakespeare Stück „Julius Caesar".

Nerdtalk:
Sheldon: „Dieser Akt der Aggression muss mit schonungsloser Gewalt beantwortet werden! Es ist Zeit, Mord zu rufen und des Krieges Hunde zu entfesseln!"
Leonard (greift zum Handy): „Mach ich schon. Hi Mrs. Wolowitz, ist Howard da? Okay, danke. Dieser bissige Hund des Krieges muss erst baden und ruft dann zurück."
Sheldon: „Frag, ob Raj mit Pilates fertig ist."

Penny: „Hey!"
Leonard: „Hey, Penny, wir stecken gerade mitten in einer blöden Krise."
Penny: „Ich weiß. Bernadette hat es mir gesagt. Echt schade, Sheldon. Ich weiß, das Spiel bedeutet Dir eine Menge."
Sheldon: „Das...das Spiel? Entschuldige mal Penny, aber Doodle Jump ist ein Spiel. Angry Birds ist ein Spiel. World of Warcraft ist ein massentaugliches Multiplayer-Onlinerollensp... Gut, streng gesehen ist es ein Spiel!"

Penny: „Wusstet ihr, dass Priya letztes Wochenende mit Leonard Rollschuhlaufen am Strand war? Was sagt man dazu?

Bernadette: „*Ich habe das Gefühl, ich müsste dazu sagen: diese Schlampe! Aber ich habe dazu zu wenig Informationen.*"

Penny: „*Ich habe nämlich zwei Jahre lange versucht, ihn (Leonard) an den Strand zu bekommen. Er hatte so panische Angst davor, auf Seeigel zu treten, dass ich ihn zum Wasser tragen musste.*"

Bernadette: „*Ich war neulich mit Howard am Strand. Er ist beinahe in Flammen aufgegangen wie ein Vampir!*"

Daten:
Drehbuch: Bill Prady, Dave Goetsch, Jim Reynolds
Regie: Mark Cendrowski
Gastdarsteller: Christopher Douglas Reed (Todd Zarnecki), Lanny Joon (Officer Shin), Aarti Mann (Priya Koothrappali)

Folge 4x20 „Sag's nicht weiter!"
Originaltitel: The Herb Garden Germination
Erstausstrahlung USA: 7.April 2011
Erstausstrahlung DE: 14.Februar 2012

Inhalt:
Amy und Sheldon besuchen eine wissenschaftliche Lesung. Dabei erzählt sie ihm, dass Bernadette sich von Howard trennen möchte. Als Sheldon dies Leonard erzählt, verbreitet sich das Gerücht schnell weiter. Amy und Sheldon sind fasziniert davon, wie schnell sich Klatsch und Tratsch verbreiten. Deshalb starten sie ein Experiment und verbreiten Gerüchte über sich selbst mit der Bitte, diese nicht weiter zu erzählen. Raj ist insgeheim froh zu hören, dass sich Bernadette von Howard trennen möchte, denn er ist verknallt in sie. Zu allem Überfluss sagt Howard seinen Freunden, dass er Bernadette einen Heiratsantrag machen möchte.

Charakterfacts:
- Raj findet Bernadette attraktiv und ist sogar ein wenig in sie verliebt. Howard weiß davon aber nichts.

Facts/Trivia:
- Bernadettes mittlerer Name lautet Maryann.
- In Leonard und Sheldons Badezimmer gibt es zwei Klebebandmarkierungen auf dem Boden. Eine zeigt den Mindestabstand zum Spiegel bei der Mundhygiene, die andere den Abstand beim Urinieren (nur für Männer).
- In dieser Episode hat der US-amerikanische Physiker Brian Greene einen Gastauftritt. Er spielt sich selber.

Nerdtalk
Amy: „Habe ich Dir schon gesagt, dass ich im Labor Suchtverhalten untersuche?"
Sheldon: „Nein!"
Amy: „Faszinierende Arbeit. Ich konnte einen Kapuzineraffen dazu dressieren, Zigaretten zu rauchen."
Sheldon: „Und hast Du daraus etwas lernen können?"
Amy: „Ja. Er sieht viel cooler aus, als die Affen, die nicht rauchen. Obwohl sich das kaum vergleichen lässt. Die anderen sitzen nur herum und masturbieren."

Penny: „Okay, folgendes: Bloß weil Howard und Bernadette Probleme haben, musst Du Dich nicht gleich an sie ranmachen!"
Raj: „Was soll ich tun, ich denke nur noch an Bernadette."
Penny: „Na, schön. Versuch an das zu denken: Sheldon und Amy hatten Sex!"
Raj: „Scheiß die Wand an!"

Sheldon: „Ich habe gerade über Dr. Greenes Bemühungen nachgedacht, die Wissenschaft den Massen verständlich zu machen."
Leonard: „Ja? Und was ist damit?"
Sheldon: „Nichts. Ich habe nur darüber nachgedacht. Jetzt denke ich über fraktale Gleichungen nach. Jetzt über die Herkunft des Wortes Charakterzug. Jetzt wiederum über Züge."

Daten:
Drehbuch: Bill Prady, Steven Molaro, Steve Holland
Regie: Mark Cendrowski
Gastdarsteller: Brian Greene (I) (Himself),

Folge 4x21 „Souvlaki statt Pizza"
Originaltitel: The Agreement Dissection
Erstausstrahlung USA: 28.April 2011
Erstausstrahlung DE: 21.Februar 2012

Inhalt:
Sheldon muss dringend auf die Toilette, doch Leonard ist gerade unter der Dusche – wie sich rausstellt nicht allein. Sheldon ist sauer, dass Leonard zusammen mit Priya das Badezimmer benutzt. Für ihn ein eindeutiger Verstoß gegen die Mitbewohnervereinbarung. Als er den beiden deswegen einen Vortrag hält, wird es Priya zu viel. Sie sieht sich das von Sheldon aufgesetzte Dokument genauer an. Als Anwältin findet sie auch gleich einige ungültige Regeln. Als Howard, Raj und Leonard am Pizza Tag auch noch Essen von einem griechischen

Restaurant mitbringen und er nichts dagegen tun kann, wird es ihm zu viel. Er schließt sich lieber Penny, Amy und Bernadette an, die einen trinken gehen wollen.

Charakterfacts:
- Sheldon ist Ehrenabsolvent der Sternenflotten Akademie.
- Sheldon musste in seiner Kindheit am Tanzunterricht teilnehmen.

Facts/Trivia:
- Sheldon erzählt, dass er als Kind Tanzunterricht bekam, doch in der *Episode 3x03 Sex oder Pralinen* sagt er zu Penny, dass er nicht tanzen kann.
- Als Sheldon aufzählt, welche Frauen er in seinem Leben geküsst hat, vergisst er den Kuss mit Leonards Mutter in der Episode *3x11 Mädels an der Bar*.
- In der vorherigen Episode erzählte Amy von dem rauchenden Kapuzineraffen. In dieser Episode taucht dieser in ihrer Wohnung auf.
- Der Code, den Sheldon benutzt, um den Selbstzerstörungsmodus zu aktivieren, lautet 1-1A-2B. Dies ist der gleiche Code, den *Scotty* in „*Star Trek III: Auf der Suche nach Mr. Spock*" benutzt.

Nerdtalk:
Sheldon: „Leonard, bist Du unter der Dusche?"
Leonard: „Ich kann Dich nicht hören, ich bin unter der Dusche!"
Sheldon: „Ich hatte gefragt, ob Du unter der Dusche bist, aber das hat sich erübrigt."
Leonard: „Was?"
Sheldon: „Er-üb-rigt! Unwichtig geworden durch jüngste Erkenntnis."
Leonard: „Ich habe Dich nicht verstanden. Ich bin unter der Dusche!"

Amy: „Was würde Ricky wohl tun, wenn ein Eindringling sein Territorium verletzen würde?"
Sheldon: „Naja, wenn sie herausgefordert werden, machen Affen ihre Dominanz geltend durch Verfolgungen, Angriffe und die stilisierte Zuschaustellung ihres Penis. Etwas außerhalb meiner Wohlfühlzone."

Daten:
Drehbuch: Chuck Lorre, Steven Molaro, Eric Kaplan
Regie: Mark Cendrowski
Gastdarsteller: Arnold Chun (Ho-Jun), Jeff Blum (Waiter), Tom Yi (Dispatcher)

Folge 4x22 „Die Antilope im Curry"
Originaltitel: The Wildebeest Implementation
Erstausstrahlung USA: 5.Mai 2011
Erstausstrahlung DE: 28.Februar 2012

Inhalt:
Leonard und Priya laden Bernadette und Howard zu einem Pärchenabend ein. Als Penny und Amy davon erfahren, überreden sie Bernadette dazu, Priya auszuhorchen. Falls sie interessante Neuigkeiten erfährt, soll sie die beiden per SMS informieren. Tatsächlich lästert Priya angeblich über Pennys Versuche, sich eine Schauspielkarriere aufzubauen. Daraufhin weist Penny sie an zu erzählen, sie würde bald einen Film mit Angelina Jolie drehen. Schon bald fühlt sich Bernadette mit der Situation überfordert.

Charakterfacts:
Bernadette besuchte eine katholische Mädchenschule.

Facts/Trivia:
- Howard wundert sich darüber, wie Penny einen Astronauten kennenlernen konnte. Bernadette ist darüber verärgert und meint, dass es dazu doch viele Gelegenheiten gäbe. In Staffel 5 wird Howard selber Astronaut.

Nerdtalk:
Amy (auf der Damentoilette): „Ich muss schon sagen Penny, dass macht mir Riesenspaß."
Penny: „Ich freu mich, dass Du Dich so amüsierst."
Amy: „Bevor ich Dich und Bernadette kennenlernte, war ich bei meinen Toilettengängen einzig auf meine Ausscheidungen konzentriert."

Priya: „Na, Du!"
Leonard: „Hi! Hey Raj, wirst Du auch mit uns essen?"
Raj: „Der einsame Kerl zwischen Paaren? Lieber soll mir ein Leprakranker die Prostata untersuchen, dem danach ein Finger fehlt."

Amy: „Alles klar beste Freundin?"
Penny (auf der Toilette): „Geht super!"
Amy: „Ich frage deswegen, weil viele Menschen eine schüchterne Blase haben und in Gegenwart anderer können sie nicht..."
Penny: „Alles bestens, hör auf zu reden!"
Amy: „Ist sie immer so übel drauf, wenn sie uriniert?"
Bernadette: „So nah stehen wir uns auch wieder nicht."

Daten:
Drehbuch: Bill Prady, Eddie Gorodetsky, Maria Ferrari
Regie: Mark Cendrowski
Gastdarsteller: Whitney Avalon (Elsie), Tiffany DuPont (Angela)

Folge 4x23 „Hochzeit und Herzinfarkt"
Originaltitel: The Engagement Reaction
Erstausstrahlung USA: 12.Mai 2011
Erstausstrahlung DE: 6.März 2012

Inhalt:
Howard und Bernadette schmieden Hochzeitspläne, nur gibt es da noch ein kleines Problem: Howards Mutter hat Bernadette bisher noch gar nicht kennengelernt, geschweige denn von der Verlobung der beiden erfahren. Bernadette verabredet sich mit ihr und die beiden verstehen sich ganz gut. Als Howard seiner Mutter jedoch später erzählt, dass er Bernadette heiraten will, bricht sie auf der Toilette zusammen. Leonard, Raj, Penny und Sheldon fahren ins Krankenhaus, um ihrem Freund beizustehen. Penny und Priya haben Gelegenheit, sich einmal richtig zu unterhalten und verstehen sich sogar recht gut.

Charakterfacts:
- Keine Überraschung: Sheldon hat eine starke Abneigung gegenüber Krankenhäusern.

Facts/Trivia:
- Sheldon erklärt, er habe Angst vor Krankenhäusern, da er sich vor Keimen fürchtet. Außerdem sei seine Tante Ruth im Krankenhaus gestorben. In der Folge 2x10: Kleines Gefäß mit Honig hatte er noch kein Problem damit, ein Krankenhaus zu betreten, um Dr. Stephanie Barnett zu treffen. In Staffel 3 musste Sheldon Penny ins Krankenhaus fahren, nachdem sie sich den Arm gebrochen hatte.

Nerdtalk:
Leonard: „Ahh, das ist mein Wasser!"
Sheldon: „Was?"
Leonard: „Mein Wasser! Du trinkst es."
Sheldon: „Großer Gott! Hast Du schon davon getrunken?"
Leonard: „Ja. Es ist mein Wasser!"
Sheldon: „Tja, das war es dann. Ich bin tot."

Leonard: „Was hat Deine Mutter dazu gesagt, dass Du heiraten willst?"
Bernadette: „Er hat es ihr noch nicht gesagt und wartet auf den richtigen Moment."
Howard: „Ja, ich dachte, ich flechte es in die Grabrede ein."

Howard: „Seid mein Dad uns verlassen hat, bin ich sozusagen das Ein und Alles für meine Mutter. Glaub mir, sie würde sich von jeder Frau bedroht fühlen, die mir das gibt, was ihr versagt ist."
Bernadette: „Du meinst Geschlechtsverkehr?"
Howard: „Wenn Du es so sagst, klingt es ein wenig unheimlich."
Priya: „Was ist passiert?"
Bernadette: „Howards Mutter hatte einen Herzinfarkt, weil ich mit ihm schlafe und sie das nicht tun kann!"

Daten:
Drehbuch: ?
Regie: Mark Cendrowski
Gastdarsteller: Sharon Omi (Nurse in Biohazard Suit), Phil Abrams (Dr. Bernstein),

Folge 4x24 „Männertausch"
Originaltitel: The Roommate Transmogrification
Erstausstrahlung USA: 19.Mai 2011
Erstausstrahlung DE: 13.März 2012

Inhalt:
Raj ist von seiner Schwester und Leonard genervt, da er ständig deren lautstarkes Liebesspiel anhören muss. Leonard hat die Idee, dass man einfach die Wohnungen tauscht. Also zieht Raj kurzerhand bei Sheldon ein. Natürlich stellt Sheldon zuvor umfangreiche Bedingungen und lässt Raj zahlreiche, vertragliche Vereinbarungen unterschreiben. Bernadette erhält endlich ihren Doktortitel und obendrein noch einen sehr gut bezahlten Job bei einem Pharmakonzern. Howard fühlt sich dadurch minderwertig, es kommt zum Streit.

Charakterfacts:
Leonard hat eine ausgefallene Sexfantasie, die Priya ihm erfüllt, indem sie ein Kostüm von Lieutenant Uhura, einem Charakter aus dem Star Trek Universum, trägt.

Facts/Trivia:
- In Leonard und Sheldons Wohnung sind unsichtbare Notfallmarkierungen auf den Boden gemalt, die den Weg zu den Ausgängen zeigen und nur bei Dunkelheit zu sehen sind. In anderen Episoden sah man diese Markierungen bei Dunkelheit allerdings nicht.
- Die Rolex-Uhr, die Bernadette Howard schenkt, ist eine Rolex President's, die circa 23.000€ kostet.

Nerdtalk:
Leonard: „Priya kommt nicht mit Sheldon klar."
Raj: „Sheldon kommt nicht mit Sheldon klar! Ich will mir aber nicht jede Nacht anhören, wie Du Deine Photonentorpedos schussbereit machst."

Penny wundert sich darüber, dass Raj bei Sheldon in der Wohnung schläft:
Penny: „Neuer Mitbewohner? Was ist mit Leonard passiert?"
Sheldon: „Dasselbe wie mit dem Homoerectus. Er wurde von einer höheren Spezies abgelöst."
Raj: „Ich bin der neue Homo des Hauses! Das kam jetzt falsch."

Sheldon (zu Raj): „Übrigens, zu Deinen weiteren Pflichten als Mitbewohner auf Zeit gehört es auch, mich zur Arbeit zu fahren, auch zum Comicbuchladen, zum Friseur und zum Park. An jedem zweiten Sonntag für einen Spaziergang an frischer Luft."
Leonard: „Nimm einen Ball oder eine Frisbee mit, damit er etwas zum jagen hat."

Daten:
Drehbuch: Eddie GorodetskyiJim Reynolds
Regie: Mark Cendrowski
Gastdarsteller: --

Staffel 5 (2011-2012)

Folge 5x01 „Der Schlampenreflex"
Originaltitel: The Skank Reflex Analysis
Erstausstrahlung USA: 22.September 2011
Erstausstrahlung DE: 13.März 2012

Inhalt:
Dass Penny und Raj offenbar eine Nacht zusammen verbracht haben, sorgt für einigen Wirbel. Raj macht sich ernste Hoffnungen auf eine Beziehung. Leonard kommt damit überhaupt nicht klar, zumal ihm der Schock, dass Priya zurück nach Indien will, noch in den Knochen sitzt. Howard ist sauer, als er erfährt, dass Raj vor kurzem auch Interesse an Bernadette zeigte und ein Gedicht für sie verfasst hat. Penny schämt sich wegen des Vorfalls vor ihren Freunden und überlegt sogar, zurück nach Nebraska zu ziehen, da auch ihre Schauspielkarriere nicht vorankommt. Dann stellt sich heraus, dass die Nacht zwischen Raj und Penny doch anders verlaufen ist, als zunächst angenommen.

Charakterfacts:
Amy hat eine eigene Geheimsprache, die sie selber „Op" getauft hat.

Facts/Trivia:
- Kunal Nayyar twitterte während der Erstausstrahlung dieser Episode, dass die Paintballszenen auf dem Außenbereich der Warner Bros Studios gedreht wurden. Er verriet, dass die Farbkugeltreffer auf Sheldons Kleidung in der Postproduktion digital eingefügt worden sind.
- Dies ist die dritte Episode, die mit einer Rückblende beginnt.
- Die Szene, in der Sheldon von Farbkugeln getroffen wird und sich auf die Knie fallen lässt, ist eine Hommage an den Kriegsfilmklassiker „Platoon".

Nerdtalk:
Die Freunde sind geschockt darüber, dass Penny und Raj offenbar die Nacht zusammen verbracht haben:
Leonard (zu Raj): „Was stimmt eigentlich nicht mit Dir?"
Howard: „Ja, wie konntest Du das tun?"
Raj: „Was geht das Dich an?"
Howard: „Er hat nun mal recht!"
Raj: „Ja, klar! Du bist nur eifersüchtig, dass ich bei Penny Nummer zwei bin, nach Leonard."
Howard: „Wenn ich nicht schon längst mir Bernadette verlobt wäre, wäre ich es bestimmt gewesen!"

Leonard: „Bitte! Sheldon wäre noch vor Dir dran gewesen und der hat vermutlich nicht einmal Genitalien!"

Sheldon (eine Minute später): „Damit das klar ist: Ich habe Genitalien! Sie sind funktionstüchtig und ästhetisch ansprechend."

Leonard: „Ich will nicht wieder mit Penny zusammenkommen. Das haben wir versucht, das war verrückt, es hat nicht funktioniert. Aber ich komme nicht damit klar, dass sie mit meinem Freund Raj geschlafen hat. Und dann erfahre ich, dass seine Schwester Priya, mit der ich seit acht Monaten zusammen bin, ganz plötzlich wieder nach Indien zieht. Und jetzt bin ich ganz durcheinander und fühle mich allein."

Leonards Mutter: „Ich verstehe."

Leonard: „Hast Du auch einen Rat?"

Leonards Mutter: Ja. Immer locker bleiben!"

Leonard: „Entschuldige mal! Du bist eine weltberühmte Expertin für Kindererziehung und kindliche Entwicklung und alles was Du hast ist: Immer locker bleiben?"

Leonards Mutter: „Entschuldige! Immer locker bleiben, Weichei!"

Daten:
Drehbuch: Chuck Lorre, Bill Prady, Steven Molaro
Regie: Mark Cendrowski
Gastdarsteller: Stacey Travis (Sandy), Christine Baranski (Beverly Hofstadter)

Folge 5x02 „Der Seuchensessel"

Originaltitel: The Infestation Hypothesis
Erstausstrahlung USA: 22.September 2011
Erstausstrahlung DE: 20.März 2012

Inhalt:
Leonard leidet darunter, dass Priya wieder in Indien ist. Trotzdem versuchen die beiden mittels Internetchat ihre Beziehung aufrechtzuerhalten. Als sich Leonard und Priya zu einem romantischen Online-Date verabreden, reagiert Sheldon genervt. Da Leonard auf Privatsphäre besteht, muss Sheldon, der der Fernbeziehung keine großen Chancen einräumt, kurzerhand zu Penny, um dort den Abend zu verbringen. Sheldon ist begeistert von Pennys neuem Sessel, den er sehr bequem findet. Als sie ihm aber erzählt, dass sie den Sessel auf der Straße gefunden hat, bricht bei Sheldon die große Panik aus. Er fürchtet, sich etwas eingefangen zu haben. Unterdessen rät Howard Leonard dazu, Priya vorzuschlagen, es einmal mit virtuellem Sex per Internet zu versuchen.

Charakterfacts:
Amy kann auf einer Harfe spielen.

Facts/Trivia:
- Als Howard und Raj die Kussmaschine testen, sagt Howard, dass Raj ihm in die Lippe gebissen hätte. Die Maschine besitzt nur Lippen und Zunge, aber keine Zähne.

Nerdtalk:
Sheldon: „Danke, dass ich hier sein darf, so lange Leonard mit seiner Freundin skypt."
Penny: „Oh, kein Problem. Ich finde es sogar ganz nett. Du liest ebenso wie ich. Wie ein altes Ehepaar."
Sheldon: „Wären wir wirklich wie ein altes Ehepaar, würde die Ehefrau Eistee und Kekse servieren!"
Penny: „Ich habe weder Eistee noch Kekse da."
Sheldon: „Eine gute Ehefrau würde einkaufen gehen."
Penny: „Ich will die Scheidung."
Sheldon: „Gut! Ach, und wenn Du zum Anwalt gehst, bring´ doch Tee und Kekse mit."

Sheldon: „Du musst den Sessel aus dem Gebäude schaffen! Er ist ein Gesundheitsrisiko."
Penny: „Okay, krieg Dich ein! Ich habe die Bezüge abgenommen, chemisch reinigen lassen und die Kissen ausgeräuchert."
Sheldon: „Wirklich?"
Penny: „Ja. Er ist sauberer, als meine Couch. In der war ein halber Hotdog."

Sheldon: „Ich muss ehrlich sagen, mir gefällt Dein neuer Sessel."
Penny: „Ja, der ist echt klasse, was?"
Sheldon: „Allerdings. Passt sich dem Lendenbereich an, gibt dem Steißbein halt, balanciert den Po aus. Das ist ein Sessel, der den Namen verdient."
Penny: „Welchen Namen?"
Sheldon: „Sessel!"

Daten:
Drehbuch: Bill Prady, Steven Molaro, Maria Ferrari
Regie: Mark Cendrowski
Gastdarsteller: --

Folge 5x03 „Probewohnen bei Muttern"

Originaltitel: The Pulled Groin Extrapolation
Erstausstrahlung USA: 29.September 2011
Erstausstrahlung DE: 27.März 2012

Inhalt:
Howard und Bernadette wollen ins Kino gehen und Raj drängt sich den beiden auf. Sheldon will unbedingt in einen Modelleisenbahnladen, Amy hat aber keine Lust darauf und bleibt in der Wohnung. Leonard ist es unangenehm, mit Amy allein zu sein, außerdem muss er auch noch arbeiten. Er lässt sich sogar dazu überreden, sie zu einer Hochzeitsfeier zu begleiten, auf die Sheldon keine Lust hat. Der Abend wird wider Erwarten recht unterhaltsam, woraufhin sich Amy einbildet, Leonard habe sich in sie verliebt. Währenddessen erklärt Howard Bernadette, dass er auch nach der Hochzeit im Haus mit seiner Mutter wohnen möchte. Bernadette lässt sich widerwillig auf ein Probewochenende ein.

Charakterfacts:
- Amy hat einen drogenabhängigen Cousin.
- Howards Mutter schneidet ihm das Fleisch klein. Aber nur, wenn es zu fettig ist.

Facts/Trivia:
- Sheldon gibt seinen Freunden ein Rätsel auf: ein Wort mit vier Buchstaben, das entweder eine Schriftart in der Typografie oder den Zwang, Dreck zu essen, bezeichnet. Die Lösung lautet: Pica.
- In dieser Episode wird zum ersten Mal angedeutet, dass Sheldon eifersüchtig sein kann. Als er hört, dass Leonard einen schönen Abend mit Amy verbracht hat, verpasst er ihm einen Judo-Schlag auf die Schulter und betont, dass Amy seine Freundin sei.

Nerdtalk:
Amy verbringt ihre Zeit bei Leonard:
Amy: „Soll ich jetzt gehen? Man sagt oft, ich überstrapaziere meine Gastgeber."
Leonard: „Was? Wer sagt denn so was?"
Amy: „Naja. Vor ein paar Tagen mein Gynäkologe."

Howard: „Fertig für das Bett?"
Bernadette: „Nein, ich will mir die Zähne putzen, aber Deine Mutter belegt das Bad seit einer Stunde!"
Howard: „Oh, ja. Sie hat manchmal Probleme mit dem großen Geschäft. Warte kurz. Mom! Gibt's auf! Heute wird das nichts mehr."
Howards Mutter (im Badezimmer): „Weißt Du doch nicht! Ich habe mich gerade erst hingesetzt."

Howard: *„Dann mach mal Pause. Bernadette will sich die Zähne putzen."*
Howards Mutter: *„Sie kann ruhig zum Zähneputzen reinkommen. Das macht mir nix!"*
Howard: *„Problem gelöst!"*
Bernadette: *„Das ist es nicht! Glaub nicht, dass ich da jetzt reingehe!"*
Howard: *„Ich bitte Dich, Schatz! Sie sitzt nur da und liest irgendeine Zeitschrift. Du kannst gar nichts sehen. Ich gehe auch immer einfach rein."*
Howards Mutter: *„Der Adler ist gelandet!"*

Daten:
Drehbuch: Bill Prady, Steven Molaro, Dave Goetsch
Regie: Mark Cendrowski
Gastdarsteller: --

Folge 5x04 „Such Dir eine Inderin!"
Originaltitel: The Wiggly Finger Catalyst
Erstausstrahlung USA: 6.Oktober 2011
Erstausstrahlung DE: 3.April 2012

Inhalt:
Raj steckt wieder einmal in der Krise und ist traurig, weil er Single ist. Penny kann das nicht länger mit ansehen und beschließt, zusammen mit Bernadette eine Frau für Raj zu finden. Penny möchte ihn mit Emily, einer Freundin aus dem Fitnessstudio, verkuppeln. Allerdings ist Emily taubstumm, weshalb Howard, der die Gebärdensprache beherrscht, zum ersten Date mitgehen muss. Raj macht ihr eine Menge teurer Geschenke. Penny befürchtet, dass Emily ihn nur ausnutzen will.

Charakterfacts:
- Sheldon arbeitet gelegentlich als Notar.
- Howard beherrscht die Gebärdensprache.
- Raj kann mit Frauen sprechen, die taub sind.

Facts/Trivia:
- In der Episode 4x05 „Der Gestank der Verzweiflung" erzählt Raj seinen Freunden, er habe eine taubstumme Freundin. Dort brauchte er aber Howard nicht als Übersetzer.
- Gastdarstellerin Katie Leclerc leidet auch im echten Leben an einer Schwerhörigkeit.

Nerdtalk:
Als die Freunde gerade „Dungeons and Dragons" spielen:
Sheldon: „Der Eingang zum Verlies ist eine moosbedeckte Tür. Du schaffst es, sie zu öffnen, triffst dann jedoch auf ein scheußliches, infernales, stickendes, moosbedecktes Ungeheuer. Was machst Du Da?"
Howard: „Ich sage: Hey Ma! Was gibt es zu essen?!"

Howard (sieht ein paar Frauen hinterher): „Wow!"
Penny: „Du bist mit meiner Freundin verlobt!"
Howard: „Hey! Bernadette macht es nichts aus, wo ich meinen Motor starte. Solange ich in der richtigen Garage parke!"

Daten:
Drehbuch: ??
Regie: Mark Cendrowski
Gastdarsteller: Katie Leclerc (Emily)

Folge 5x05 „Ab nach Baikonur!"
Originaltitel: The Russian Rocket Reaction
Erstausstrahlung USA: 13.Oktober 2011
Erstausstrahlung DE: 10.April 2012

Inhalt:
Leonard und Sheldon überlegen sich, eine Film-Schwertsammlung zuzulegen. Als die beiden gerade im Comicbuchladen ein wenig stöbern, taucht Will Wheaton auf. Überaschenderweise lädt er Leonard und Sheldon zu einer Party ein. Für Sheldon ist es undenkbar, auf eine Party eines seiner Erzfeinde zu gehen. Als Leonard ihm sagt, dass er und Raj hingehen werden, ist Sheldon sauer. Howard kann sein Glück kaum fassen: Er soll für die NASA zur Internationalen Raumstation fliegen, um dort ein wichtiges Bauteil zu installieren. Bernadette ist davon nicht begeistert, da sie es für viel zu gefährlich hält.

Charakterfacts:
- Sheldon hat laut seiner Aussage 61 Erzfeinde. Die Liste hat er auf einer alten Diskette gespeichert.
- Bernadettes Vater war Polizist, weshalb sie sich immer viel Sorgen um ihn machte.

Facts/Trivia:
- Das Schwert, das Leonard und Sheldon kaufen, ist ein Replikat des Schwertes „Longclaw" des Charakters Jon Snow aus der TV-Serie Game of Thrones.

- Will Wheaton verriet auf Twitter, dass für die Dekoration der Party in dieser Episode einige Dinge aus seinem Haus verwendet wurden.

Nerdtalk:
Bernadette: „Ich hatte keine Wahl. Ich musste es seiner Mutter sagen. Er (Howard) darf nicht da hochfliegen! Er ist noch ein unbeholfenes Küken. Erst neulich hatte er einen Asthmaanfall beim Lesen eines staubigen Bibliotheksbuchs."
Amy: „Kein Witz?"
Penny: „Nein, ich war auch dabei. Sheldon bekam einen Hexenschuss, als er es ihm rübergereicht hat."

Leonard: „Warte, habe ich das richtig verstanden? Du hast tatsächlich Bernadette mitten in der Nacht gebeten, das Haus zu verlassen?"
Howard: „Welche Wahl hatte ich denn? Sie ist mir in den Rücken gefallen und hat meine Mutter gegen mich aufgebracht."
Raj: „Wow! Du bist nicht nur unser erster Astronaut, sondern auch der Erste, der ein Mädchen von der Bettkante stößt. Du bist wie ein Rockstar!"
Howard: „Ein bisschen!"

Bernadette: „Sind diese russischen Raketen sicher?"
Howard: „So sicher es geht, wenn sie von den Typen gebaut wurden, die uns Tschernobyl eingebrockt haben."

Daten:
Drehbuch: Bill Prady, Jim Reynolds (I), Steven Molaro, Chuck Lorre, Eric Kaplan (I)
Regie: Mark Cendrowski
Gastdarsteller: Wil Wheaton (Himself), Brent Spiner (Himself)

Folge 5x06 „Mamis Liebling

Originaltitel: The Rhinitis Revelation
Erstausstrahlung USA: 20.Oktober 2011
Erstausstrahlung DE: 17.April 2012

Inhalt:
Sheldons Mutter ist zu Besuch in der Stadt. Eigentlich freut sich Sheldon darüber, denn er hofft, dass sie ihn ein paar Tage so richtig bemuttern wird. Doch darauf hat Mary Cooper gar keine Lust. Sie will lieber essen gehen und sich die Stadt ansehen. Sheldon versucht seine Mutter zu überreden, ihn stattdessen zu einem wissenschaftlichen Vortrag zu begleiten, worauf sie aber gar keine Lust hat. Es kommt zum großen Streit zwischen Sheldon und seiner Mutter.

Charakterfacts:
Sheldons Vater starb im Alter von 50 Jahren.

Facts/Trivia
- Sheldon sagt zu seiner Mutter, er habe erst vor einem Jahr Brusthaare bekommen. In der Episode *1x11 Alles fließt* bittet er jedoch Penny, die Erkältungscreme entgegen dem Uhrzeigersinn auf seiner Brust zu verteilen, um sein Brusthaar zu schonen.
- Sheldon dachte darüber nach, den Fahrstuhlschacht in ein Raketensilo umzubauen, um einen Erstschlag gegen die Stadt Burbank vorzubereiten. In Burbank haben unter anderem die Firmen Walt Disney Company und Warner Bros ihren Firmensitz.

Nerdtalk:
Leonard: „Sheldon, Du redest so, als wärst Du verrückt."
Sheldons Mutter: „Ehrlich gesagt ist er getestet worden, als er ein Kind war. Der Arzt sagt, er ist in Ordnung."
Sheldon: „Sag ich doch!"
Sheldons Mutter: „Allerdings bedaure ich es, dass wir nicht doch bei dem Spezialisten in Houston waren."

Sheldons Mutter: „Ist es im Bereich des Möglichen, dass Du deswegen keinen jungen Mann findest, bei dem Du zur Ruhe kommen kannst, weil Du die Jungs andauernd umsonst Achterbahn fahren lässt?"
Penny: „Oh, sie dürfen ja nicht immer gleich Achterbahn fahren. Manchmal kriegen sie auch nur eine Runde Wilde Maus!"

Sheldons Mutter (im Asia-Restaurant): „Ich finde das ganz aufregend! Bei uns serviert der Imbiss an der Route 4 auch Sushi, aber das sind nur kleingeschnittene Fischstäbchen mit Reis als Beilage. Auf der Speisekarte steht es in Japsen-Buchstaben, aber das macht daraus noch kein Sushi."
Leonard: „Japsen-Buchstaben sind nicht unbedingt politisch korrekt."
Sheldons Mutter: „Oh, ich dachte, was man nicht sagen darf ist Schlitzaugen!"
Leonard: „Ja. Das auch."

Daten:
Drehbuch: Chuck Lorre, Eric Kaplan (I), Steve Holland, Bill Prady, Steven Molaro
Regie: Howard Murray
Gastdarsteller: Laurie Metcalf (Mary Cooper)

Folge 5x07 „Ein guter Kerl"
Originaltitel: The Good Guy Fluctuation
Erstausstrahlung USA: 27.Oktober 2011
Erstausstrahlung DE: 24.April 2012

Inhalt:
Kurz vor Halloween: Leonard, Howard und Raj erschrecken Sheldon in der Universität so sehr, dass er bewusstlos wird, sich sogar in die Hose macht. Sheldon nimmt die Sache sportlich und versucht, nun seinerseits seine Freunde zu erschrecken. Allerdings mit mäßigem Erfolg. Als Leonard im Comicladen nach neuen Heften stöbert, lernt er dabei die attraktive Alice kennen. Alice ist nicht nur hübsch, sondern interessiert sich auch brennend für Comics. Bei einem Date küssen die beiden sich. Leonard plagt nun das schlechte Gewissen wegen Priya. Er fragt Penny um Rat.

Charakterfacts:

Facts/Trivia
- Dies ist die vorerst letzte Folge, in der Aarti Mann als Priya zu sehen ist.
- Die Maske, die Sheldon trägt, um Leonard zu erschrecken, zeigt da Gesicht von „Balok". Diese Figur tauchte in einer Episode der klassischen Star Trek Serie auf.
- Gastdarstellerin Courtney Ford, die Alice spielt, ist mit dem Schauspieler Brandon Routh verheiratet. Rough spielte die Rolle des Superman in dem Kinofilm „Superman Returns". Alice sagt im Comicladen zu Leonard: „Verdammt! Das hat mir mein kryptonischer Vater verboten!" und spielt damit auf Superman an, welcher Leonards Lieblingscomicheld ist.

Nerdtalk:
Penny: *„Makkaroni mit Käse?"*
Leonard: *„Nein. Laktose, Blähungen."*
Penny: *„Ein Glas Wein?"*
Leonard: *„Nein. Sulfite, Migräne."*

Leonard: *„Die Sache ist die. Ich bin keiner von diesen Typen, die heimlich mit mehr als einer Frau ins Bett gehen."*
Penny: *„Finde ich gut!"*
Leonard: *„Das Problem ist: ich möchte gerne so einer sein."*
Penny: *„Dann schlaf mit der Neuen und belügt Priya."*
Leonard: *„Du weißt, dass ich nicht so bin."*
Penny: *„Na, dann macht Schluss mit der Neuen."*
Leonard: *„Nein, ich will da nichts überstürzen. Sie ist wirklich scharf."*

Penny: „Wenn Du sie wirklich so sehr magst, beende das mit Priya."
Leonard: „Priya und ich sind verliebt. Es ist durchaus möglich, dass wir mal heiraten."
Penny: „Leonard, Du suchst nach einer Möglichkeit, mit beiden Frauen zu schlafen und das alle dabei glücklich sind."
Leonard: „Jetzt kommen wir der Sache näher!"

Daten:
Drehbuch: Chuck Lorre, Dave Goetsch, Maria Ferrari
Regie: Mark Cendrowski
Gastdarsteller: Courtney Ford (Alice), Aarti Mann (Priya)

Folge 5x08 „Leichtes Fummeln"
Originaltitel: The Isolation Permutation
Erstausstrahlung USA: 3.November 2011
Erstausstrahlung DE: 1.Mai 2012

Inhalt:
Sheldon ist total von den Frauen genervt, da sie nur noch über Bernadettes Hochzeit sprechen.
Penny und Bernadette finden, dass Amy bei dem Thema Hochzeit immer überdreht. Als Amy am nächsten Tag beim Mittagessen durch Howard zufällig mitbekommt, dass Penny und Bernadette ohne sie losgegangen sind, um Brautjungfernkleider auszusuchen, ist sie sehr enttäuscht von den beiden. Sie fühlt sich hintergangen und nicht akzeptiert. Als Sheldon sie nicht erreichen kann, fährt er mit Leonard zu ihr hin. Sheldon soll seine traurige Freundin trösten und ist völlig überfordert damit.

Charakterfacts:
- Leonard hat Angst vor Pferden.
- Ein Cousin von Amy starb einen Tag vor seiner Hochzeit an einer Gasvergiftung.

Facts/Trivia
- Der Legobausatz des Todessterns aus den Star Wars Filmen, den Sheldon zusammenbaut, ist ein begehrtes Sammlerobjekt und hat einen Wert von 2000,- Euro.
- Sheldon erklärt gegenüber Amy, dass er ihre Beziehung immer als rein „verstandesmäßiger Art", also ohne körperlichen Kontakt, angesehen hat. Amy selber scheint dies aber anders zu sehen.

Nerdtalk:

Amy ist Niedergeschlagen und Sheldon versucht sie zu trösten:

Amy: „Mal ein Vorschlag: Eine Nacht voller heißer körperlicher Liebe, die meine Seele tröstet und meine Lenden entflammt."
Sheldon: „Gegenvorschlag meinerseits: Ich streichele Dir sanft über Dein Haar und wiederhole dabei: Oh, was hat die gute Amy?"

Penny: „Wo ist Sheldon?"
Leonard: „Der war gestern lange auf, deshalb habe ich ihn früher gefüttert und ins Bett gebracht."

Sheldon: „Entschuldige, ich bin doch gerade irgendwie in Sorge. Ich kriege keinen Kontakt zu Amy. Ich versuche es mit E-Mail, Videochat und ich habe ihr gewittert, in ihre Facebook-Pinnwand gepostet dazu gesimst, aber nichts!"
Leonard; „Hast Du schon versucht, sie anzurufen?"
Sheldon: „Ah! Das Telefon! "

Leonard: „Wir können zu ihr fahren und nachsehen, ob alles in Ordnung ist."
Sheldon: „Okay! In den Nachrichten wurde gemeldet, dass man einen Rotluchs in ihrer Wohngegend gesichtet hat."
Leonard: „Ich denke nicht, dass Amy von einem Rotluchs gefressen wurde."
Sheldon: „Wer denkt, Amy wurde von einem Rotluchs gefressen?"
Leonard: „Du doch!"
Sheldon: „Leonard! Ich habe nur eine interessante Lokalnachricht erwähnt. Dank Dir fürchte ich jetzt, dass Amy von einem Rotluchs gefressen wurde!"
Leonard: „Vergiss das mit dem Rotluchs!"
Sheldon: „Wie denn? Du redest doch dauernd davon!"

Daten:
Drehbuch: ?
Regie: Mark Cendrowski
Gastdarsteller: --

Folge 5x09 „Zwei komische Vögel"

Originaltitel: The Ornithophobia Diffusion
Erstausstrahlung USA: 10.November 2011
Erstausstrahlung DE: 8.Mai 2012

Inhalt:
Leonard ist wieder einmal genervt von Sheldon, der ganz hysterisch ist, weil ein Vogel auf der Fensterbank sitzt. Als Penny ihn fragt, ob er Lust hat, mit ihr ins Kino zu gehen, sagt er sofort zu. Allerdings ist Leonard ein wenig verunsichert und befürchtet, Penny könnte den gemeinsamen Abend als Date verstehen. Während Sheldon versucht den Vogel zu vertreiben, diskutieren Penny und Leonard im Kino darüber, welchen Film sie sich ansehen wollen. Auch nach dem Kino verläuft der Abend nicht ganz so harmonisch, wie die beiden es sich vorgestellt haben.

Charakterfacts:
- Sheldon hat Angst vor Netzen und Vögeln. Zumindest seine Vogelphobie legt er aber in dieser Episode ab.

Facts/Trivia
- In dieser Folge wird Sheldons E-Mail-Adresse enthüllt: s.cooperphd@yahoo.com .
- Am Anfang der Episode diskutieren Penny und Leonard darüber, dass sie sich einen Film zusammen ansehen wollen, dies aber kein Date sei. Die Szene ist eine Anspielung auf die Pilotepisode der Sitcom „Friends", bei der die Charakter Monica Geller und Chandler Bing fast den gleichen Dialog führen.
- Das Foto, das Amy von Sheldon und den Vogel macht, sieht man in der nächsten Episode auf Sheldons Facebook-Profil.

Nerdtalk:
Penny: *„Hey!"*
Leonard: *„Oh, hey! Hattest Du die Mittagsschicht?"*
Penny: *„Ja. Ich habe hier vier Kilo Lachs, die noch weg müssen. Weißt Du, wie man den zubereitet?"*
Leonard: *„Leider nein."*
Penny: *„Mist! Ich hätte das komisch riechende Hühnchen mitnehmen sollen."*

Leonard: *„Ich möchte mit Penny heute Abend ins Kino und sie soll nicht denken, dass ich denke, es sei ein Date."*
Sheldon: *„Denkst Du denn, es ist ein Date?"*
Leonard: *„Nein, aber sie könnte denken, dass ich denke, es sei ein Date, obwohl ich das nicht denke."*

Sheldon: „Oder aber, Du denkst, sie denkt, dass Du denkst, es sei ein Date, obwohl sie es nicht denkt!"
Leonard: „Ist das zu kompliziert gedacht?"
Sheldon: „Aber nein!"

Penny: „Also, ich wollte mich heute Abend selber ins Kino einladen. Kommst Du mit?"
Leonard: „Wirklich? Geht das denn?"
Penny: „Wie ist das gemeint?"
Leonard: „Seit wir auseinander sind, haben wir keine Zeit alleine miteinander verbracht."
Penny: „Das ist kein Date! Wie hängen nur miteinander ab und haben am Ende des Abend keinen Sex."
Leonard: „So verlaufen die meisten meiner Dates."

Daten:
Drehbuch: Bill Prady, Eric Kaplan, Anthony Del Broccolo, Bill Prady, Steven Molaro
Regie: Mark Cendrowski
Gastdarsteller: Blake Berris (Kevin), Ashley Austin Morris (Laura)

Folge 5x10 „Die Beziehungsrahmenvereinbarung"
Originaltitel: The Flaming Spittoon Acquisition
Erstausstrahlung USA: 17.November 2011
Erstausstrahlung DE: 15.Mai 2012

Inhalt:
Die Jungs sind mal wieder im Comicladen und stöbern nach Neuigkeiten. Amy begleitet Sheldon, obwohl sie sich nicht für Comics interessiert. Sie unterhält sich mit Stuart und der scheint ganz angetan von Amy zu sein. Er bittet Leonard, Sheldon zu fragen, ob es in Ordnung wäre, wenn er sich mit Amy treffen würde. Tatsächlich stört das Sheldon überhaupt nicht, da er nicht glaubt, dass Amy sich wirklich mit ihm treffen würde. Als Amy aber tatsächlich mit Stuart ausgeht, spürt Sheldon zum ersten Mal so etwas wie Eifersucht. Er fragt Penny um Rat.

Charakterfacts:
- Amy hatte als Jugendliche Schwimmhäute an den Füssen, die sie sich selber entfernte.
- Sheldon hat noch alle vier Weisheitszähne.

Facts/Trivia
- Stuarts Nachnahme lautet Bloom.
- Dale, die Aushilfe im Comicbuchladen, taucht auch in der 6. Staffel noch einmal auf.

- Sheldon erklärt, dass die Sklaven seit Abraham Lincolns Emanzipations-Proklamation von 1862 frei seien. Dies ist nicht ganz korrekt. Erst der 13. Zusatzartikel zur Verfassung der Vereinigten Staaten von 1865 schaffte die Sklaverei landesweit in den USA ab.

Nerdtalk:
Penny möchte, dass Sheldon sich mehr um Amy bemüht:
Penny: „Schätzchen, ich erzähle Dir mal etwas. Es gab mal einen Typen, dem ich nie gesagt habe, wie sehr ich ihn mag. Eines Tages hat er etwas mit einer anderen angefangen, und ich habe es immer bereut. Du verstehst, worauf ich hinaus will?"
Sheldon: „Ich glaube, ich verstehe. Ich bin der Typ!"
Penny: „Du bist nicht der Typ!"
Sheldon: „Bist Du Dir sicher? Das würde so vieles erklären. Deine ständige Anwesenheit in meiner Wohnung. Dein unbegreifliches Geplänkel mit Leonard, nur um mir nahe zu sein. Die Tatsache, dass Du immer Schätzchen zu mir sagst."
Penny: „Ich sage zu allen Schätzchen."
Sheldon: „Du Flittchen!"

Howard: „Irgendwie komisch, dass die Leute weiterhin in Comicbuchläden gehen, statt sich die Comics einfach digital runterzuladen."
Leonard: „Das ist vermutlich zu ihrem besten. Bei vielen dieser Jungs ist der wöchentliche Abstich hierher die einzige Chance, für ihre Mutter mal in ihrer Höhle die Bettwäsche zu wechseln."
Howard: „Da fällt mir ein: ich kriege heute frische Bettwäsche. Yeah!"

Leonard: „Das ist ja nicht zu glauben, Du hast Stuart als Freund bei Facebook geaddet?"
Howard: „Ich dachte, Du kannst Facebook nicht mehr ausstehen?"
Sheldon: „Aber nicht doch, ich bin ein Fan von allem, was den unmittelbaren menschlichen Kontakt ersetzt."

Daten:
Drehbuch: Bill Prady, Steve Holland, Jim Reynolds
Regie: Mark Cendrowski
Gastdarsteller: Josh Brenner (Dale)

Folge 5x11 „Das Speckerman-Trauma"
Originaltitel: The Speckerman Recurrence
Erstausstrahlung USA: 8.Dezember 2011
Erstausstrahlung DE: 22.Mai 2012

Inhalt:
Leonard ist völlig überrascht, als Jimmy Speckerman über Internet mit ihm Kontakt aufnimmt.
Ausgerechnet Speckerman, der Leonard während der Schulzeit immer wieder tyrannisiert und gemobbt hat. Leonard weiß nicht, was er davon halten soll, entschließt sich schließlich, sich aber mit ihm zu treffen. Er will sich mit Speckerman aussprechen und hofft auf eine Entschuldigung. Auch bei den Frauen geht es um die Schulzeit, sie schwelgen in Erinnerungen. Während Bernadette und Amy zu den Mädchen gehörten, die immer geärgert wurden, war Penny eine von der Sorte, die die anderen gemobbt hat.

Charakterfacts:
- Leonard hatte bis zu seinem 14. Lebensjahr ein Bettnässerproblem. Die Schuld daran gibt er seiner Mutter. Außerdem wurde er in seiner Schulzeit von zahlreichen Mitschülern gemobbt.

Facts/Trivia
- Sheldon sieht sich um 2 Uhr nachts die Nobelpreisverleihung an, die aus Stockholm ausgestrahlt wird. Stockholm ist zeitlich jedoch 9 Stunden weiter als Kalifornien. Demnach wäre Ausstrahlung um 11 Uhr morgens. Tatsächlich beginnt die Verleihung aber um 16:30.
- Zum ersten Mal überhaupt sagt Sheldon, dass er Leonard liebt, und zeigt damit, wie wichtig ihm die Freundschaft ist.

Nerdtalk:
Penny: „Und, was willst Du mit dem Mobber machen? Ihn treffen?"
Leonard: „Ich weiß nicht."
Sheldon: „War das der, der Dir in Deine Fruchtbowle gepinkelt hat?"
Leonard: „Nein, das war ein anderer."
Sheldon: „War das der, der Dir die Unterhose so hochgezogen hat, dass der eine Hoden so hoch gerutscht ist, dass Du die ganzen Weihnachtsferien gehofft hast, dass er sich wieder absenkt?"
Leonard: „Nein, dass war auch wieder ein anderer."

Als die Freunde in der Kneipe Jimmy Speckerman treffen:
Sheldon: „Leonard, Du kannst nicht ewig in Furcht vor diesem Mann leben!"

Leonard: „Sheldon, ich schaffe das alleine!"
Sheldon: „Offensichtlich doch nicht! Ja, was mein rückratloser Freund sich nicht traut Dir zu sagen ist, dass Du ein schrecklicher Mensch bist! Der seinen Vorteil zieht aus Leonards winziger Größe, seiner ungelenken Art und seinem angeborenem Mangel an Männlichkeit."
Leonard: „Sheldon!"
Sheldon: „Leonard, ich liebe Dich, platonischer Mann! Aber mach Dir nichts vor: Du bist verkorkst!"

Penny: „Und, was macht Howard heute Abend?"
Bernadette: *„Die Jungs begleiten Leonard zur Unterstützung gegen den Mobber."*
Penny: „Oh, Wahnsinn. Der High-School Quarterback gegen vier Bleistifthalter."

Daten:
Drehbuch: Steven Molaro, Anthony Del Broccolo, Eric Kaplan
Regie: Anthony Joseph Rich
Gastdarsteller: Lance Barber (Jimmy Speckerman)

Folge 5x12 „Kinder? Nein danke!"
Originaltitel: The Shiny Trinket Maneuver
Erstausstrahlung USA: 12.Januar 2012
Erstausstrahlung DE: 29.Mai 2012

Inhalt:
Howards Cousin bittet ihn, bei einer Geburtstagsfeier als Zauberer für die Kinder aufzutreten. Bernadette soll als Assistentin bei dem Auftritt helfen. Der Auftritt verläuft nicht ganz so wie geplant. Später erklärt Bernadette Howard, dass sie nicht mit Kindern umgehen kann und deshalb auch keine eigenen bekommen will. Für Howard eine große Überraschung, denn er will unbedingt Kinder. Er denkt darüber nach, ob die Hochzeit so überhaupt Sinn macht. Amy ist sauer auf Sheldon, da er ihr zu wenig Aufmerksamkeit zukommen lässt.

Charakterfacts:
- Sheldon hat eine Vorliebe für Koalabären.
- Amy ist allergisch gegen Penicillin.

Facts/Trivia
- Als die Freunde Jenga spielen, macht Raj seinen Zug gleich zwei Mal.
- Bernadette zeigt sich interessiert an Howards Zaubertricksammlung und assistiert ihm später auch bei der Vorführung. In der Episode *3x05 „Der Mann, der seine Omi liebte"* lernten die beiden sich kennen. Dort sagte Bernadette, dass sie Zaubertricks nicht mag.
- Bernadette hat einen Bruder Namens Joey.

- Das Donkey Kong Jenga, das in dieser Folge zu sehen ist, gibt es tatsächlich zu kaufen.

Nerdtalk:
Leonard: „Was ist denn los?"
Sheldon: „So schwer es auch zu glauben sein mag, es ist möglich, dass ich eventuell nicht beziehungstauglich bin."
Leonard: „Ein Glück, dass ich schon sitze."

Howard: „Ich dachte immer, ich würde mal Vater werden."
Raj: „Habe ich auch gedacht. Du bist fürsorglich. Ich stelle mir oft vor, wie Du aus einem Jungen einen Mann machst."
Leonard: „Da hast Du es, Howard. Raj wird Deine Kinder zur Welt bringen. Problem gelöst."
Raj: „Hey! Nur weil ein Mann Mitgefühl für einen anderen zeigt, heißt das nicht, dass er eine Liebe auslebt, die man nicht ausspricht."

Sheldon: „Ich denke nicht, dass irgendetwas in diesem Juweliergeschäft ist, dass Amy besser gefallen würde, als der Luftbefeuchter, den wir nebenan gesehen haben."
Penny: „Oh, mein Gott! Jetzt weiß ich, wie ich mich für Dich anhöre, wenn ich dummes Zeug rede."

Daten:
Drehbuch: Bill Prady, Steven Molaro, Jim Reynolds
Regie: Mark Cendrowski
Gastdarsteller: Jonathan Schmock (Jonathan), Jadon Sand (Aaron), Dusan Brown (Jeremy)

Folge 5x13 „Penny und Leonard 2.0"

Originaltitel: The Recombination Hypothesis
Erstausstrahlung USA: 19.Januar 2012
Erstausstrahlung DE: 28.August 2012

Inhalt:
Als Leonard und Sheldon gerade nach Hause kommen, freut sich Sheldon darüber, dass sein Paket mit einem Mr. Spock Pappaufsteller geliefert wurde. Leonard muss an Penny denken und lädt sie zu einem gemeinsamen Abendessen ein. Penny ist davon völlig überrascht, vor allem da Leonard betont, dass er die Einladung als Date versteht. Während des Abends reden die beiden offen darüber, wie es wäre, wieder ein Paar zu sein. Dabei kommt es zum Streit über die Marotten des jeweils anderen. Schließlich landen Penny und Leonard zusammen im Bett.

Charakterfacts:
- Raj ist ein großer Fan von Sandra Bullock.

Facts/Trivia
- Dies ist die 100. Episode von The Big Bang Theory.
- Die Anfangsszene ist eine fast exakte Nachstellung der Szene aus der Pilotfolge, in der Leonard und Sheldon Penny kennenlernen. Penny trägt das gleiche Oberteil, wie in der Pilotfolge. Howard und Raj sind fast so gekleidet, wie bei ihrem ersten Auftritt.

Nerdtalk:
Leonard: „Willst Du etwas Neues zum Essen ausprobieren? Vielleicht indisch oder Tex-Mex?"
Sheldon: „Hast Du Dich mal gefragt, wie die Menschen sich aus Reptilien statt aus Säugetieren entwickelt hätten?"
Leonard: „Na schön! Reden wir eben darüber!"
Sheldon: „Wie Du weißt, sind Reptilien kaltblütige Lebewesen. Ihnen fehlt die Fähigkeit, Temperaturen zu fühlen. Aber sie bewegen sich schwerfälliger, wenn es kalt ist. Also würde der Echsenwettermann so etwas in der Art sagen wie: Zieht eine Jacke an, draußen ist es langsam. Ich liebe meinen Verstand!"
Leonard: „Ja, wie wir alle! Was wollen wir essen?"
Sheldon: „Oh, in dem Fall würden wir Insekten fressen. Oder kleinere Echsen. Wir könnten uns aber auch unsere Schwänze abziehen und sie grillen, denn sie wachsen ja nach."

Howard, Raj und Sheldon spielen „Die Siedler von Catan":
Sheldon: „Ich möchte eine Straße bauen, aber dafür brauche ich Holzlatten. Jungs, habt ihr vielleicht Latten?"
(Howard und Raj kichern)
Sheldon: „Ich verstehe Euer Gekicher nicht. Das Ziel der Siedler von Catan ist der Bau von Straßen und Siedlungen. Dafür braucht man harte Geräte. Also: Ich habe Schafe, fehlen nur noch Latten. Wer hat eine Latte für meine Schafe?"
(Howard und Raj lachen sich kaputt)

Daten:
Drehbuch: Bill Prady, Steven Molaro
Regie: Mark Cendrowski
Gastdarsteller: Jim Turner (Reverend White)

Folge 5x14 „Spaß mit Flaggen"

Originaltitel: The Beta Test Initiation
Erstausstrahlung USA: 26.Januar 2012
Erstausstrahlung DE: 4.September 2012

Inhalt:
Nachdem Penny und Leonard wieder gemeinsam Essen waren, sprechen die beiden darüber, wie sie ihren zweiten Anlauf als Pärchen am besten angehen wollen. Beide kommen überein, nichts überstürzen zu wollen. Leonard schlägt vor, offen mit den Dingen umzugehen, die einem an dem jeweils anderen stören. So kommt es, dass beide anfangen, darüber Buch zu führen. Amy und Sheldon arbeiten derweil an einem Videopodcast über Flaggenkunde. Raj hat sich ein neues Smartphone mit Spracherkennung zugelegt. Schon bald hält er das Gerät für die perfekte Partnerin, die ihm immer geduldig zuhört.

Charakterfacts:
Sheldon ist Experte in der Vexillologie, der Flaggenkunde.

Facts/Trivia
- Als die Freunde eine Folge Dr. Who ansehen, gibt sich Amy erstaunt darüber, dass Dr. Who eine Schwäche für London hat. Die Hintergrundmusik deutet darauf hin, dass gerade die Episode *4x08 Tödliche Stille* läuft. Die Handlung dieser Episode spielt nicht in London.
- Schnittfehler: Als Leonard nach Hause kommt, schließt er die Tür. Nachdem Sheldon „Take 47 gesagt hat, sieht man, dass die Haustür wieder offen ist.
- Rajs neues Smartphone ist ein Iphone 4S. Siri ist eine Spracherkennungssoftware, die erstmals auf diesem Gerät zum Einsatz kam.

Nerdtalk:
Leonard: *„Du hast mir gefehlt."*
Penny: *„Du siehst mich doch jeden Tag. Meinst Du nicht, dass Dir bloß der Sex fehlt?"*
Leonard: *„Naja, Sex mit Dir ist schon echt genial! Hast Du es mal ausprobiert?"*
Penny: *„Habe ich! Und Du hast nicht unrecht!"*

Penny: *„Okay, Du bist eigentlich ganz toll."*
Leonard: *„Du meinst, für jemanden, dessen Nackenmassagen sich anfühlen, als wolle ein Adler Dich in sein Nest schleppen?"*
Penny: *„Okay, Fehlerbericht: Ich habe Dir ein Kompliment gemacht. Freu Dich und halt die Klappe!"*
Leonard: *„Okay, entschuldige, entschuldige!"*
Penny: *„Verdammt, entschuldige Dich nicht immer!"*

Leonard: „Stimmt. Entschuldige."

Penny und Leonard waren auf einem Schießstand:
Leonard: „Jetzt habe ich eine Schussverletzung. Ein knallharter Typ!"
Penny: „Nein, Du hast einen Schuh mit einer Schussverletzung und einen Kratzer an Deinem kleinen Zeh."
Leonard: „Hallo? Sie haben mir ein Heftpflaster drauf gemacht. Das dürfen sie nur, wenn es medizinisch notwendig ist. So will es das Gesetz!"
Penny: „Also, ich danke Dir für diesen echt coolen Abend."
Leonard: „Ich danke Dir dafür, dass Du meine Star Wars Socken in der Notaufnahme versteckt hast."

Daten:
Drehbuch: Bill Prady, Dave Goetsch, Maria Ferrari, Dave Goetsch
Regie: Mark Cendrowski
Gastdarsteller: John Ross Bowie (Barry Kripke), Becky O'Donohue (Siri)

Folge 5x15 „Die Mitbewohnervereinbarung"

Originaltitel: The Friendship Contraction
Erstausstrahlung USA: 2.Februar 2012
Erstausstrahlung DE: 11.September 2012

Inhalt:
Leonard wird mitten in der Nacht von Sheldon wegen einer Notfallübung aufgeweckt. Diese Übungen werden laut Mitbewohnervereinbarung vierteljährlich durchgeführt. Am nächsten Tag verlangt Sheldon auch noch, dass Leonard ihn zum Zahnarzt fahren soll, weil auch dies in der Vereinbarung steht. Leonard ist genervt und erklärt, er werde sich in Zukunft nicht mehr an diese Vereinbarung halten, woraufhin Sheldon ihm die Freundschaft kündigt. Unterdessen bereitet sich Howard auf seinen Flug ins All vor. Raj meint, er bräuchte noch einen coolen Astronautenspitznamen.

Charakterfacts:
- Comicladenbesitzer Stuart war in psychologischer Behandlung – bis sein Psychologe Selbstmord begann.

Facts/Trivia
- Während des Stromausfalls sagt Sheldon, er habe alle 61 Folgen der Serie Red Dwarf auf DVD. Im Fernsehen wurden aber nur 55 Folgen ausgestrahlt.

- Der Astronaut Mike Massimino hat in dieser Episode einen Gastauftritt, als Howard per Videochat mit der Nasa Kontakt aufnimmt. Massimino ist später noch in weiteren Episoden der 5. und 6. Staffel zu sehen.

Nerdtalk:
Howard: *„Ich habe aufregende Nachrichten von der NASA! Nächste Woche fliege ich nach Houston zur Einweisung und für Ausscheidungsübungen in der Schwerelosigkeit."*
Penny: *„Und das bedeutet?"*
Bernadette: *„Er lernt, wie man im Weltraum kackt!"*

Sheldon: *„Okay, okay, etwas Lustiges: Ich suche einen neuen Bilderrahmen und ich habe ein Verlangen nach schwedischen Hackbällchen. Wer von euch verbringt den Tag mit mir bei Ikea?"*
Raj (zu Howard): *„Die Fleischbällchen sind lecker!"*
Leonard: *„Was war das?"*
Raj: *„Nichts, nichts!"*

Sheldon: *„Oh, Deine Sorge um mich ist rührend. Sie wird Dir gute Dienste leisten, wenn Du mich morgen zum Zahnarzt fährst."*
Amy: *„Tut mir leid, Sheldon, ich habe zu tun. Ich bin mitten in meiner Suchtstudie. Ich habe ein Labor voller alkoholkranker Affen und morgen stellen wir sie auf O-Saft um."*
Sheldon: *„Du bist meine Freundin und willst Dich nicht um all meine Bedürfnisse kümmern? Wo ist der Zauber hin?"*
Penny: *„Sheldon, dafür ist eine Freundin nicht da! Obwohl, Du benutzt sie auch nicht dafür, wofür sie da ist. Also, was rede ich."*

Daten:
Drehbuch: Bill Prady, Steven Molaro, Steve Holland, Steven Molaro
Regie: Mark Cendrowski
Gastdarsteller: Michael J. Massimino (Himself)

Folge 5x16 „Die Urlaubs-Diktatur"

Originaltitel: The Vacation Solution
Erstausstrahlung USA: 9.Februar 2012
Erstausstrahlung DE: 18.September 2012

Inhalt:
Die vier Freunde sitzen gerade beim Essen in der Mensa, als der Universitätspräsident Seibert auftaucht. Er ordnet an, dass Sheldon umgehend Urlaub nehmen muss, da man festgestellt hat, dass er stets seinen Urlaub ausfallen lässt. Für Sheldon der blanke Horror, denn er weiß nicht, was er mit soviel Freizeit anfangen soll. Er beschließt, während seines Urlaubs freiwillig Amy im Biologie-Labor zur Hand zu gehen. Amy ist davon wenig begeistert und Sheldon geht ihr schon nach kurzer Zeit gewaltig auf die Nerven. Währenddessen erfährt Howard, dass Bernadette vorhat, einen Ehevertrag aufzusetzen.

Charakterfacts:
- Howard hat eine Tante namens Ida, die in Florida lebt.

Facts/Trivia
- In einer Szene sagt Sheldon, dass Albert Einstein Mathematik gehasst hat und bezieht sich damit auf das weitverbreitete Gerücht, demnach Einstein in der Schule schlechte Mathematik-Noten gehabt haben soll. Tatsächlich hatte Einstein die Note 5 in Mathe und Physik. Allerdings sind diese Noten im schweizerischen Notensystem mit den Noten 1 und 2 im deutschen Bewertungssystem gleichzusetzen.
- Joshua Malina spielt zum zweiten Mal den Universitäts-Präsidenten Siebert. Zum ersten Mal war er in der Episode *4x15: Der Mann der Stunde* zu sehen.

Nerdtalk:
Raj: „Wenn ich eine Woche frei habe, fahre ich wieder in dieses Wahnsinns Spa in Desert Hot Springs. Ich sage Dir, eine Stunde auf dem Massagetisch mit Trevor und Du glaubst, Du wurdest ohne Knochen geboren."
Howard: „Ich halte nichts davon, wenn ein Kerl mich massieren würde."
Raj: „Ach, nein? Und was habe ich beim Fernsehen mit Deinem Nacken gemacht?"

Amy: „Ich befasse mich mit einer Hirnstammhistologie. Du kannst Dich derweil nützlich machen und greifst Dir dahinten einen Schwamm und wischt die Becher aus."
Sheldon: „Auswaschen? Oh, ich verstehe! Ein Initiationsritual für den Neuling. Was hast Du vorbereitet? Schuhcreme auf dem Mikroskop oder Rinderwahnsinn auf meinem Käsesandwich?"
Amy: „Nein, Du sollst die Becher auswaschen. Hopp, hopp im Galopp!"

Sheldon: *„Was? Entschuldige mal! Du hast Dr. Sheldon Cooper in Deinem Labor und er soll Gläser abwaschen? Das ist so, als würdest Du den Hulk bitten, Dir ein Gurkenglas zu öffnen."*

Daten:
Drehbuch: Bill Prady, Steven Molaro, Maria Ferrari#
Regie: Mark Cendrowski
Gastdarsteller: Joshua Malina (President Seibert), Nick Clifford (Phil)

Folge 5x17 „Antisportler"
Originaltitel: The Rothman Disintegration
Erstausstrahlung USA: 16.Februar 2012
Erstausstrahlung DE: 25.September 2012

Inhalt:
Da Professor Rothman vorzeitig in den Ruhestand geht, wird sein Büro frei. Sheldon hatte schon lange ein Auge darauf geworfen und will es sich sofort unter den Nagel reißen. Doch ausgerechnet Barry Kripke war schon schneller. Nach einem kurzen Streit einigen sich die beiden darauf, in einem Duell zu entscheiden, wem zukünftig das Büro gehört. Da ein Wissensduell unfair wäre, versuchen Sheldon und Barry den Kampf um das Büro bei einem Basketballspiel zu entscheiden. Amy schenkt Penny ein Gemälde, auf dem die beiden zu sehen sind. Penny findet es schrecklich, traut sich aber nicht, dies Amy zu sagen.

Charakterfacts:
- Sheldon benutzt auf der Herrentoilette an der Universität immer dasselbe Urinal.

Facts/Trivia
- Zum ersten Mal wird die Serie *Star Trek: Raumschiff Voyager* erwähnt. Drehbuchautor Bill Prady, der unzählige Episoden von *The Big Bang Theory* geschrieben hat, war auch als Drehbuchautor für diese Serie tätig.
- Das *Stein, Papier, Schere, Echse, Spock* Spiel wurde zum ersten Mal in der zweiten Staffel vorgestellt.

Nerdtalk:
Auf der Herrentoilette der Universität:
Sheldon (zu Kripke): *„Ich habe ihn gefunden, er geht zum Urinal. Präsident Seibert...!"*
Präsident Seibert: *„Kann das nicht warten?"*
Sheldon: *„Tut mir leid, wir müssen mit Ihnen reden."*
Präsident Seibert: *„Jetzt? Sie wissen, dass ich ihr Boss bin und meinen Penis in der Hand halte?"*

Amy: „Hach! Was für ein schöner Film!"
Penny: „Das gibt es doch nicht, dass Du Grease noch nie gesehen hast!"
Amy: „Meine Mutter hat mir das nie erlaubt. Sie dachte, ich schließe mich sonst einer Gang an."
Bernadette: „Ich gehe dann jetzt, ich muss morgen ganz früh raus. Meine Firma testet ein neues Steroid, das Hoden angeblich nicht schrumpfen lässt und wer als letzter kommt, muss die Messungen durchführen."

Sheldon: „Wie Du weißt, gehört zu den wesentlichen Eigenschaften der Diplomatie der Kompromiss. In diesem Sinne schlage ich folgendes vor: Ich übernehme ab sofort Rothmans Büro und Du siehst dafür zu, dass Du Dich damit abfindest."
Kripke: „Wie wäre es damit: Ich ziehe in Rothmans Büro und Du zerbeißt eine Zitrone?"

Daten:
Drehbuch: Steven Molaro, Jim Reynolds, Eric Kaplan
Regie: Mark Cendrowski
Gastdarsteller: Lynn Phillip Seibel (Dr. Robb Rothman)

Folge 5x18 „Kuscheln mit dem Gürteltier"
Originaltitel: The Werewolf Transformation
Erstausstrahlung USA: 23.Februar 2012
Erstausstrahlung DE: 2.Oktober 2012

Inhalt:
Sheldon trifft fast der Schlag, als er erfährt, dass sein Friseur, Mr. D'Onofirio, im Krankenhaus liegt. Er gerät in Panik, da seine Haare natürlich nach einem genau festgelegten Zeitpunkt geschnitten werden müssen. Dass diese Aufgabe jemand anders übernehmen könnte, scheint für ihn unvorstellbar. Howard fährt nach Houston, um dort das Astronautentraining zu absolvieren. Schon nach ein paar Tagen scheint er am Ende aller Kräfte zu sein.

Charakterfacts:
- Sheldon glaubt, seine Mutter hätte Haarschnittunterlagen mit genauen Anweisungen an seinen Friseur geschickt.

Facts/Trivia
- Sheldon sagt, sein Haar wüchse mit 4,6 Yoktometer pro Femtosekunde. Umgerechnet sind dies 1,2 Zentimeter pro Monat, was dem normalen durchschnittlichen Haarwuchs entspricht.

- Das Haar am Hinterkopf von Schauspieler Jim Parsons wurde tatsächlich kurz rasiert. Dies störte nicht weiter, da nach dieser Episode die Ausstrahlung zwei Wochen ausgesetzt wurde.

Nerdtalk:
Penny: „Schätzchen, geht es Dir gut?"
Sheldon: „Nein, es geht mir nicht gut! Es ist schon sechs Tage her, dass mein Haarschnitt fällig war. Und es ist nichts Schlimmes passiert."
Penny: „Ähh, tut mir leid. Das verstehe ich nicht."
Sheldon: „Leonard, bitte erkläre es ihr."
Leonard: „Gut, ähm. Er ist verrückt!"

Lautes Trommeln kommt aus der Wohnung:
Penny: „Was soll das hier?"
Leonard: „Oh, hey Penny! Stell Dir vor, Sheldon hat sich Bongos gekauft!"
Penny: „Wieso hast Du Dir Bongos gekauft?"
Sheldon: „Richard Feynman hatte Bongos. Das wollte ich auch mal versuchen."
Leonard: „Richard Feynman war ein berühmter Physiker der…"
Penny: „Leonard, es ist drei Uhr morgens! Mir ist es auch egal, wenn er ein lila Kobold ist, der in meinem Arsch wohnt!"

Howard fühlt sich beim NASA Training wohl:
Howard: „Oh! Tust Du mir einen Gefallen und könntest Du mir per Nachtkurier ein paar Unterhosen schicken?"
Bernadette: „Klar, wieso?"
Howard: „Ich konnte die Zentrifuge sehen, in der ich Morgen herumgewirbelt werde und ich habe das Gefühl, ich habe nicht genügend hier."

Daten:
Drehbuch: Bill Prady, Steven Molaro, Jim Reynolds, Maria Ferrari
Regie: Mark Cendrowski
Gastdarsteller: Vernee Watson-Johnson (Althea), Peter Onorati (Angelo)

Folge 5x19 „Wochenendkrieger"

Originaltitel: The Weekend Vortex
Erstausstrahlung USA: 8.März 2012
Erstausstrahlung DE: 9.Oktober 2012

Inhalt:
Raj schlägt seinen Freunden vor, mal wieder ein reines Zocker-Wochenende zu veranstalten und zwei Tage lang das Star Wars Online-Spiel zu spielen. Die anderen sind sofort begeistert von der Idee, schließlich haben sie früher so ihre Wochenenden gemeinsam verbracht. Sheldon hat allerdings ein Problem: Er hatte Amy versprochen, sie zu dem Geburtstag ihrer Tante zu begleiten. Als sich Sheldon dazu entschließt, lieber mit den anderen zu spielen, fährt Amy alleine zu der Feier. Danach kehrt sie völlig frustriert zurück und heult sich bei Penny darüber aus, wie schlecht Sheldon sie behandelt.

Charakterfacts:
- Amy erfand einst einen virtuellen Freund Namens Armin, um ihre Familie zu beeindrucken.
- Amy stammt aus Glendale, Kalifornien.

Facts/Trivia
- In Episode *5x05 Ab nach Baikonuri* sagte Leonard zu Sheldon im Comicbuchladen, dass es hier kein Excalibur Schwert zu kaufen gäbe. Genau dieses Schwert taucht nun in dieser Episode auf.

Nerdtalk:
Raj: „Weißt Du, was toll wäre? Wenn wir es wie früher machen!"
Leonard: „Meinst Du einen Spielemarathon?"
Raj: „Ja, wir fangen Samstagmorgen an – Dauer 48 Stunden. Schlafsäcke, Junk-Food."
Howard: „Wir machen die Handys aus, damit unsere Mütter nicht anrufen können!"
Leonard: „Also wie bei unserer World of Warcraft Party vor ein paar Jahren, als die Nachbarn wegen uns die Polizei gerufen haben!"
Howard: „Sie haben die Polizei wegen des Geruchs gerufen, weil sie dachten, wir sind tot."

Amy ist sauer darüber, dass Sheldon nicht mit zu ihrer Familie fährt:
Amy: „Ich wollte Sheldon doch der Familie präsentieren."
Penny: „Klar, dass verstehe ich. Immerhin ist er Dein erster Freund und so."
Amy: „Nicht nur mein erster Freund, sondern der beste Freund überhaupt. Stell Dir mal vor: Mein Freund ist Sheldon Cooper!"
Penny: „Und niemand zwingt Dich!"

Howard (zu Sheldon): „Hey, wenn Du nicht zu der Party willst, dann geh auch nicht hin. Du bist ein erwachsener Mann, verhalte Dich auch so. Sag Amy, Du machst am Wochenende eine Pyjamaparty und spielst Videospiele mit Deinen Freunden. Sie kapiert es dann vielleicht. Frauen gefällt es, wenn ein Mann das Ruder in die Hand nimmt."
Raj: „Ich konnte das Ruder nie finden."

Daten:
Drehbuch: Steven Molaro, Steve Holland, Eric Kaplan
Regie: Mark Cendrowski
Gastdarsteller: ---

Folge 5x20 „Traum mit Spock"
Originaltitel: The Transporter Malfunction
Erstausstrahlung USA: 29.März 2012
Erstausstrahlung DE: 16.Oktober 2012

Inhalt:
Penny ist mal wieder bei den Jungs zum Abendessen, als Sheldon andeutet, er würde sie für eine Schnorrerin halten. Penny macht sich daraufhin Gedanken, wie sie Leonard und Sheldon eine Freude machen könnte. Sie schenkt beiden ein wertvolles Star-Trek Spielzeug aus dem Jahr 1975 und trifft damit voll ins Schwarze. In dieser Nacht hat Sheldon seltsame Träume von Mr. Spock. Raj ist mal wieder frustriert darüber, keine Frau zu finden. Er bittet seine Eltern, ihm bei der Suche nach der Richtigen zu helfen.

Charakterfacts:
Howard hat eine Zahnspange. Ob er die aktuell noch trägt, ist nicht klar.

Facts/Trivia
- Die Autoren mussten bei dieser Episode Amy rausschreiben, weil Darstellerin Mayim Bialik auf Promotour für ihr neues Buch war.
- Im englischen Original übernahm Leonard Nimoy die Sprecherrolle für die Spock Figur.
- Sowohl die Spock Actionfigur als auch der Transporter stammen von der Firma Mego und sind aus dem Jahr 1975.

Nerdtalk:
Howard: „Hey, Raj, Du hast noch nicht auf die Einladungskarte geantwortet und ich soll fragen, ob Du jemanden zur Hochzeit mitbringst."
Raj: „Ich sage noch Bescheid."
Howard: „Aber bald, wenn es geht. Es spielen sich Dramen wegen der Sitzordnung ab. An der einen Ecke sitzt Bernadettes Mom und an den anderen drei Ecken meine."

Sheldon: „Also, ich hasse diese Hochzeitsfeiern. Ja, warum machen es Braut und Bräutigam nicht so wie Bilbo Beutlin. Stecken sich den Ring auf, verschwinden und alle gehen nach Hause."

Sheldon: „Quantenphysik macht mich richtig glücklich!"
Leonard: „Ja? Freut mich sehr!"
Sheldon: „Als würde man das Universum nackt sehen."

Raj: „Ach, Howard, Du steckst doch in einer Beziehung und weißt, dass man Kompromisse machen muss."
Howard: „Ja, aber bei meinen Kompromissen geht es darum, welche Tagesdecke man kauft oder wer heute mit der Wäsche dran ist. Bernadette oder meine Mom."

Daten:
Drehbuch: Steven Molaro, Steve Holland, Jim Reynolds
Regie: Mark Cendrowski
Gastdarsteller: Chriselle Almeida (Lakshmi), Leonard Nimoy (Spocks Voice)

Folge 5x21 „Noch so ein Weichei"

Originaltitel: The Hawking Excitation
Erstausstrahlung USA: 5.April 2012
Erstausstrahlung DE: 23.Oktober 2012

Inhalt:
Howard überbringt seinen Freunden eine Nachricht, die sie kaum glauben können: Stephen Hawking wird an ihrer Universität einige Vorträge halten. Mehr noch: Hawking hat Howard den Auftrag gegeben, seinen Rollstuhl zu warten. Howard weiß genau, dass es Sheldons größter Traum ist, einmal Hawking zu treffen. Sheldon bettelt Howard an, dass er Hawking eine seiner Arbeiten überreichen soll. Howard erkennt die Chance, Sheldon seine ganzen Gemeinheiten zurückzuzahlen und lässt ihn für sich unangenehme Aufgaben erledigen.

Charakterfacts:
- Gegen Sheldon liegen drei einstweilige Verfügungen vor, die ihm untersagen, sich folgenden Personen zu nähern: Leonard Nimoy, Stan Lee und Carl Sagan.

Facts/Trivia
- Jim Parsons verriet, dass ursprünglich vorgesehen war, dass Sheldon in einem Prinzessin Leia Bikini auftreten sollte, was Parson ablehnte. Er sagte den Verantwortlichen, dieses Kostüm wurde er nur tragen, wenn die Produktion ihm zuvor für sechs Monate einen

Personal Trainer zur Verfügung stelle würde. Schließlich einigte man sich auf das Hausmädchen-Kostüm.
- An den Tafeln in Leonard und Sheldons Wohnung wurden für diese Episode Stephen Hawkings Formeln aufgeschrieben.

Nerdtalk:
Howard: *„Also, ich habe heute Morgen eine ganz verrückte E-Mail bekommen."*
Raj: *„Ich will Dich nicht Deiner Illusion berauben, aber diese Penisvergrößerungspillen funktionieren nicht."*
Howard: *„Glaub mir, das weiß ich."*

Sheldon hofft, dass Howard ihm ein Treffen mit Stephen Hawking verschaffen kann:
Sheldon: *„Howard, bitte! Das ist Stephen Hawking! Vielleicht der Einzige, der mir ebenbürtig ist!"*
Howard: *„Das ist aber doch nicht Dein Ernst!"*
Sheldon: *„Versetz Dich doch mal in meine Lage! Stell Dir mal vor: Du bist weit und breit der einzige Mensch auf einem Planeten, der nur von Hunden bevölkert wird. Dann stellt sich heraus, dass dort noch ein anderer Mensch existiert."*
Howard: *„Nicht so schnell. Soll das heißen, dass wir anderen alle Hunde sind?"*
Sheldon: *„Okay, das hast Du in den falschen Hals bekommen. Ich sage es mal anders. Stell Dir mal vor, Du wärst der einzige Mensch, der auf einem Planeten lebt, auf dem es sonst nur Schimpansen gibt.*

Penny: *„Wieso wäscht Du Howards Männerreizwäsche?"*
Sheldon: *„Wenn ich es nicht mache, gibt er meine Arbeit nicht an Stephen Hawking weiter. Das ist ein berühmter Physiker der..."*
Penny: *„Ja, ja, ich weiß! Der Rollstuhltyp, der die Zeit erfunden hat."*
Sheldon: *„So ungefähr."*

Daten:
Drehbuch: Chuck Lorre, Eric Kaplan, Maria Ferrari
Regie: Mark Cendrowski
Gastdarsteller: Stephen Hawking (Himself)

Folge 5x22 „Sex auf der Waschmaschine?"

Originaltitel: The Stag Convergence
Erstausstrahlung USA: 26.April 2012
Erstausstrahlung DE: 30.Oktober 2012

Inhalt:
Raj organisiert für Howard die Junggesellenabschiedsparty. Howard bittet ihn, aus Rücksicht auf Bernadette auf Stripperinnen zu verzichten. Die Jungs sind davon nicht begeistert, stimmen aber zu. Als Raj ziemlich angetrunken eine Rede für Howard hält, plaudert er dabei allerhand peinliche Anekdoten aus. Zufälligerweise filmt Will Wheaton die Sache mit seinem Smartphone und so landet das Video im Internet. Als Bernadette das Video zu sehen bekommt und so erfährt, dass Howard auch bei Prostituierten war, ist sie sauer und enttäuscht.

Charakterfacts:
Bernadettes Apartmentnummer ist 306.

Facts/Trivia
- Auf der Party ist unter anderem auch Jesse Heiman zu sehen. Heiman war über 150 Mal als Statist in Kinofilmen und TV-Serien zu sehen.

Nerdtalk:
Sheldon: *„Hier."*
Howard: *„Was ist das?"*
Sheldon: *„Du bist aufgebracht und man bringt jemanden, der aufgebracht ist ein heißes Getränk."*
Howard: *„Ja, aber was ist das?"*
Sheldon: *„Hühnerbrühe. Das schien mir kulturell angemessen. Außerdem war ein Hühnerbrühwürfel im Küchenschrank, als ich hier eingezogen bin, der mich bereits die ganzen acht Jahre gestört hat. Also zwei Fliegen mit einer Klappe."*

Howard: *„Ich weiß nicht, was ich als nächstes machen soll."*
Leonard: *„Naja, Howard, ich habe nicht viel Ahnung von Frauen..."*
Howard: *„Ja?"*
Leonard: *„Nein, das war es. Ich habe keine Ahnung von Frauen."*

Howard: *„Bernadette, hör zu..."*
Bernadette: *„Du hast mich belogen! Du hast gesagt, Du hast mir von allen Frauengeschichten erzählt, aber kein Wort von Deiner Cousine, den Prostituierten oder von Raj."*

Amy: „Kommen wir zu der großen Frage: Bernadette, in der Hochzeitsnacht werden Sie die Ehe vollziehen. Was glauben Sie, welche Stellung werden Sie als Mann und Frau als erstes einnehmen?"
Bernadette: „Amy, bitte!"
Amy: „Ich meine ja nur, weil derjenige, der oben ist, auch in der Ehe den Ton angeben wird."

Daten:
Drehbuch: Chuck Lorre, Jim Reynolds, Steven Molaro
Regie: Peter Chakos
Gastdarsteller: Wil Wheaton (himself), Ian Scott Rudolph (Captain Sweatpants)

Folge 5x23 „Falscher Ort, falsche Frage"

Originaltitel: The Launch Acceleration
Erstausstrahlung USA: 3.Mai 2012
Erstausstrahlung DE: 6.November 2012

Inhalt:
Während der Arbeit erhält Howard einen Anruf von der NASA, die ihm mitteilt, dass er nun doch nicht ins All fliegen wird. Das Gerät, das er für die Raumstation gebaut hat, habe eine technische Prüfung nicht bestanden. Howard fällt regelrecht ein Stein vom Herzen, hatte er doch insgeheim große Angst vor dem Flug ins Weltall. Amy möchte die Beziehung zu Sheldon endlich vertiefen und greift infolgedessen zu psychologischen Tricks. Auch Penny und Leonard kommen sich wieder näher. Während einer gemeinsamen Nacht fragt Leonard Penny plötzlich, ob sie ihn heiraten möchte.

Charakterfacts:
- Sheldon verbrachte 600 Stunden seiner Kindheit damit, Super Mario Bros zu spielen.

Facts/Trivia
- In dieser Episode sieht man zum ersten Mal Mr. Rostenkowski, Bernadettes Vater.
- In der Episode *3x20 Spaghetti mit Würstchen* wurde enthüllt, dass das titelgebende Gericht Sheldons Lieblingsspeise ist.

Nerdtalk:
Howard (am Telefon): „Howard Wolowitz?"
Dave Roeger: „Dave Roeger von der Nasa. Wir müssen über Ihre bevorstehende Mission sprechen."
Howard: „Ja, ja ich arbeite noch an meinen Liegestützen. Ich hänge zwar noch bei neun fest, aber ich schaffe sie ganz nach unten, ohne dass mich jemand festhält."

Leonard: „Also, falls es Dir ein Trost ist, ich habe es mit Penny mal wieder richtig vermasselt."
Sheldon: „Fällt Dir was auf, Leonard? Wir beteiligen uns an der gesellschaftlichen Konvention der Männer und jammern über unsere Weiber!"
Leonard: „Ja, da hast Du recht. Also, was ist denn los?"
Sheldon: „Ob du es glaubst oder nicht: Amy hat mittlerweile eine Kampagne gestartet, um meine Gefühle für sie zu steigern, indem sie mich glücklich macht."
Leonard: „Oh, das tut mir leid. Das muss sehr schwer für Dich sein."

Amys Vater: „Als ich Dich zum ersten Mal gesehen habe, konnte ich Dich nicht ausstehen."
Howard: „Das ist mir bewusst, Sir."
Amys Vater: „Aber dann haben wir ein bisschen Zeit miteinander verbracht."
Howard: „Aha!"
Amys Vater: „Und dennoch wurde es nicht besser!"

Daten:
Drehbuch: Bill Prady, Steve Holland, Maria Ferrari
Regie: Mark Cendrowski
Gastdarsteller: Casey Sander (Mr. Rostenkowski), Karl T. Wright (Jimmy), Robert Clotworthy (Dave Roeger - V.O.)

Folge 5x24 „Fruchtzwerg fliegt ins All"

Originaltitel: The Countdown Reflection
Erstausstrahlung USA: 10.Mai 2012
Erstausstrahlung DE: 13.November 2012

Inhalt:
Howard muss einsehen, dass es kein Zurück mehr gibt und er den Flug ins Weltall antreten wird.
Als Howard Bernadette eine Halskette schenkt, ist Bernadette zutiefst gerührt. Sie möchte nun unbedingt noch vor Howards Abflug standesamtlich heiraten, um dann nach seiner Rückkehr eine große Feier zu veranstalten. Leider bekommen die beiden so kurzfristig keinen Termin beim Standesamt, aber Raj hat schon eine Lösung für dieses Problem.

Charakterfacts:
Sheldon hasst es, Geschenke zu bekommen oder zu verteilen. Zum ersten Mal erklärte er dies in Episode *1x16 Die Erdnuss-Reaktion*.

Facts/Trivia
- Am Anfang der Episode stellt Howard seinen Kollegen die Frage, wie viel Urin der Raumanzug aufnehmen könnte. Astronauten tragen Maximum Absorbency Garmen, eine speziell entwickelte Windel für Erwachsene, die 2 Liter Flüssigkeit aufnehmen kann.
- Am Ende der Episode, als die Kamera nach oben fährt und die Hochzeit aus dem All zeigt, sieht man Howards Mutter zum ersten Mal überhaupt in der Serie. Sie sitzt in der rechten Ecke und ist komplett in Pink gekleidet. Zu sehen etwa bei Minute 19:00.

Nerdtalk:
Sheldon: „Leonard, ist es Dir peinlich, mit Penny hier zu sein, nachdem Du ihr neulich einen Antrag gemacht hast?"
Howard: „Du hast Penny einen Antrag gemacht?"
Leonard: „Ich will nicht darüber reden."
Raj (zu Penny): „Wo hat er Dir die Frage gestellt? Was hast Du gesagt?"
Leonard: „Sie hat Nein gesagt, können wir das Thema wechseln?"
Penny: „Es ist kein richtiger Antrag gewesen."
Bernadette: „Wieso ist es kein richtiger Antrag gewesen?"
Sheldon: „Er hat sie während des Koitus gefragt."

Howard: „Gut, geklärt wäre damit das Wo und das Wann. Aber jetzt fehlt uns noch jemand, der die Hochzeitszeremonie abhalten kann."
Penny: „Das ist leicht. Jeder kann online gehen und sich zum Priester weihen lassen. Ich kenne einen Piercing-Laden, da verheiraten die dich für 100 Dollar und bringen den Ehering an einem Körperteil Deiner Wahl an."

Amys Vater: „Deine künftige Schwiegermutter ist ja eine Marke."
Amy: „Nicht jetzt, Dad!"
Amys Vater: „Ihr Schnurrbart ist größer als meiner."

Daten:
Drehbuch: Chuck Lorre, Steven Molaro, Jim Reynolds
Regie: Mark Cendrowski
Gastdarsteller: Pavel Lychnikoff (Dimitri), Michael J. Massimino (Himself), Amy Tolsky (Joan), Endre Hules (Russian Mission Control), Casey Sander (Mr. Rostenkowski)

Staffel 6 (2012-2013)

Folge 6x01 „Die Date-Variable"
Originaltitel: The Date Night Variable
Erstausstrahlung USA: Donnerstag, 27.September 2012
Erstausstrahlung DE: Montag, 28.Januar 2013

Inhalt:
Howard kann es selber fast nicht glauben: Er arbeitet tatsächlich auf der internationalen Raumstation ISS. Doch auch dort hat er keine Ruhe. Ständig rufen seine Mutter und Bernadette an, denn es gibt Streit darüber, wo Howard und Bernadette zukünftig wohnen werden. Unterdessen freut sich Amy auf einen romantischen Abend mit Sheldon. Der zweite Jahrestag steht an, doch der Abend läuft nicht so, wie Amy es sich vorgestellt hat. Auch Leonard und Penny sind sich nicht ganz einig, wo man in der Beziehung nun steht.

Charakterfacts:
- Howard ist in dieser Episode zum zweiten Mal überhaupt innerhalb der Serie mit Bart zu sehen.

Facts/Trivia:
- Die NASA hat für die Arbeit im All nur das IBM Thinkpad A31p und das Lenovo Thinkpad T61p zugelassen. Howard benutzt aber andere Computer.
- Zum ersten Mal sieht man in der Vorspannsequenz auch Bernadette und Amy im Wohnzimmer sitzen.

Nerdtalk:
Raj: „Falls ihr heute Abend Zeit habt: Ich habe von einem Spa gehört, wo man seine Füße in ein Becken voller kleiner Fische stellt, die einem die abgestorbene Haut abknabbern. Ich muss wohl nicht erwähnen, dass hier in Los Angeles ganzjährig Sandalensaison ist."
Leonard: „Naja, ich mach schon was mit Penny."
Raj: „Oh, okay. Dann bleiben nur Du und ich, Sheldon. Wollen wir unsere Flunken in die Piranhas tunken?"

Stuart: „Also, Howard ist jetzt wirklich im All?"
Leonard: „Internationale Raumstation. Knapp vier hundert Kilometer über uns."
Raj: „Genau jetzt starrt Howard auf unseren Planeten wie ein winziger, jüdisch-griechischer Gott – Zeusowitz!."

Sheldon: „Wo willst Du hin?"

Amy: „Ich verschwinde!"
Sheldon: „Du kannst nicht gehen! Ich brauche Dich!"
Amy: „Ist das wahr?"
Sheldon: „Ja! Du musst mich fahren."

Daten:
Drehbuch: Steven Molaro, Maria Ferrari, Jim Reynolds
Regie: Mark Cendrowski
Gastdarsteller: Pavel Lychnikoff (Dimitri)

Folge 6x02 „Händchen halten, bitte!"
Originaltitel: The Decoupling Fluctuation
Erstausstrahlung USA: 4.Oktober 2012
Erstausstrahlung DE: 4.Februar 2013

Inhalt:
Da Howard im All ist, bringt Raj Stuart mit zu einem gemeinsamen Kinobesuch mit seinen Freunden. Sheldon ist davon nicht sehr angetan. Im Kino verrät Amy Sheldon, dass Penny sich ihrer Gefühle gegenüber Leonard nicht sicher ist. Sheldon fällt es sehr schwer, seinem besten Freund nichts davon zu erzählen. Bei einem Telefonat mit Bernadette beschwert sich Howard, dass ihn die anderen Astronauten nicht ernst nehmen und ständig aufziehen.

Charakterfacts:
- In dieser Folge zeigt Sheldon eine echte Gefühlsregung, als er Penny bittet, seinem Freund Leonard nicht weh zu tun.

Facts/Trivia:
- In der Episode *5x24 „Fruchtzwerg fliegt ins All"* erwähnt Sheldon, er habe für Bernadette und Howard eine 88 Dollar Sauciere (Saucenschüssel) als Geschenk zur Hochzeit gekauft. Am Anfang dieser Folge sieht man, wie Bernadette sie auspackt.
- Sheldon erwähnt gegenüber Penny, dass Leonard eine makellose Verkehrssünderkartei habe. In Folge *4x13 „Die neutrale Zone"* fährt Leonard viel zu schnell und wird von der Polizei verfolgt. Es ist anzunehmen, dass dieser Vorfall in seiner Akte stehen müsste.

Nerdtalk:
Bernadette: „Und das nächste Hochzeitsgeschenk ist...eine Sauciere."
Penny: „Oh, eine silberne Sauciere."
Amy: „Die ist von Sheldon! Er hat mir gesagt, er hat sie gravieren lassen."
Bernadette: „Im Falle einer Scheidung, bitte zurück an Sheldon Cooper?!"

Sheldon: „Du bist ein guter Mensch Leonard. Und jetzt muss ich Dir etwas sagen."
Leonard: „Okay."
Sheldon: „Ich kann es Dir nicht sagen."
Leonard: „Wieso nicht?"
Sheldon: „Ich kann Dir nicht sagen, warum ich es nicht sagen kann. Dass sich schon zwei Dinge, die ich Dir nicht sagen kann."
Leonard: „Von mir aus könnten es mehr sein."

Howard fühlt sich auf der Raumstation gemobbt:
Bernadette: „Wieso wehrst Du dich gegen die beiden nicht Mal?"
Howard: „Was soll ich den Männern denn sagen?"
Bernadette: „Ich weiß nicht. Sag, gemein sein ist lahm. Wer cool sein möchte, ist nett!"
Howard: „Na, toll. Wenn ich dass sage, bin ich der Erste, dem im All die Unterhose in die Ritze gezogen wird."

Daten:
Drehbuch: Steven Molaro, Steve Holland, Eric Kaplan
Regie: Mark Cendrowski
Gastdarsteller: Michael J. Massimino (Himself), Pavel Lychnikoff (Dimitri)

Folge 6x03 „Ein blondes Äffchen"
Originaltitel: The Higgs Boson Observation
Erstausstrahlung USA: 11.Oktober 2012
Erstausstrahlung DE: 11.Februar 2013

Inhalt:
Als Sheldon hört, dass ein Wissenschaftler den Nobelpreis für eine Arbeit bekommt, die er vor fünfzig Jahren verfasst hat, bringt ihn dies auf eine Idee. Er will in den Arbeiten, die er im Kindesalter angefertigt hat, nach etwas Preisverdächtigem suchen. Zu diesem Zweck stellt er die Assistentin Alex Jensen an. Da diese recht attraktiv ist, wird Amy eifersüchtig. Völlig unbegründet, scheint Alex doch eher Leonard nett zu finden. Zunächst denkt sich Penny nichts dabei, schließlich aber packt auch sie ein wenig die Eifersucht. Unterdessen kämpft Howard auf der Raumstation mit seinen aufkeimenden Panikattacken.

Charakterfacts:
- Sheldon fing im Alter von sechs Jahren an, auf einer Schreibmaschine zu schreiben.

Facts/Trivia:
- Gastdarstellerin Margo Harshman (Alex) wurde durch ihre Rolle der Tawny Dean in der Serie „Eben ein Stevens" bekannt. Außerdem hatte sie zahlreiche Gastauftritte in TV-

Serien wie zum Beispiel *Grey's Anatomy*, *Boston Legal* oder *Without a Trace – Spurlos verschwunden*.

Nerdtalk:
Amy: *„Das ist ja komisch."*
Penny: *„Was?"*
Amy: *„Sheldon hat mir gesagt, dass er jemanden namens Alex eingestellt hat. Aber nicht, dass Alex eine Frau ist."*
Penny: *„Vielleicht hat er es nicht gemerkt."*

Leonard: *„Sheldon, willst Du uns nicht einander vorstellen?"*
Sheldon: *„Nein! Ich habe jetzt jemanden für so etwas. Los!"*
Alex: *„Ich bin Alex. Dr. Coopers neue Assistentin."*
Leonard: *„Ah, ich gratuliere. Möge Gott ihrer Seele gnädig sein."*

Penny: *„Ich bin für Dich wohl nur ein blondes Äffchen, was?"*
Sheldon: *„Das hast Du gesagt, nicht ich."*

Daten:
Drehbuch: Chuck Lorre, Maria Ferrari, Jim Reynolds
Regie: Mark Cendrowski
Gastdarsteller: Pavel Lychnikoff (Dimitri), Margo Harshman (Alex Jensen)

Folge 6x04 „Armer Astronaut"

Originaltitel: The Re-Entry Minimization
Erstausstrahlung USA: 18.Oktober 2012
Erstausstrahlung DE: 18.Februar 2013

Inhalt:
Nach einer turbulenten Landung ist Howard unbeschadet zurück auf der Erde. Am Flughafen glaubt er, die anwesenden Reporter seien wegen ihm dort, doch warten diese nur auf einen TV-Star. Zumindest Bernadette empfängt ihn herzlich. Eigentlich wollten die beiden ihre Hochzeitsnacht nachholen, aber Bernadette wird von einer schweren Allergie geplagt. Howard ist enttäuscht darüber, dass seine Freunde offenbar alle keine Zeit für ihn haben. Raj zieht mit Stuart los und Leonard, Sheldon, Amy und Penny sind mitten in einem Spieleabend vertieft. Frustriert zieht er alleine los.

Charakterfacts:
- Beim Mal-Spiel wird einmal mehr deutlich, dass Sheldon komplizierter denkt, als alle anderen.

Facts/Trivia:
- In dieser Episode hat Howie Mandel einen kurzen Cameo-Auftritt. Mandel ist ein kanadischer Schauspieler und Komiker.

Nerdtalk:
Bernadette (am Flughafen): *„Ich warte auf meinen Mann."*
Wartender Mann: *„Das ist ja schön."*
Bernadette: *„Er kommt gerade aus dem Weltall zurück."*
Wartender Mann: *„Ich glaube, dieser Flug kommt aus Houston."*

Leonard: *„Dann spielen wir jetzt Pictionary. Wer sind die Teams?"*
Penny: *„Wir wäre es mit Mädchen gegen Jungs?"*
Sheldon: *„Ohhh! Das wäre nicht besonders fair. Ja aber, wahrscheinlich hätte jedes Team, in dem ich nicht bin, einen ganz klaren Nachteil."*

Raj: *„Also, die NASA-Webseite meldet, Howards Sinkflug hat gerade begonnen!"*
Sheldon: *„Er ging als Junge und kehrt zurück als – Held in Jungengröße."*

Daten:
Drehbuch: ?
Regie: Mark Cendrowski
Gastdarsteller: Pavel Lychnikoff (Dimitri), Howie Mandel (Himself), Ken Lerner (Dr. Schneider)

Folge 6x05 „Holographisch erregt"

Originaltitel: The Holographic Excitation
Erstausstrahlung USA: 25.Oktober 2012
Erstausstrahlung DE: 25.Februar 2013

Inhalt:
Stuart plant wieder seine alljährliche Halloweenparty, die in seinem Comicladen stattfindet. Raj bietet ihm an, die Organisation zu übernehmen. Amy schlägt Sheldon vor, als berühmtes Pärchen zu der Party zu gehen. Allerdings werden die beiden sich bezüglich der Kostümwahl nicht einig. Howard fällt all seinen Freunden auf die Nerven, da er ständig nur über seine Arbeit im All erzählt. Unterdessen macht sich Penny darüber Gedanken, dass sie sich nicht genug für Leonards Arbeit interessiert. Sie besucht ihn im Labor und sieht ihn plötzlich mit ganz anderen Augen.

Charakterfacts:
- Sheldon hat eine Abneigung gegenüber Clowns, Kindern und zerlumpter Kleidung.

Facts/Trivia:
- Sheldon notiert für die Kostümauswahl bekannte Paare auf die Tafel. Unter anderem notiert er auch Dharma & Greg sowie Blossom & Joey. *Dharma & Greg* war die erste eigene Sitcom, die Chuck Lorre produzierte. Amy Darstellerin Mayim Bialik spielte in der Serie *Blossom* die Hauptrolle.
- Amy hat kein Problem damit, ein Kostüm zu tragen. In der Episode *4x11 Der peinliche Kuss* sagt Sheldon jedoch, dass Amy keine Kostüme tragen würde.
- Der Astronaut Buzz Aldrin hat in dieser Episode einen kleinen Gastauftritt. Aldrin war nach Neil Armstrong der zweite Mann auf dem Mond.

Nerdtalk:
Bernadette und Amy über Beziehungen:
Bernadette: „Also, ich denke, dass man das zurückbekommt, was man reinsteckt."
Amy: „Nein, das stimmt nicht immer. Gestern warf ich Sheldon meinen verführerischsten Blick zu und er antwortete darauf, wie es dazu kam, dass Weizen angebaut wurde."

Penny: „Ach, Leonard. Er will noch Kostüme mit mir kaufen gehen."
Amy: „Ich dachte Dir gefällt Halloween?"
Penny: „Ja, schon, aber er will zu dieser Party im Comicbuchladen und viele der Kerle, die da hingehen, sind gruselig."
Bernadette: „Wie mein Ehemann?"
Amy: „Und wie mein Freund?"
Penny: „Hmm...Verzeihung Amy, Du hast etwas über Howards Vorhaut erzählen wollen?"

Bernadette hat sich für die Kostümparty richtig Mühe gemacht:
Howard: „Am besten wäre es, wenn Du ohne mich hingehst."
Bernadette (Als Schlumpfine verkleidet): „Nein! Wenn ich alleine auftauche, halten mich die Leute für eine kleinwüchsige Figur aus Avatar."
Howard: „Tut mir leid. Ich will einfach nicht gehen."
Bernadette: „Hey! Ich habe drei Stunden damit verbracht, mich selbst blau zu färben. Und die Farbe aus meiner Schlumpfine zu waschen, wird einen Monat dauern!"

Daten:
Drehbuch: ?
Regie: Mark Cendrowski
Gastdarsteller: Buzz Aldrin (Himself), Janelle Giumarra (Claire)

Folge 6x06 „Akt und Extrakt"

Originaltitel: The Extract Obliteration
Erstausstrahlung USA: 1.November 2012
Erstausstrahlung DE: 25.Februar 2013

Inhalt:
Sheldon hat dem berühmten Wissenschaftler Stephen Hawking eine Freundesanfrage für das Online-Spiel „Words with Friends" geschickt. Als Hawking die Anfrage bestätigt, ist Sheldon völlig euphorisch – schließlich sieht er sich selber nun als Freund dieses Genies. Als Sheldon ihn jedoch bei dem Spiel besiegt, meldet sich Hawking tagelang nicht mehr. Unterdessen erzählt Penny Leonard, dass sie seit einiger Zeit einen Geschichtskurs an der Uni belegt.

Charakterfacts:
- Penny schämt sich manchmal dafür, nur Kellnerin zu sein.

Facts/Trivia:
- Am Anfang der Episode macht Bernadette eine Bemerkung über das Badezimmer von Howards Mutter. Zu diesem Zeitpunkt leben Bernadette und Howard aber schon in einer eigenen Wohnung.
- Dies ist die zweite Folge, bei der Stephen Hawking eine Gastrolle hat. Dieses Mal allerdings nur als Stimme am Telefon.

Nerdtalk:
Bernadette: *„Als ich heute Morgen aus der Dusche kam, fing ich an, mich abzutrocknen, mit etwas, dass ich für ein Handtuch hielt. Aber es ist die Unterhose von Howards Mutter gewesen. Ich musste dann erneut duschen. Es war jedoch nicht genug. Nichts wird je wieder genug sein!"*
Amy: *„Ich habe mal in Sheldons Unterhosenschublade geguckt. Er hat mich angeschrien. Aber jetzt weiß ich, wie sie aussieht und das nimmt er mir nicht wieder weg."*

Sheldon: *„Es ist wirklich herrlich. Eines der größten Genies der Gegenwart hat sich einverstanden erklärt, mit mir in einen ritterlichen, geistigen Wettstreit zu treten. Und ich werde ihm so den Hintern versohlen, dass selbst seine Doktoranten nicht mehr sitzen können."*
Amy: *„Weißt Du, wenn ein Mann einen anderen Mann dominiert, steigt sein Testosteronspiegel an."*
Sheldon: *„Worauf willst Du hinaus?"*
Amy: *„Ich finde es aufregend, wenn Du einen Testosteronspiegel kriegst."*

Leonard (sieht Pennys schriftliche Arbeit): *„Darf ich mal reinsehen?"*
Penny: *„Nein, Leonard! Das ist mein Ding."*

Leonard: *„Okay, ich verstehe schon."*
Penny: *„Danke."*
Leonard: *„Das ist wie bei meinem Training für Klimmzüge. Du sollst sie erst sehen, wenn ich einen hinkriege. Und ich bin schon ganz nah dran."*

Daten:
Drehbuch: ?
Regie: Mark Cendrowski
Gastdarsteller: Stephen Hawking (Himself, Voice)

Folge 6x07 „Spaß mit Flaggen (2)"
Originaltitel: The Habitation Configuration
Erstausstrahlung USA: 8.November 2012
Erstausstrahlung DE: 4.März 2013

Inhalt:
Sheldon will für seine Internetshow „Spaß mit Flaggen" eine Spezialfolge über Star Trek Flaggen produzieren. Dazu hat er seinen Kumpel Wil Wheaton eingeladen, etwas darüber zu erzählen. Allerdings verstehen sich Will und Amy, die die Kamera bedient, nicht und es kommt zum Streit. Als Sheldon dann auch noch zu Will hält und lieber mit ihm den Abend verbringt, ist sie enttäuscht und sauer. Nachdem Leonard ihn überzeugen konnte, mit Amy zu reden, versucht es Sheldon mit einer Entschuldigung, was nicht so ganz gut funktioniert. Unterdessen will Bernadette, dass Howard endlich seine restlichen Sachen in die gemeinsame Wohnung bringt.

Charakterfacts:
- Howard hatte im Alter von fünf Jahren seinen ersten allergischen Schock, als er mit Nüssen in Kontakt kam.

Facts/Trivia:
- Wil Wheatons fiktive Wohnung in dieser Episode hat die Hausnummer 1701, was natürlich eine Referenz an Star Trek ist. Die Enterprise trug die 1701 als Seriennummer.
- Will Wheaton trägt ein T-Shirt mit dem Logo der Web-Serie „The Guild", in der er die Rolle des Bösewichtes „Fawkes" spielt.
- In dieser Episode hat Star Trek Darsteller LeVar Burton seinen zweiten Gastauftritt.

Nerdtalk:
Sheldon: *„Penny, wenn es Dir nichts ausmacht, würde ich mich gerne mit Dir über Frauen unterhalten."*

Penny: „Ich hatte schon das Gefühl, dass es früher oder später soweit ist. Kriegst Du endlich Flaum an komischen Stellen?"
Sheldon: „Penny, bitte! Ich befinde mich in einem Beziehungsdilemma. Und das Du es weißt: Seit ich neunzehn bin, habe ich volle Schambehaarung."

Amy: „Ich finde, er sollte wieder gehen."
Sheldon: „Amy! Wir können Will Wheaton doch nicht bitten zu gehen. Immerhin ist er eine kleine Berühmtheit. Wenn man erklärt, wer er ist, erkennen die meisten Menschen ihn."
Amy: „Vielleicht wäre es bessern, wenn ich gehe!"
Sheldon: „Ohhh, wenn Du das tun könntest, wäre das die ideale Lösung! Du bist die Beste! Wir gehen dann nachher essen, ja?"
Amy: „Bist Du sicher, dass Du nicht lieber mit Deinem Freund essen gehst?"
Sheldon: „Wenn ich darüber nachdenke, hast Du recht! Du, junge Dame, blickst echt durch!"

Amy: „Ich bitte um Verzeihung! Weil ich zum ersten Mal Regie führe, und ich möchte es gut machen."
Wil Wheaton: „Ich doch auch!"
Amy: „Gut, also dann. Dieses Mal mehr richtiger Junge und weniger Pinocchio. Und Action!"
Will Wheaton: „Und Cut! Dir ist schon klar, dass ich das hier ohne Gage mache?"
Amy: „Ja. Und bisher haben wir noch nichts gesehen, was eine Gage wert gewesen wäre."

Daten:
Drehbuch: ?
Regie: Mark Cendrowski
Gastdarsteller: Wil Wheaton (Himself), LeVar Burton (Himself)

Folge 6x08 „Das Rätsel der 43"
Originaltitel: The 43 Peculiarity
Erstausstrahlung USA: 15.November 2012
Erstausstrahlung DE: 11.März 2013

Inhalt:
Sheldon verhält sich seit einiger Zeit merkwürdiger als sonst: Jeden Tag verschwindet er zur gleichen Zeit für zwanzig Minuten. Howard und Raj wollen unbedingt herausfinden, was er in dieser Zeit macht. Als die beiden ihn schließlich verfolgen, beobachten sie Sheldon, wie er in einem kleinen Raum verschwindet. Nachdem Howard und Raj dort einbrechen, finden sie nur eine Tafel, auf der die Zahl 43 notiert ist. Die beiden zerbrechen sich den Kopf darüber, was es mit dieser Zahl auf sich hat.
   Penny lernt für eine Prüfung mit einem Studienfreund, was Leonard eifersüchtig macht.

Charakterfacts:
- Sobald Penny mal weinen muss, weint auch Leonard.
- Sheldons Assistentin Alex findet Leonard sehr attraktiv.

Facts/Trivia:
- In dieser Folge passiert es tatsächlich: Penny sagt zum ersten Mal, dass sie Leonard liebt.
- Während des Drehs zu dieser Episode überraschten Crew und Darsteller das Live-Publikum mit einer überraschenden Tanzeinlage. Das Flash-Mob-Video von der Aktion kann man natürlich bei YouTube ansehen.
- Gastdarsteller Ryan Cartwright (Cole) wurde vor allem durch seine Rolle des Gary Bell in der SciFi-Serie *Alphas* bekannt. Außerdem spielt er einen ab der dritten Staffel wiederkehrenden Charakter in der Drama-Serie *Mad Men*.

Nerdtalk:
Leonard: „Wen hast Du dran?"
Penny (hat ihr Smartphone in der Hand): „Ach, nur einen Typen aus meinem Kurs."
Leonard: „Ach gut! Wir sind doch noch zusammen, oder?"
Penny: „Ganz ruhig! Er ist nur ein Studienfreund. Wir bereiten uns auf die mündliche Prüfung vor. Er ist wirklich ganz nett."
Leonard: „Was? Wie war das? Nach mündlich hatte ich einen kleinen Schlaganfall."

Howard: „Wo gehst Du denn hin?"
Sheldon: „Wo geht ihr hin?"
Raj: „Hat er gerade gesagt!"
Sheldon: „Und ich habe es euch auch gesagt!"
Howard: „Nein, hast Du nicht!"
Sheldon: „Euer Wort gegen meins – wir sehen uns vor Gericht!"

Leonard: „Hi!"
Penny: „Hey! Musst Du nicht mit deiner Gang umherziehen und Gleichungen an Häuserwände sprühen?"

Daten:
Drehbuch: ?
Regie: Mark Cendrowski
Gastdarsteller: Ryan Cartwright (Cole), Margo Harshman (Alex)

Folge 6x09 „Die Parkplatz-Eskalation"

Originaltitel: The Parking Spot Escalation
Erstausstrahlung USA: 29.November 2012
Erstausstrahlung DE: 18.März 2013

Inhalt:
Howard erzählt seinen Freunden stolz, dass er sich ein Auto gekauft hat. Erstaunt stellt er fest, dass ausgerechnet Sheldon einen Parkplatz auf dem Uni-Gelände beansprucht – obwohl er weder Auto noch Führerschein besitzt. Das kann Howard nicht akzeptieren und zwischen ihm und Sheldon kommt es zum Streit, der immer stärker eskaliert. Leonard und Raj versuchen zu schlichten, doch ohne Erfolg. Als sich die Fronten immer weiter verhärten, geraten auch Amy und Bernadette aneinander.

Charakterfacts:
- Sheldon thematisiert in dieser Folge die Alkoholprobleme seines Vaters.

Facts/Trivia:
- Als Penny und Bernadette das Hochzeitsfotoalbum durchblättern, sieht man, dass gar keine Fotos eingeklebt sind.

Nerdtalk:
Raj: „Wieso hast Du einen Parkplatz? Du hast doch gar kein Auto. Du fährst noch nicht mal."
Sheldon: „Das spielt keine Rolle. Es ist mein Parkplatz."
Leonard: „Sie haben ihn sicher anders vergeben, weil Du ihn nie benutzt."
Sheldon: „Ich benutze auch meine Brustwarzen nicht! Sollen sie auch anders vergeben werden?"

Bernadette (zu Amy): „Ich lasse mir das nicht gefallen. Ich werde nach Hause gehen und auf der Stelle Sex mit meinem Mann haben. Vielleicht lasse ich es mir von ihm sogar in der Parklücke besorgen!
(kurze Pause, Penny und Amy gucken erschrocken).
Bernadette: „Das hört sich zwar versaut an, aber so habe ich es nicht gemeint!"

Sheldon: „Ist das ihr Sohn?"
Mann von der Reinigung: „Aha."
Sheldon: „Hat er gerade gesagt!"
Sheldon: „Sein Laptop hat auch bessere Tage gesehen (holt seinen Laptop aus der Tasche). Wenn Sie interessiert sind. Den verkaufe ich. Noch keine zwei Jahre alt. Hat einen 16 GB Ram mit Intel Core I7 Prozessor. Und ich kann Ihnen persönlich versichern, er ruhte weniger als zwanzig Minuten auf dem Penis eines Astronauten."

<u>Bernadette</u>: „Amy, ich spüre da eine kleine Feindseligkeit. Meinst Du, das kommt daher, dass Dein Sexleben genauso theoretisch wie Sheldons Arbeit ist?"
<u>Penny</u>: „Verdammt!"
<u>Amy</u>: „Wenigstens wird Sheldon, wenn wir je Liebe machen sollten, dabei nicht an seine Mutter denken. Und, ja: Das ist ein unverhohlener Hinweis auf seine lebenslange Besessenheit, wieder in ihren geräumigen Schoß zurückkriechen zu wollen!"

Daten:
Drehbuch: ?
Regie: Peter Chakos
Gastdarsteller: William Stanford Davis (Dry Cleaner)

Folge 6x10 „Strafe muss sein"
Originaltitel: The Fish Guts Displacement
Erstausstrahlung USA: 6.Dezember 2012
Erstausstrahlung DE: 25.März 2013

Inhalt:
Howard ist bei seinen Schwiegereltern zum Essen eingeladen worden. Als Bernadette bemerkt, dass Howard nicht weiß, worüber er sich mit ihren Eltern unterhalten soll, spricht sie die Angelleidenschaft ihres Vaters an. Howard wird dazu überredet, mit Bernadettes Vater zum Angel zu fahren. Da er keine Ahnung davon hat, bittet er Penny um Rat. Amy wird von einer Erkältung geplagt. Sie schafft es, dass Sheldon sich um sie kümmert. Dies gefällt ihr so gut, dass sie ihm vorspielt, weiter krank zu sein, obwohl die Erkältung schon abgeklungen ist.

Charakterfacts:
- Raj hat Angst vor Spinnen.
- Howard war in seiner Kindheit Kniffelmeister.

Facts/Trivia:
- In dieser Episode sieht man zum ersten Mal Bernadettes Mutter.
- Sheldon singt den Titelsong der Serie *Teenage Mutant Ninja Turtles* von 1987. Chuck Lorre schrieb den Song zusammen mit Dennis C. Brown.
- Howard ekelt sich vor den Würmern. In Episode *1x12 Das Jerusalem-Projekt* erzählt er seinen Freunden, er habe in seiner Kindheit oft mit Insekten aller Art gespielt und sie gesammelt.

Nerdtalk:
Sheldon (klopft an Amys Tür): „Amy! Amy! Amy!"
(Amy öffnet die Tür).
Sheldon: „Ich habe mich schriftlich dazu verpflichtet, Dir in Zeiten wie diesen Trost zu spenden. Darüber hinaus bist Du meine Freundin und ich sorge mich um Dein Wohlergehen."
Amy: „Danke Sheldon!"
Sheldon: „Nicht doch! Bringen wir es hinter uns."

Sheldon (sieht auf ein Fieberthermometer): „39,2. Genauso wie vor einer halben Stunde. Als wolltest Du nicht gesund werden."
Amy: „Sheldon, eine schwere Erkältung geht nicht in einer halben Stunde weg."
Sheldon: „Nicht bei dieser Einstellung."

Raj: „Was ist mit Dir Sheldon, hast Du schon was vor?"
Sheldon: „Leider ja! Amy will, dass ich sie zu einem Gedenkgottesdienst begleite. Für einen verstorbenen Kollegen asiatischer Herkunft. Deshalb eröffne ich unvermeidliche Gespräche, indem ich darauf hinweise, dass, egal wie tief sie ihn begraben, er trotzdem nicht zurück nach China kommt."
Leonard: „Das hebt sicher die Stimmung!"
Sheldon: „Tja, ich sorge nun mal überall für Heiterkeit."

Daten:
Drehbuch: ?
Regie: Mark Cendrowski
Gastdarsteller: Casey Sander (Mike Rostenkowski), Meagen Fay (Mrs. Rostenkowski)

Folge 6x11 „Mädelsabend mit Kerl"
Originaltitel: The Santa Simulation
Erstausstrahlung USA: 13.Dezember 2012
Erstausstrahlung DE: 8.April 2013

Inhalt:
Die vier Freunde wollen mal wieder einen schönen Dungeon & Dragons Spieleabend veranstalten. Es soll ein richtiger Männerabend werden, also sind Frauen nicht erwünscht. Auch Stuart vom Comicladen stößt zu der geselligen Runde. Zuerst sind die Frauen noch ein wenig verärgert darüber, so abgespeist zu werden, dann beschließen sie aber, ihrerseits einen schönen Frauenabend zu machen. Da Raj als Erster beim Rollenspiel ausscheidet, geht er mit den Frauen in eine Bar. Dort schüttet er ihnen sein Herz aus und erzählt ihnen, wie sehr er darunter leidet, keine Frau zu finden.

Charakterfacts:
- Sheldons Opa verstarb, als er fünf Jahre alt war. Seitdem vermisst er ihn sehr, da er der Einzige in seiner Familie war, der ihn bei dem Wunsch, Wissenschaftler zu werden, unterstützte. Er wünschte sich damals vom Weihnachtsmann, dass er seinen Opa zurückbringen soll. Seitdem hasst Sheldon das Weihnachtsfest.
- Amy bekam ihren ersten Kuss im Alter von 22 Jahren.

Facts/Trivia:
- Fehler: Als Raj in der Bar erzählt, dass er einmal mit Penny im Bett gelandet ist, ist Bernadette völlig überrascht. In der *Folge 5x01 Der Schlampen-Reflex* erfährt sie aber davon und versucht Penny zu trösten.

Nerdtalk:
Leonard: „Unglaublich! Ich habe mit eigenen Händen einen Kamin gebaut!"
Penny: „Du bist ein echter Kerl!"
Leonard: „Oh! Ich habe mich am Papier geschnitten."
Penny: „Das musste ja passieren. Deine Hände sind zarter als Kalbsfilet."

Raj (beim Rollenspiel): „Oh, beim ersten Monster schleiche ich mich von hinten ran, hole meinen Zauberstab raus und schieße ihn meinen Zauber auf den Arsch!"
Stuart: „Hörst Du Dir eigentlich selber zu, wenn Du solche Sachen sagst?"

Amy: „Oh, toll! Ich spiele gerne mit bei Dungeons & Dragons."
Sheldon: „Ohhh, es tut mir leid! Ich hätte das früher erwähnen sollen. Du bist nicht eingeladen."
Amy: „Wieso nicht?"
Sheldon: „Ich beschreibe es Dir mal. Wir Männer müssen uns hin und wieder befreien von den Fesseln des Anstandes und auf Tuchfühlung gehen mit unserem ursprünglichen Selbst!"
Amy: „Was denn, beim Würfeln und Fantasy spielen mit kleinen Figürchen?"
Sheldon: „Wie es Wilde nun mal tun!"

Daten:
Drehbuch: Steven Molaro, Jim Reynolds, Maria Ferrari
Regie: Mark Cendrowski
Gastdarsteller: Dakin Matthews (Santa)

Folge 6x12 „Das Eiersalat-Äquivalent"

Originaltitel: The Egg Salad Equivalency
Erstausstrahlung USA: 3.Januar 2013
Erstausstrahlung DE: 15.April 2013

Inhalt:
Leonard fühlt sich richtig geschmeichelt, da Sheldons Assistentin Alex ihn nach einem Date fragt. Normalerweise ist es Penny, der solche Avancen gemacht werden, deshalb genießt Leonard diese Situation, verheimlicht die Sache aber gegenüber seiner Freundin. Sheldon gefällt die ganze Sache nicht, schließlich soll seine Mitarbeiterin sich nur auf ihn konzentrieren. Nachdem er mit Alex auf seine sehr eigene Art gesprochen hat, geht diese zur Personalchefin der Uni und beschwert sich über Sheldon wegen sexueller Belästigung am Arbeitsplatz. Sheldon versteht die Welt nicht mehr und schwärzt nebenbei noch seine Freunde an.

Charakterfacts:
- Nicht überraschend: Howard musste laut eigener Aussage jeden zweiten Tag zur Personalchefin, bevor er Bernadette kennenlernte.

Facts/Trivia:
- Dies ist die erste Folge, in der man Rajs Hund wieder sieht, nachdem er ihn von Howard und Bernadette geschenkt bekommen hat (Episode *5x20 Traum mit Spock*).

Nerdtalk:
Sheldon: „Howard Wolowitz hat über zwei Jahre Ressourcen der Universität verwendet, um einen sechsbrüstigen Sex-Roboter zu bauen. Und während der offiziellen Weihnachtsfeier konnte ich hören, dass Rajesh Koothrappali sie immerzu als Brown-Sugar bezeichnet hat!"
Janine Davis (Personalchefin der Uni): „Hofstetter, Wolowitz und der Letzte war Rajesh Koothrappali?
Sheldon: „Ja, genau! Aber zu seiner Verteidigung – das war nicht rassistisch. Er ist ja auch braun."

Sheldon: „Es ist nicht nötig, dass Sie sich rechtfertigen. Ich habe durchaus Verständnis für Ihre peinliche Lage. Mein Vater sagte immer dazu, dass eine Frau so wie ein Eiersalat-Sandwich an einem warmen Tag in Texas ist."
Alex „Was?"
Sheldon: „Voller Eier und nur eine kurze Zeit lang reizvoll."

Leonard: „Bitte verzeih mir. Ich hätte Dir das mit Alex sagen sollen."
Penny: „Alex ist mir völlig egal. Nein, ist sie nicht. Gut, ich hasse die Schlampe! Aber wirklich wehtut, dass es Dir so sehr gefallen hat. Muss ich mir etwa Sorgen machen?"

Leonard: „Natürlich nicht! Nein, wieso?"
Penny: „Na hör mal, sie ist hübsch und gebildet. Und wenn Du über die Arbeit redest, muss sie nicht in einem Wörterbuch nachschlagen, um zu verstehen, was Du gesagt hast."
Leonard: „Machst Du das?"
Penny: „Nein!"

Daten:
Drehbuch: Steven Molaro, Bill Prady, Steve Holland
Regie: Mark Cendrowski
Gastdarsteller: Regina King (Janine Davis), Margo Harshman (Alex Jensen)

Folge 6x13 „Man lernt nie aus."

Originaltitel: The Bakersfield Expedition
Erstausstrahlung USA: 10.Januar 2013
Erstausstrahlung DE: 26.August 2013

Inhalt:
Die vier Freunde machen sich voller Vorfreude auf den Weg nach Bakersfield, wo eine Comic-Konvention stattfindet. Auf dem Weg dorthin kommen sie an einem Ort vorbei, an dem etliche Star Trek Episoden gedreht wurden. Howard, Sheldon, Raj und Leonard beschließen, die Gelegenheit zu nutzen, und ein paar Erinnerungsfotos zu machen. Dazu ziehen sie ihre Star Trek Kostüme an. Während die Freunde Fotos vor der schönen Landschaftskulisse machen, wird ihnen das Auto gestohlen. Zu Fuß machen sie sich auf den Weg in die nächste Stadt. Unterdessen versuchen Penny, Amy und Bernadette der Comicleidenschaft ihrer Freunde auf den Grund zu gehen.

Charakterfacts:
- Howard kann nähen. Er musste als Kind oft die Hosen seiner Mutter weiter machen.
- Penny, Amy und Bernadette haben in ihrem Leben noch nie ein Comicheft gelesen.

Facts/Trivia:
- Diese Episode sahen in den USA 23,81 Millionen Zuschauer, was einen neuen Rekord darstellt.
- Der Vasquez Rocks Natural Area Park ist eine beliebte Kulisse für Film- und Fernsehproduktionen. Auch in der Episode *3x08 „Das Suppentattoo"* sind die vier Freunde schon hier, um einen Meteorschauer zu beobachten.

Nerdtalk:
Penny: „Ich verstehe nicht, was Leonard an diesen Heftchen findet."

Bernadette: „Es ist verrückt. Die Männer streiten sich stundenlang über Dinge, die gar nicht existieren."
Amy: „Was für eine Zeitverschwendung!"
Penny (lacht): „Ich weiß! Ein Hammer, der so schwer ist, dass sonst niemand ihn hochheben kann."
Bernadette: „Das liegt nicht daran, dass er so schwer ist, sondern dass er verzaubert ist und nur Thor ihn benutzen kann."
Penny: „Das ergibt ja noch weniger Sinn! Echt mal."
Amy: „Nein, nein, nein! So einfach ist das nicht. Thor ist ein Gott, der Hammer gehört ihm, nur er kann ihn verwenden. Das ist wie Sheldon und seine Zahnbürste."

Penny: „Hey, Stuart!"
Stuart: „Was führt Euch hierher?"
Bernadette: „Wir hätten gerne einen Rat von Dir. Über Comicbücher."
Stuart: „Oh, da kann ich Euch nur empfehlen, keinen Laden damit aufzumachen."

Penny: „Hi, hier sind die Make-up-Schwämmchen, die Du wolltest."
Leonard: „Oh, danke! Ich dachte, ich hätte mehr."
Penny: „Verdammt, Du hast ja mehr Make-up, als ich! Und auch besseres Make-up als ich! Ja, ich leih mir das mal aus."
Leonard: „Hey, hey! Das ist meine Comic-Con Schminke! Ich liebe Dich, aber es gibt Dinge, die ein Mann nicht mit seiner Freundin teil."

Daten:
Drehbuch: Steven Molaro, Maria Ferrari, Eric Kaplan
Regie: Mark Cendrowski
Gastdarsteller: Matt Battaglia (Officer Reynolds), Angela Sargeant (Lana), Craig Gellis (Car Thief #1), Frank Alvarez (Car Thief #2), Rick Gifford (Guy)

Folge 6x14 „Willkommen in der Donnerkuppel"
Originaltitel: The Cooper/Kripke Inversion
Erstausstrahlung USA: 31.Januar 2013
Erstausstrahlung DE: 26.August 2013

Inhalt:
Kripke überbringt Sheldon die Nachricht, dass die Universität nur Geld für einen neuen Fusionsreaktor zur Verfügung stellt, weshalb die beiden zusammenarbeiten sollen. Für Sheldon ein Albtraum, doch es kommt noch schlimmer: Er muss feststellen, dass Kripkes Entwürfe besser sind als seine eigenen. Kripke zeigt jedoch Verständnis und ist der Meinung, Sheldon sei neben der Spur, weil Amy ihn so stark sexuell beansprucht. Sheldon kommt diese Ausrede gerade recht, und er spielt mit. Unterdessen wollen Howard und Raj unbedingt Actionfiguren von sich selbst haben und kaufen einen teuren 3D-Drucker.

Charakterfacts:
- Unglaublich: Darauf angesprochen kann sich Sheldon durchaus vorstellen, in Zukunft einmal Sex mit Amy zu haben. Ein historischer Moment in der Geschichte der Serie.

Facts/Trivia:
- In einer Szene sagt Sheldon, er habe Probleme mit jeglichen körperlichen Kontakten, einschließlich Prostatauntersuchungen. In früheren Staffeln hatte er damit kein Problem. Er wollte sogar einmal, dass Leonards damalige Freundin, Stephanie Barnett, eine solche Untersuchung an ihm vornimmt.
- Der in dieser Folge gezeigte 3D-Drucker ist das Modell 1200 XT 3-D Modeler Pro Series. Howard benutzt einen Microsoft Kinect Sensor, um Raj einzuscannen.

Nerdtalk:
Leonard: „Sheldon, Dein Essen wird kalt."
Sheldon: „Ich esse nachher, denn gerade labe ich mich noch am informativen Busen von Mutter Physik!"
Penny: „Geil, wenn Sheldon versaute Sachen sagt!"

Kripke: „Halt mich nicht für blöd, ja? Wir beide kennen Dein Problem."
Sheldon: „Wirklich?"
Kripke: „Du hast eine Freundin!"
Sheldon: „Ja, und?"
Kripke: „Ja, und? Meine Arbeit würde auch leiden, wenn ich andauernd flachgelegt werden würde."
Sheldon: „Ja. Das ist der Grund. Ja, meine Arbeit leidet unter dem ganzen Flachlegen, das ich bekomme."

Kripke: *„Du verflixter Glückspilz!"*
Sheldon: *„Was soll ich sagen!? Sie erfreut sich an meinen Genitalien. Ich gebe sie ihr für ihr nächtliches Verlangen."*

Daten:
Drehbuch: Steven Molaro, Bill Prady, Steve Holland
Regie: Mark Cendrowski
Gastdarsteller: --

Folge 6x15 „Spoileralarm!"

Originaltitel: The Spoiler Alert Segmentation
Erstausstrahlung USA: 7.Februar 2013
Erstausstrahlung DE: 2.September 2013

Inhalt:
Leonard und Sheldon streiten sich wieder einmal, doch dieses Mal ist es Leonard zu viel. Er will zu Penny ziehen, die davon gar nicht begeistert ist, sich aber nicht traut, es ihm zu sagen. Als Amy von der Sache hört, sieht sie ihre Chance und schlägt vor, bei Sheldon einzuziehen. Eigentlich passt ihm dies auch nicht, aber er findet kein logisches Argument, das dagegen sprechen würde. Howard begleitet Bernadette nach Las Vegas, weil sie die Reise als Bonuszahlung erhalten hat. Er bittet Raj, nach seiner Mutter zu sehen, doch sie will ihn daraufhin nicht wieder so schnell gehen lassen.

Charakterfacts:
- Sheldon ist tatsächlich einmal sprachlos, da er Amys Argumente für ein Zusammenwohnen nicht logisch widerlegen kann.

Facts/Trivia:
- In dieser Folge bekommt man zum zweiten Mal einen Blick auf Howards Mutter. In der finalen Folge der 5. Staffel sah man sie ganz am Ende erstmals kurz.
- Penny vergleicht Leonard und Sheldon mit Ernie und Bert aus der Sesamstraße. Einmal verriet sie, dass sie als kleines Mädchen vorhatte, Ernie zu heiraten.
- Amy argumentiert, dass sie sogar Sheldons blöde Vereinbarungen unterschrieben hätte. In einer früheren Folge sagte sie aber, dass sie diese Vereinbarungen romantisch fände.

Nerdtalk:
Penny: *„Okay, folgendes: In Wahrheit will ich gar nicht, dass er (Leonard) bei mir wohnt."*
Sheldon: *„Sehr schön! Wirf ihn raus, brich ihm das Herz und alle gewinnen!"*
Penny: *„Nein! Ich will ihm nicht das Herz brechen, ich liebe ihn. Das Ganze geht mir zu schnell."*

Sheldon: „*Das findest Du zu schnell? Es ist bloß eine Frage der Zeit, wann ich Amys Beinstoppeln in meiner Dusche vorfinde.*"
Penny: „*Ja, ich kenne ihre Behaarung. Besorg Dir einen starken Abflussreiniger.*"

Howard: „*Meine Mom ist zurzeit ein emotionales Wrack, seit ihr Zahnarztfreund sie abgeschoben hat.*"
Raj: „*Abgeschoben? Mit einem Bulldozer etwa? Entschuldige! Krankhafte Fettleibigkeit ist nicht lustig.*"
Howard: „*Sie ist gewaltig. Das war witzig!*"

Leonard: „*Ach, weißt Du, leck mich doch, Sheldon! Du bist der nervigste Mensch, den ich überhaupt kenne!*"
Sheldon: „*Was? Ich bin nervig? Du kritisierst bei jeder Gelegenheit mein Verhalten. Sheldon, rede nicht während des Frühstücks über Deinen Stuhlgang. Und: Sheldon, wenn der Präsident der Universität eine Trauerrede hält, dann gähne nicht und tippe nicht auf Deiner Uhr. Oder: Sheldon, wirf nicht meine T-Shirts weg, nur weil Du sie hässlich findest. Du bist unmöglich!*"

Daten:
Drehbuch: ?
Regie: Mark Cendrowski
Gastdarsteller: --

Folge 6x16 „Der Romantik-Ninja"
Originaltitel: The Tangible Affection Proof
Erstausstrahlung USA: 14.Februar 2013
Erstausstrahlung DE: 9.September 2013
Drehbuch: ?

Inhalt:
Der Valentinstag sorgt für reichlich Chaos in der Nerdgemeinschaft. Leonard will für Penny den ultimativ romantischen Abend veranstalten, doch sie hat eigentlich keine Lust darauf. Beim gemeinsamen Abendessen mit Howard und Bernadette sieht Penny einen ihrer Exfreunde mit seiner neuen Flamme, Gretchen, am Nachbartisch sitzen und ärgert sich darüber. Außerdem streiten auch noch Howard und Bernadette die ganze Zeit, sodass Leonard total genervt ist. Sheldon weiß nicht, was er Amy schenken soll. Deshalb beauftragt er seine Assistentin, ein passendes Geschenk zu finden. Doch Amy überrascht Sheldon.

Charakterfacts
- Howard spielt leidenschaftlich gerne Assassin's Creed auf seiner Xbox, die ihm seine Mutter zum Geburtstag geschenkt hat.

Facts/Trivia:
- Kaley Cuocos jüngere Schwester, Briana, hat in dieser Folge einen Gastauftritt. Sie spielt die neue Freundin, Gretchen, von Pennys Ex.
- Dies ist die zweite Folge, die als Thema den Valentinstag behandelt. Die erste Folge war 3x15 „Freiflug nach Genf".
- In den USA wurde diese Folge passenderweise tatsächlich am 14. Februar, Valentinstag, ausgestrahlt.

Nerdtalk:
Raj: „Weißt Du, wir zwei haben immer so viel Spaß. Wenn Du eine Frau wärst, wären unsere Probleme gelöst."
Stuart: „Was?"
Raj: „Ja, denkt mal darüber nach. Wir hängen dann ab, wir lesen Comicbücher, wir gehen ins Kino. Das wäre die beste Beziehung überhaupt."
Stuart: „Ja, das hätte schon etwas für sich."
Raj: „Dann bringe ich Dich nach Hause, streife Dir das kleine Schwarze ab und bums Dich, bis Du um Gnade winselst!"
Stuart (fassungslos): „Was???"

Leonard: „Hey, gehen wir essen?"
Howard: „Ja, Sekunde noch. Hey, komm her, ich will Dir etwas zeigen."
Leonard: „Was denn?"
Howard: „Also, ich hatte die Idee, etwas so richtig romantisches für Bernadette zum Valentinstag zu machen. Weil sie mir zurzeit echt auf den Sack geht."
Leonard: „Keine Karte gefunden, auf der das steht?"

Daten:
Regie: Mark Cendrowski
Gastdarsteller: Briana Cuoco (Gretchen), Chris Smith (Matt), Kate Micucci (Lucy), Josh Brenner (Dale)

Folge 6x17 „Keiner ist so kaputt wie ich"
Originaltitel: The Monster Isolation
Erstausstrahlung USA: 21.Februar 2013
Erstausstrahlung DE: 16.September 2013

Inhalt:
Raj konnte Lucy, die er im Comicladen kennengelernt hat, überzeugen, mit ihm einen Kaffee trinken zu gehen. Nachdem Raj einiges von sich erzählt hat, möchte er mehr über sie erfahren. Doch Lucy gibt vor, auf die Toilette zu müssen und flüchtet anschließend durch ein Fenster. Völlig frustriert zieht sich Raj in seine Wohnung zurück und nimmt sich vor, diese nicht mehr zu verlassen. Leonard und Howard versuchen, ihn wieder aufzumuntern. Unterdessen dreht Sheldon eine neue Episode von „Spaß mit Flaggen". Da Amy keine Zeit hat, lädt er Penny ein, ihm dabei zu helfen.

Charakterfacts
- Sheldon mag keine Tomaten auf Hamburgern.
- Raj besuchte die Cambridge Universität – genau wie seine Schwester Priya.

Facts/Trivia:
- In dieser Episode hat Kate Micucci als Lucy ihren zweiten Auftritt.
- Zum zweiten Mal in der Seriengeschichte sieht man Penny beim Schauspielen. In der Folge 5x01 „Der Schlampen-Reflex" sah man sie in einem Werbespot für eine Hämorrhoiden Salbe.

Nerdtalk:
Howard: „Ich sage euch, da stimmt etwas nicht. Ich habe es meistens im Gefühl, wenn Raj Kummer hat."
Bernadette: „Wie eng wart ihr vor unserer Hochzeit befreundet?"
Leonard: „Das willst Du gar nicht wissen!"

Sheldon: „Seit einigen Tagen habe ich Raj nicht mehr gesehen. Gehört er nicht mehr zu unserer sozialen Gruppe? Und wenn nicht, sollten wir uns dann nicht langsam um Ersatz bemühen? Vielleicht dieses Mal ein Latino?"
Howard: „Er hat einfach nur beschlossen, nie wieder seine Wohnung zu verlassen."
Sheldon: „Brillant! Das habe ich mir auch schon so oft vorgenommen."
Howard: „Er ist ziemlich frustriert, weil es einfach nicht hinhauen will mit den Frauen."
Sheldon: „Wären ein paar Hinweise von mir hilfreich?"
(Leonard und Howard sind sprachlos)
Sheldon: „Ich mach nur Witze!"

Daten:
Drehbuch: Steve Holland, Eric Kaplan, Chuck Lorre
Regie: Mark Cendrowski
Gastdarsteller: Kate Micucci (Lucy), Riccardo LeBron (Tom)

Folge 6x18 „Prinzessinnen der Wissenschaft"
Originaltitel: The Contractual Obligation Implementation
Erstausstrahlung USA: 7.März 2013
Erstausstrahlung DE: 23.September 2013

Inhalt:
Howard, Sheldon und Leonard sollen im Auftrag der Universität in Schulen gehen, um dort jungen Mädchen die Wissenschaft näherzubringen. Howard fragt bei seiner ehemaligen Schule an. Dort willigt man ein, dass die Drei einen Vortag vor den Mädchen halten können. Allerdings stellen sie sich dabei nicht sonderlich geschickt an. Amy, Penny und Bernadette beschließen krank zu machen, um gemeinsam einen Ausflug ins Disneyland zu unternehmen. Unterdessen fiebert Raj seinem ersten richtigen Date mit Lucy entgegen.

Charakterfacts
- Keine Überraschung: Amy gibt zu, in ihrem Leben bisher noch nie geschwänzt zu haben.
- Leonard wollte als Schüler eigentlich einmal Profi-Rapper werden.

Facts/Trivia:
- Bei Minute 18:21 sieht man in der Glasvitrine rechts im Bild die Actionfiguren von Bernadette und Howard stehen, die er in einer vorherigen Folge mit einem 3D-Drucker angefertigt hatte.
- Dies ist die zweite Episode, in der man Amy in einem Schneewittchen Kostüm sieht. In früheren Episoden sagte Sheldon allerdings, dass Amy es hasst, sich zu verkleiden.

Nerdtalk:
Leonard: „Es geht um Folgendes: Wir sollen mehr Frauen zu einer Karriere in der Wissenschaft ermutigen."
Howard: „Wenn ich es drauf hätte, Frauen zu irgendwas zu ermutigen, hätte ich früher nicht so viel Zeit mit mir allein unter der Dusche verbracht."

Raj: „Danke nochmals, dass ich beim Mädels-Abend dabei sein darf."
Penny: „Na klar doch! Du bringst tollen Wein mit, machst Fondue. Ich habe mit Kerlen für weniger geschlafen.

Leonard: „Ich frage mich gerade, wie wir da mal einen Versuch starten können."

Howard: „Ich kann ja mal an meiner alten Schule anrufen und fragen, ob wir mit den Schülerinnen über das Thema sprechen können."
Leonard: „Ja, das wäre gut. Versuch mal, ob Du für uns Dreien einen Termin machen kannst."
Sheldon: „Nein, nicht so schnell! Ich spreche zwar immer gerne über die Wissenschaft, aber ich weiß nicht, wie man das Interesse daran bei Schulkindern erweckt. Das muss ich erst googeln."
Howard: „Und wonach suchst Du dabei genau?"
Sheldon: „Wie schaffe ich es, dass zwölfjährige Mädchen auf mich anspringen!?"
Leonard und Howard (schreien panisch): „Neeeeeeiiiiiinnnn!"

Daten:
Drehbuch: ?
Regie: Mark Cendrowski
Gastdarsteller: Kate Micucci (Lucy), Dawson Fletcher (Justin), Diamond White (Girl 2), Piper Mackenzie Harris (Girl 1), Brian Posehn (Bert)

Folge 6x19 „Ordnung in der Abstellkammer"
Originaltitel: The Contractual Obligation Implementation
Erstausstrahlung USA: 14.März 2013
Erstausstrahlung DE: 30.September 2013

Inhalt:
Bernadette regt sich über die Unordnung in dem Wandschrank auf. Howard hat die Idee, Sheldon das Aufräumen zu überlassen. Bei einer Dinner-Party zeigen sie ihm das Chaos und Sheldon kann nicht anders, als sofort mit dem Ordnen der Sachen zu beginnen. Dabei findet er einen alten Brief von Howards Vater und ließt ihn. Howard ist sauer und verbrennt den Brief. Er will nichts über den Inhalt erfahren. Doch Penny, Amy und Bernadette wollen unbedingt wissen, was darin stand. Sie schaffen es, Sheldon das Geheimnis zu entlocken und so bekommen auch Leonard und Raj mit, was in dem Brief stand. Als Howard dies erfährt, ist er schwer enttäuscht von Bernadette.

Charakterfacts:
- Sheldons Ordnungszwang führte einmal dazu, dass er in einem Supermarkt anfing, die Käsetheke zu sortieren – und anschließend aus dem Laden gejagt wurde.

Facts/Trivia:
- Dies ist die erste Folge, in der ausschließlich die Hauptcharaktere zu sehen sind.

Nerdtalk:
Penny: „Uh! Hier riecht es ja schon gut!"

Bernadette: „Danke! Und Sheldon, weil ich weiß, dass heute Dein Thai-Abend ist, habe ich im Asia Markt alle Zutaten geholt und alles selbst gekocht."
Sheldon: „Ohhhhh, das wäre nicht nötig gewesen!"
Bernadette: „Ach, es war mir eine Freude."
Sheldon (hält eine Tüte mit Essen hoch): „Nein, es war wirklich nicht nötig. Ich habe es mir mitgebracht."
Bernadette (zu Leonard): „Warum hast Du das denn zugelassen?"
Leonard: „Ich hatte keine Wahl. Er hat immer gegen meine Rückenlehne getreten."
Bernadette: „Sheldon, ich habe den ganzen Tag gekocht!"
Sheldon: „Na, dann kommst Du Dir jetzt sicher ganz dumm vor."

Howard will nicht wissen, was in dem Brief von seinem Vater steht:
Amy: „Er (Howard) hat den Brief tatsächlich angezündet?"
Bernadette: „Ja, als er ihn gesehen hat, dachte ich schon, er flippt gleich aus. Und er hatte schon einen harten Tag, weil er versehentlich in meiner Hose zur Arbeit gegangen ist. Ich weiß nicht, warum ihn das so aufregt. Ihm steht sie besser als mir."

Bernadette: „Was wird das da?"
Howard: „Du hast gesagt, räum auf. Ich räume auf!"
Bernadette: „Du kannst doch nicht einfach alles in die Kammer werfen!"
Howard: „Du kannst mir entweder sagen, was ich tun soll oder wie ich es tun soll, aber es geht nicht beides. Wir sind nicht beim Sex."

Daten:
Drehbuch: ?
Regie: Anthony Joseph Rich
Gastdarsteller: ---

Folge 6x20 „Kein Job fürs Leben"
Originaltitel: The Tenure Turbulence
Erstausstrahlung USA: 4.April 2013
Erstausstrahlung DE: 14.Oktober 2013

Inhalt:
Howard, Raj, Leonard und Sheldon sitzen gerade beim Essen, als Kripke vorbeikommt und ihnen berichtet, dass einer der begehrten Stellen auf Lebenszeit an der Universität frei geworden ist.
Unter den Freunden bricht ein Konkurrenzkampf um den Posten aus. Da diese Stelle von einem Komitee vergeben wird, bemühen sie sich, die Mitglieder von ihren Vorzügen zu über-

zeugen. Besonders Mrs. Davis wird umworben. Sheldon, Leonard und Raj stellen sich dabei allerdings nicht besonders geschickt an.

Charakterfacts
- Amy äußert gegenüber Sheldon indirekt ihren Kinderwunsch.

Facts/Trivia:
- In einer Szene sieht man, wie Raj Mrs. David einen Link zu seiner YouTube Seite sendet, auf der er ein Bewerbungsvideo eingestellt hat. Die Adresse zu seinem YouTube Kanal lautet: http://www.youtube.com/user/RKoothrappali1. Es gibt diesen Kanal tatsächlich, aber er enthält keine Videos.

Nerdtalk:
Amy: „Wenn Du die Stelle wirklich willst, musst Du vielleicht mit denen kuscheln, die das entscheiden."
Sheldon: „Nein! Sheldon Cooper kuschelt mit niemandem."
Amy: „Was Du nicht sagst."

Sheldon streitet sich mit Raj, und Howard unterstützt ihn dabei:
Howard: „Lästere doch über seine Mutter."
Sheldon: „Was? Ja, natürlich! Das wird ihm nicht gefallen! Letzte Nacht verspürte ich das Bedürfnis, mich sexuell zu erleichtern, als ich zufällig Deiner Mutter begegnete!"
(Raj guckt nur genervt)
Leonard: „Okay, halt! Was tun wir denn hier?"
Sheldon: „Ich weiß nicht, was Du vorhast, ich hatte andeuten wollen, dass ich Geschlechtsverkehr mit Rajs Mutter hatte. Für einen Dollar!"

Sheldon: „Tut mir leid. Am Donnerstag schaffe ich es nicht zu unserem Date-Abend. Tja, schlechte Nachricht für Dich."
Amy: „Dieses Mal hast Du hoffentlich eine gute Ausrede parat. Wattestäbchen beschneiden, damit sie genau in Dein Ohr passen, ist eindeutig Schwachsinn!"
Sheldon: „Erstens: Wenn Du solche Sachen sagst, hält man Dich am Ende für verrückt. Zweitens: Der Grund für meine Absage ist die erforderliche Anwesenheit bei einer Gedenkfeier für Professor Tupperman."
Amy: „Das klingt nach einem öden, langweiligen Abend."
Sheldon: „Ja, das wird er bestimmt. Ehrlich, wenn ich schon einen öden, langweiligen Abend verbringen muss, dann lieber mit Dir am Date-Abend."

Daten:
Drehbuch: ?

Regie: Mark Cendrowski
Gastdarsteller: Regina King (Janine Davis), John Ross Bowie (Barry Kripke)

Folge 6x21 „Abschluss-Probleme"
Originaltitel: The Closure Alternative
Erstausstrahlung USA: 25.April 2013
Erstausstrahlung DE: 28.Oktober 2013

Inhalt:
Sheldon flippt völlig aus, als er erfährt, dass „Alphas", eine seiner Lieblingsserien, abgesetzt wurde. Er versucht die Verantwortlichen beim Sender telefonisch zu überzeugen, weitere Episoden zu drehen. Amy nutzt die Gelegenheit, um Sheldon von seinem „Abschlusszwang" zu befreien. In verschiedenen Situationen soll er lernen, sich zu beherrschen, was ihm äußerst schwerfällt. Raj stolpert im Internet über Lucys Blog. Darin beschreibt sie ihn als sehr feminin, woraufhin er versucht, männlicher zu wirken. Dies wirkt auf Lucy aber eher verstörend. Penny findet es bewundernswert, dass Leonard sich für so viele Dinge begeistern kann, und ist gleichzeitig traurig, dass sie nicht über diese Eigenschaft verfügt.

Charakterfacts
- Leonard hatte einmal die Idee, ein Star Wars Coffeeshop zu eröffnen.
- Sheldon ist ein Fan der TV-Serie „Alphas."

Facts/Trivia:
- Die Episode der Serie „Buffy", die Leonard mit Penny ansehen möchte, ist die dritte der ersten Staffel und trägt den Titel „Verhext".

Nerdtalk:
Leonard und Penny sehen sich gerade „Buffy" an:
Penny: *„Sehen wir uns noch eine an."*
Leonard: *„Wirklich?"*
Penny: *„Ja, es ist gut. Erinnert mich irgendwie an meine High-School. Bloß statt Vampiren hatten wir Junkies. Aber beide kommen nachts raus und haben schlimme Zähne."*
Leonard: *„Oh, ja, cool. Ich denke, die Nächste gefällt Dir besser. Alle Cheerleader geraten unter einen bösen Fluch."*
Penny: *„Oh! Das ist auch wie auf meiner High-School. Nur das es kein Fluch war, sondern Filzläuse."*

Howard: *„Ich garantiere Dir, mit dieser Überwachungskamera wirst Du zufrieden sein. Die Optik ist klasse, sie hat Infrarot-Technologie und sogar eine Sicherungsbatterie, falls der Strom mal ausfällt."*

Raj (streichelt seinen Hund): „Ich will nur meine kleine Prinzessin sehen, wenn ich arbeiten bin."
Howard: „Wieso kannst Du Dir nicht Pornos ansehen wie alle anderen auch?"

Penny: „Also, was ich meine ist, dass ich nicht warten darf. Ich habe Dich oder auch Sheldon. All die wunderbaren Freunde. Mein Leben ist jetzt schon aufregend schön."
Leonard: „Super Sache."
Penny: „Das ist es, was?"
Leonard: „Ja. Und soll das jetzt bedeuten, dass wir uns öfter coole Serien ansehen können oder wir in aufeinander abgestimmten Kostümen zur Comic-Con gehen?"
Penny: „Leonard, ich hatte eine Erleuchtung. Keinen Schlaganfall."

Daten:
Drehbuch: ?
Regie: Mark Cendrowski
Gastdarsteller: Kate Micucci (Lucy)

Folge 6x22 „Professor Proton"
Originaltitel: The Proton Resurgence
Erstausstrahlung USA: 2.Mai 2013
Erstausstrahlung DE: 11.November 2013

Inhalt:
Sheldon ist ganz aufgeregt, als er im Internet eine Seite von Professor Proton entdeckt. Dieser hatte vor vielen Jahren eine wissenschaftliche Kindersendung und für Sheldon und Leonard ist er ein Held ihrer Kindheit. Mittlerweile muss Arthur Jefferies, wie Professor Proton eigentlich heißt, sein Geld durch Auftritte auf Kindergeburtstagen verdienen. Also bucht Sheldon ihn, um sein großes Idol zu treffen. Raj bittet Howard und Bernadette, auf seinen Hund aufzupassen. Eigentlich nicht so schwer, doch die beiden schaffen es, ihn zu verlieren.

Charakterfacts
- Bernadette sagt in diese Folge, dass sie sich vielleicht doch vorstellen könnte, irgendwann Mutter zu werden.

Facts/Trivia:
- Gastdarsteller Bob Newhart gewann für seinen Auftritt in dieser Episode seinen ersten Emmy Award. Zuvor war er schon sieben Mal für diesen Preis nominiert. Zum Zeitpunkt, als diese Episode gedreht wurde, war er dreiundachtzig Jahre alt. Newhart ist in den USA ein bekannter Comedystar und Schauspieler.
- In dieser Episode erfährt man den Namen von Rajs Hund: Cinnamon (englisch: Zimt).

- Sheldon stört es nicht, dass Professor Proton auf seinem Couchplatz sitzt. Auch hat er kein Problem damit, ihn ins Krankenhaus zu begleiten, obwohl er sich dort eigentlich unwohl fühlt.

Nerdtalk:
Raj: „Hey, ich habe das ganze Wochenende Dienst in der Sternenwarte. Kannst Du und Bernadette so lange auf meinen Hund aufpassen?"
Howard: „Warum gibst Du sie nicht in eine Tierpension?"
Raj: „Warum Du Deine Mutter nicht in ein Heim?"
Howard: „Ehrlich gesagt wäre ein Tierheim besser für sie."

Raj liefert seinen Hund bei Howard ab:
Raj: „Onkel Howard! Cinnamon ist da zur Pyjama-Party!"
Howard: „Du weißt: Wenn Du mal einen Schlaganfall hättest, würde sie Dich fressen."
Raj: „Und ich wäre mit ganz großer Freude ihr Yam Yam!"

Sheldon: „Sie mögen es mir vielleicht nicht glauben, aber ich hatte keine Freunde, als ich ein Kind war."
Professor Proton: „Doch, dass glaube ich Ihnen aufs Wort."

Daten:
Drehbuch: ?
Regie: Mark Cendrowski
Gastdarsteller: Bob Newhart (Arthur /Proton), Troy Winbush (Paramedic), Ashley Shewell (Cafeteria Student)

Folge 6x23 „Würfeln und küssen"
Originaltitel: The Love Spell Potential
Erstausstrahlung USA: 9.Mai 2013
Erstausstrahlung DE: 18.November 2013

Inhalt:
Amy, Penny und Bernadette wollen gemeinsam einen Ausflug nach Las Vegas unternehmen. Die vier Jungs freuen sich über einen Abend ohne Frauen und darüber, endlich wieder Zeit für Dungeons & Dragons zu haben. Raj bekommt eine SMS von Lucy und verschwindet daraufhin. Als die Frauen auch noch wegen eines Zwischenfalls, den Amy verursacht hat, frühzeitig nach Hause kommen, scheint der Abend gelaufen zu sein. Leonard schlägt vor, die Freundinnen mitspielen zu lassen. Widerwillig stimmt Sheldon zu. Das Date von Raj und Lucy verläuft wieder einmal skurril.

Charakterfacts
- In dieser Folge zeigt Sheldon für einen kurzen Moment Einfühlvermögen. Gegenüber Amy drückt er aus, dass ihm die Beziehung wichtig sei und er sich auch körperliche Nähe mit ihr vorstellen kann.

Facts/Trivia:
- Dies ist die dritte Episode, in der man die Freunde beim Spielen von Dungeons & Dragons sieht.
- Obwohl Sheldon in einer vorherigen Episode seine Abneigung gegenüber Zachary Quinto als Spock ausdrückte, gibt er nun zu, ihn in dieser Rolle doch zu mögen.

Nerdtalk:
Raj: „Ich bin ganz froh, dass Lucy heute arbeiten muss. Das erspart mir das schwierige Gespräch darüber, was ich hier mit meinen Kumpels mache."
Howard: „Ist nicht jedes Gespräch, das ihr zwei führt, schwierig?"
Raj: „Extrem sogar. Wenn am Telefon drei Minuten keiner von uns etwas sagt, können wir auflegen."

Amy: „Du musst nicht reinkommen, um mich aufzumuntern."
Sheldon: „Danke! Sagst Du das auch den anderen, denn die sehen das ganz anders."
Amy: „Ich sage Dir, wie die das sehen. Die halten nämlich unsere Beziehung für einen Witz."
Sheldon: „Ich finde nicht, dass unsere Beziehung ein Witz ist. Kommt ein Pferd in eine Bar, der Barkeeper fragt: Warum so ein langes Gesicht? Das ist ein Witz. Und ein guter sogar, denn ein Pferd hat ein langes Gesicht."

Raj und Lucy in einem Restaurant:
Raj: „Wie sind Deine Krabben?"
Lucy: „Irgendwie komisch."
Raj: „Das ist klasse!"
Lucy: „Ach ja? Bedeutet komisch in Indien etwas anderes?"

Daten:
Drehbuch: Eric Kaplan, Steve Holland, Chuck Lorre,
Regie: Mark Cendrowski
Gastdarsteller: Kate Micucci (Lucy),

Folge 6x24 „Wie ein Wasserfall"

Originaltitel: The Bon Voyage Reaction
Erstausstrahlung USA: 16.Mai 2013
Erstausstrahlung DE: 25.November 2013

Inhalt:
Leonard bekommt die Chance, an einem Forschungsprojekt von Stephen Hawking mitzuarbeiten.
Allerdings wäre er dann für vier Monate auf einem Schiff auf der Nordsee unterwegs. Sheldon ist ein wenig eifersüchtig und hat auch keine Lust allein zu sein, also versucht er es seinem Freund auszureden. Leonard redet mit Penny darüber und sie ermutigt ihn, diese Reise zu machen. Raj schlägt Lucy vor, seine Freunde kennenzulernen. Sie fühlt sich davon völlig überfordert und beendet die Beziehung.

Charakterfacts:
- Sheldon bekämpft seine Angst vor Fremden damit, dass er sie sich manchmal als Star Trek Besatzungsmitglieder vorstellt.

Facts/Trivia:
- Anschlussfehler: Als Raj die Nachricht von Lucy bekommt, hält er sein Handy zuerst in der linken Hand. Nur einen Moment später aber in der rechten. Zu sehen bei Minute 14:48.
- Dies ist die erste Folge, in der Penny und Leonard beide „Ich liebe Dich" zueinander sagen.
- In dieser Folge wird Rajs Problem, nicht in Anwesenheit von Frauen sprechen zu können, aufgehoben. Der Schock, dass Lucy Schluss gemacht hat, diente als Auslöser.

Nerdtalk:
Die Freunde sitzen gerade zusammen beim Essen:
Raj: *„Jedenfalls gestern im Videochat habe ich zwanzig Minuten lang wortlos Lucy nur in die Augen gesehen."*
Leonard: *„Klingt romantisch!"*
Raj: *„Dann erkannte ich, dass das Bild eingefroren war."*

Leonard: *„Ich habe Dir doch mal gesagt, dass die Ähnlichkeit der Gleichung der Relativitätstheorie und der Hydrodynamik daraufhin deuten, dass man das Äquivalent der Unruh-Strahlung in großen und tiefen Gewässern finden könnte."*
Penny: *„Ja, das weißt Du doch von mir!"*

Raj nimmt sich ein Bier aus dem Kühlschrank und trinkt einen Schluck davon:
Raj: „Okay, ich habe an Euch eine Bitte."
Amy: „Und schon kann der Kerl reden! Ich möchte Dein Gehirn aufschneiden, um zu sehen, was darin vorgeht."
Raj: „An mein Hirn lasse ich nur TV-Psychologe Dr. Phil."

Daten:
Drehbuch: Jim Reynolds, Maria Ferrari, Steven Molaro
Regie: Mark Cendrowski
Gastdarsteller: Kate Micucci (Lucy),

Staffel 7 (2013-2014)

Folge 7 x 01 „Drinks von Fremden"
Originaltitel: The Hofstadter Insufficiency
Erstausstrahlung USA: 26.September 2013
Erstausstrahlung DE: 6.Januar 2014

Inhalt:
Leonard befindet sich irgendwo in der Nordsee auf einem Forschungsschiff. Vor allem Sheldon leidet darunter, dass sein bester Freund und Mitbewohner nicht da ist. Er beschließt, den Abend mit Penny zu verbringen, die ihren Freund natürlich genauso vermisst. Amy und Bernadette sind gemeinsam zu einer wissenschaftlichen Tagung gefahren. Als die beiden in einer Bar von zwei Männern einen Drink spendiert bekommen, lässt Bernadette eine unbedachte Bemerkung über Sheldon fallen. Von da an ist es vorbei mit der guten Stimmung. Raj leidet sehr unter der Trennung von Lucy. Howard schlägt ihm vor, zusammen auf eine Uni-Party zu gehen, um dort neue Frauen kennenzulernen.

Charakterfacts:
- Sheldon besitzt neun paar Hosen und Unterhosen.
- Sheldon vermisst einige Dinge, die Leonard für ihn macht:
    - Zum Frühstück malt er mit Sirup Gesichter auf Sheldons Toast.
    - Er hilft ihm, falls sein Reißverschluss klemmt.
    - Abends wünschen sich die beiden per Morsezeichen durch die Wand eine gute Nacht.
- Penny hat in einem Low-Budget Horrorfilm mitgespielt, in welchem sie in einer Duschszene nackt zu sehen ist. Der Film handelt von einem genmanipulierten Killer-Gorilla. Leonard und Sheldon haben diesen im Internet gesehen, Penny aber nie davon erzählt.

Facts/Trivia:
- In der Anfang-Szene, die sich als Traum herausstellt, sagt Sheldon, jemand habe den Kraken freigelassen. In Folge 6 x 01 „Die Date-Variable" erwähnt Sheldon auch schon den Kraken. Dies ist eine Anspielung auf den Film „Kampf der Titanen" aus dem Jahre 2010.

Nerdtalk:
Raj leidet unter der Trennung von Lucy. Seine Freunde versuchen ihn zu trösten:
Howard: *„Heute Abend ist die Begrüßungsparty für die neuen Doktoranden. Geh hin und lerne jemanden kennen, der nicht aus Fett besteht oder Pasteten-Teig."*
Raj: *„Du hältst dich für echt cool, weil deine Frau ein Mensch ist!"*
Howard: *„Berni ist auf einer Tagung mit Amy. Also komme ich mit."*

Raj: *„Dass machst du für mich?"*
Howard: *„Natürlich! Du bist mein Freund. Und ich möchte, dass du glücklich bist."*
Raj: *„Danke! Oh Sheldon, da Amy ja weg ist, kommst du auch mit?"*
Sheldon: *„Ich will auch, dass du wieder glücklich bist! Aber nicht so sehr, um dafür etwas zu tun."*

Howard und Raj sind auf der Party:
Howard: *„Sieh nur, Mrs. Davis von der Personalabteilung ist auch gekommen. Vermutlich will sie sexuelle Belästigung unterbinden."*
Raj: *„Na toll! Das war es mit meiner Chance, sexuell belästigt zu werden!"*
Howard: *„Wie ich hörte, hat ihr Mann sie wegen einer heißen, jungen Studentin verlassen."*
Raj: *„Dass ist doch besser, als wegen einer alten hässlichen!"*

Daten:
Drehbuch: Jim Reynolds, Steve Holland, Eric Kaplan
Regie: Mark Cendrowski
Gastdarsteller: Regina King (Janine Davis), Sophie Oda (Grace),

Folge 7 x 02 „Eine Körbchengröße mehr"
Originaltitel: The Deception Verification
Erstausstrahlung USA: 26.September 2013
Erstausstrahlung DE: 13.Januar 2014

Inhalt:
Leonard überrascht Penny, als er ein paar Tage früher von seiner Forschungsreise zurückkommt. Er versteckt sich in ihrer Wohnung, damit sie noch eine ruhige Zeit ohne Sheldon verbringen können. Sheldon jedoch bemerkt, dass Penny nicht alleine in ihrer Wohnung ist und glaubt, sie würde Leonard betrügen. Als er wieder Geräusche hört, stürmt er in Pennys Wohnung. Er fühlt sich von Leonard und Penny verraten und es kommt zu Streit. Howard ist in letzter Zeit sehr launisch und weinerlich. Es stellt sich heraus, dass er seine Mutter mit einer stark östrogenhaltigen Creme behandelt. Da er dabei keine Handschuhe benutzte, hat er nun zu viele weibliche Hormone im Körper, was vor allem auch Raj auffällt.

Charakterfacts:
- Sheldon mag keine mehligen Äpfel.

Facts/Trivia:
- Ein kleiner Anschlussfehler: In einer Szene kommt Howard nach Hause und Bernadette bietet ihm frisch gebackene Brownies an. Man sieht deutlich, dass diese Nüsse enthal-

ten. Howard ist allerdings stark allergisch gegen Nüsse; warum also hat Bernadette solche Brownies gebacken?
- Diese Episode erreichte in den USA die höchste Einschaltquote aller bisherigen Staffeln.

Nerdtalk:
Sheldon sucht nach einem kleinen Geschenk für Leonard:
Sheldon: *„Ach Stuart, könntest du mir vielleicht helfen, etwas zu finden?"*
Stuart: *„Aber gern! Solange es nicht Hoffnung oder der Sinn des Lebens ist."*
Sheldon: *„Oh, Du bringst mich zum Lachen trauriger Clown."*

Raj: *„Wieso machst Du eine Diät?"*
Howard: *„Ich habe ein bisschen zugenommen. Ich musste diese Hose in der Herrenabteilung kaufen!"*

Die Freunde sitzen endlich wieder gemeinsam beim Abendessen:
Penny: *„Ich bin echt froh, dass ihr zwei wieder Freunde seid."*
Sheldon: *„Ich bin froh, dass wir zwei auch wieder Freunde sind. Dabei fällt mir ein – dass hier war in der Post und ich möchte es dir schenken."* (Sheldon gibt Penny einen Gutschein)
Penny: *„50 Prozent Rabatt auf Vagisil."*
Sheldon: *„Denk an mich, wenn Du sie aufträgst."*

Daten:
Drehbuch: Steven Molaro, Steve Holland, Maria Ferrari
Regie: Mark Cendrowski
Gastdarsteller: Barak Hardley (Pizza Mann)

Folge 7 x 03 „Schnitzeljagd mit Nerds"
Originaltitel: The Scavenger Vortex
Erstausstrahlung USA: 3.Oktober 2013
Erstausstrahlung DE: 20.Januar 2014

Inhalt:
Raj ist verärgert darüber, dass seine Freunde kein Interesse an seinen Krimidinner-Abenden haben. Deshalb denkt er sich etwas Neues aus und veranstaltet eine Schnitzeljagd. Zu diesem Zweck soll sich die Gruppe in Zweierteams aufteilen. Dabei kommt es zu eher ungewöhnlichen Paarungen. Amy zieht mit Howard los, Bernadette mit Leonard und Penny mit Sheldon. Dabei offenbaren sich auch Charakterzüge, die so manch einer noch nicht kannte. Da Penny von den anderen als Underdog behandelt wird, will sie sich besonders beweisen. Wäre da nicht Sheldon, der immer so seine eigene Vorgehensweise hat. Bernadette entwickelt sich im

Wettkampf zur Furie, was Leonard zu spüren bekommt. Amy und Howard hingegen verstehen sich überraschend gut.

Charakterfacts:
- Bernadette ist mit fünf Geschwistern aufgewachsen.
- Howard und Amy mögen beide Neil Diamond.
- Amy mag mittelalterliche Literatur und Poesie; und „Unsere kleine Farm" ist ihre Lieblingsserie.
- Amy war an der Harvard Elite-Universität.

Facts/Trivia:
- Die Schnitzeljagd wird in der Episode 7 x 18 „Reife Leistung Playboy!" wieder aufgegriffen.
- Im Wohnzimmer der WG sitzen die sechs Freunde schon so neben ihren Teampartner, bevor die Zweierteams zusammengestellt sind.
- Die GPS Daten, 34.1516, -118.0767, die Sheldon und Penny finden, sind tatsächlich die einer Bowlingbahn: „300 Pasadena". Dies kann man auf Google Maps überprüfen.

Nerdtalk:
Amy und Howard müssen ein Puzzle zusammensetzen:
Howard: „Wow, Du bist echt gut im Puzzeln!"
Amy: „Ich habe das als Kind oft gemacht. Meine Mom sagte dazu, wenn Du puzzelst, ist dass, als hättest Du tausend Freunde. Sie war voll von solch lustigen Lügen."
Howard: „Falls es Dich tröstet – meine war nur von Buttercremetorte."

Raj: „Hey nochmals danke, dass ich Deinen Laden für die Schnitzeljagd benutzen darf."
Stuart: „Oh keine Ursache! Ich helfe gerne bei den interessanten Sachen aus, zu denen ich niemals eingeladen werde!"

Daten:
Drehbuch: Steven Molaro, Jim Reynolds, Maria Ferrari
Regie: Mark Cendrowski
Gastdarsteller: ---

Folge 7 x 04 „Ostereier im Juni"

Originaltitel: The Raiders Minimization
Erstausstrahlung USA: 10.Oktober 2013
Erstausstrahlung DE: 27.Januar 2014

Inhalt:
Für Amy und Sheldon ist Date-Abend und die beiden sehen sich „Jäger des verlorenen Schatzes" an. Als Amy danach den Film zwar als gut bezeichnet aber behauptet, dass die Hauptfigur des Indiana Jones für die Handlung völlig unwichtig sei, verärgert sie damit Sheldon. Schließlich ist dies einer seiner Lieblingsfilme. Er fasst den Entschluss, sich zu rächen, indem er etwas, das Amy mag, als unlogisch zu entlarven. Leonard gelingt es durch Mitleidsgefühle, Penny so zu manipulieren, Dinge zu tun, die eigentlich nur er mag. Howard und Stuart hoffen durch ein Dating-Portal endlich Frauen kennenzulernen und stellen voller Hoffnung ihre Profile online.

Charakterfacts:
- Amy mag die Comics Garfield und Marmaduke.
- Penny bildet sich in einem Abendkurs in Psychologie weiter.

Facts/Trivia:
- In der Szene am Anfang, wo Amy und Sheldon über „Jäger des verlorenen Schatzes" reden, sieht man am Kühlschrank die WG Flagge auf den Kopf stehen: das Zeichen, wenn Ärger oder Gefahr droht.
- Amy sorgt für großen Wirbel, als sie behauptet, Indiana Jones wäre für die Handlung des Films irrelevant. Selbst die ganzen Nerdfreunde inklusive Sheldon stimmen ihr schließlich zu. Dennoch ist diese Theorie falsch. In dem Film folgen die Nazis Indy nach Nepal, um das Kopfstück des Stabes zu bekommen. Ohne ihn wüssten die Nazis gar nicht, wo man nach dem Kopfstück suchen müsste.

Nerdtalk:
Amy und Howard müssen ein Puzzle zusammensetzen:
Raj: *„Was sagt ihr, welchen Prominenten sehe ich am ähnlichsten?"*
Howard: *„Halle Berry!*

Stuart und Raj arbeiten an ihren Onlineprofilen für ein Dating-Portal:
Raj: *„Können wir unterstellen, dass Du gut bestückt bist?"*
Stuart: *„Ich habe einen Hoden, der etwas merkwürdig lang ist."*
Raj: *„Ok, siehst Du, so redet ein Sieger!"*

Stuart und Raj wollen den Erfolg ihrer Profile prüfen:
Raj: „In den letzten zwei Stunden waren 162 Frauen auf unseren Profilen. Wie viele haben uns angemailt?"
Stuart: „Zusammengenommen?"
Raj: „Ja."
Stuart: „Null."
Raj: „Alter, das ist brutal!"
Stuart: „Ich habe mich noch nie so zurückgewiesen gefühlt. Und ich hatte einmal einen ausgesetzten Hund, der freiwillig ins Tierheim zurück ist!"

Daten:
Drehbuch: Steve Molaro, Maria Ferrari, Steve Holland
Regie: Mark Cendrowski
Gastdarsteller: Christine Baranski (Dr. Beverly Hofstader)

Folge 7 x 05 „Tritte unter dem Tisch"

Originaltitel: The Workplace Proximity
Erstausstrahlung USA: 17.Oktober 2013
Erstausstrahlung DE: 3.Februar 2014

Inhalt:
Für Amy und Sheldon steht eine bedeutende Veränderung an, zumindest beruflich, denn Amy bekommt einen Job an der Caltech Universität. Sheldon sieht darin zunächst kein Problem, bis Howard ihn auf die Schwierigkeiten aufmerksam macht, die entstehen können, wenn man mit dem Partner den Arbeitsplatz teilt. Dadurch verunsichert, fängt Sheldon mit Amy einen großen Streit an. Als Bernadette mitbekommt, dass Howard zu seinen Freunden gesagt hat, dass er sich nicht vorstellen könnte, den ganzen Tag mit ihr zu verbringen, kommt es auch zwischen den Beiden zum Streit.

Charakterfacts:
- Sheldons Lieblingsfigur von den Muppets ist der schwedische Koch.
- Die Mutter von Raj lernte seinen Vater auf der Arbeit, in der Gynäkologie-Praxis kennen, wo sie später auch selber arbeitete.
- Für Amy und Sheldon steht eine große Veränderung an, da Amy nun auch an der Caltech Universität arbeitet.

Facts/Trivia:
- Als Bernadette und Howard sich streiten, ist die WG-Flagge am Kühlschrank erneut umgedreht und steht auf dem Kopf.

- Dies ist die dritte Episode nach 4 x 12 und 5 x 15, in der Sheldon gezwungenermaßen mit dem Bus nachhause fahren muss.

Nerdtalk:
Amy und Sheldon sitzen in der Cheesecake Factory:
Penny: *„Verlegenes Schweigen, Sheldon an seinem Handy, kein Anfassen – jemand hat heute ein Date!"*
Amy: *„Es ist tatsächlich animalischer, als es aussieht. Sheldon erkundigt sich über den phallischen Symbolismus von Wurzelgemüse in der Renaissance-Malerei."*
Sheldon: *„Oh nein, das hat mich gelangweilt. Ich sehe mir gerade Nagelhautscheren auf Amazon an."*
Penny: *„Dass Du ihm nicht die Kleidung runter reißt und hier auf den Tisch nimmst!"*
Sheldon (sieht zu Amy): *„Wenn Du das tust, schreie ich!"*

Die Freunde sitzen zusammen, spielen „Warlords of Ka'a und philosophieren über die Liebe:
Howard: *„Bist Du verrückt? Man arbeitet nicht mit seiner Freundin am selben Arbeitsplatz. Höllischer Narr."*
Sheldon: *„Wieso nicht? Haarige Fee."*
Raj: *„Das könnte aber romantisch werden. Meine Eltern haben sich bei der Arbeit kennengelernt."*
Leonard: *„Dein Vater ist Gynäkologe!"*
Raj: *„Ich weiß. Was einst als Abstrich begann, wurde zu einem Date.*

Sheldon klopft in der Nacht an Amys Tür, der Streit lässt ihn keine Ruhe:
Amy: *„Was willst Du?"*
Sheldon: *„Amy, es fällt mir nicht leicht, das zu sagen. Jede Beziehung hat ihre Schwierigkeiten. Aber umso mehr noch, wenn Du mit jemandem zusammen bist, der sich schwertut mit alltäglichen sozialen Interaktionen. Und der offen gesagt manchen Menschen den Eindruck vermittelt, er wäre eine Art Sonderling."*
Amy (ist gerührt von so viel Offenheit): *„Sheldon...Du bist kein Sonderling!"*
Sheldon: *„Ich spreche doch aber nicht von mir!"*

Daten:
Drehbuch: Chuck Lorre, Eric Kaplan, Jim Reynolds
Regie: Mark Cendrowski
Gastdarsteller: Todd Eric Andrews (Dr. Gunderson), Rachel Steele (Cafeteria Patron)

Folge 7 x 06 „Ein erfreulicher Fehler"
Originaltitel: The Romance Resonance
Erstausstrahlung USA: 24.Oktober 2013
Erstausstrahlung DE: 10.Februar 2014

Inhalt:
Sheldon ist in letzter Zeit kaum ansprechbar, da er an einer wichtigen Sache arbeitet. Schließlich macht er eine wichtige wissenschaftliche Entdeckung, für die er große Aufmerksamkeit erntet. Sogar in China beschäftigt man sich mit seiner Entdeckung. Dann stellt Sheldon fest, dass er eigentlich nur zufällig darauf gestoßen ist, was ihn in tiefe Traurigkeit stürzt. Unterdessen will Howard eine Überraschung für Bernadette vorbereiten, da ihr gemeinsamer Jahrestag bevorsteht. Auch Leonard wünscht sich von Penny mehr Romantik in der Beziehung, sie tut sich damit aber schwer. Und auch Amy wünschte, dass Sheldon endlich ein Mal überhaupt seine Gefühle für sie zum Ausdruck bringen würde.

Charakterfacts:
- Leonard hat Penny einen elfseitigen Brief geschrieben, nachdem sie zum ersten Mal Sex hatten.
- Sheldon hat nur zum Spaß eine Liste von Menschen erstellt, die er in ein Baumhaus mitnehmen würde, falls er eines besäße.

Facts/Trivia:
- Nicht zum ersten Mal muss Bernadette in Quarantäne wegen eines Unfalls bei ihrer Arbeit. In der Episode 4 x 11 „Der peinliche Kuss" musste sie sogar über Weihnachten in Quarantäne verbringen.
- Das Lied, das Howard für Bernadette singt, wurde von Kate Micucci geschrieben und komponiert. Micucci spielte Rajs Ex-Freundin Lucy in der Serie.
- Penny schenkt Leonard eine Erstausgabe von „Per Anhalter durch die Galaxis" als Hardcover. Tatsächlich erschien die Erstausgabe als Taschenbuch.
- Als Penny Leonard die romantischen Dinge zeigt, die er ihr im Lauf der Zeit geschenkt hat, taucht dabei nicht die konservierte Schneeflocke auf, die er ihr in Episode 3 x 01 vom Nordpol mitbrachte.

Nerdtalk:
Penny und Leonard diskutieren über das Thema Romantik.
Penny: *„Also ich kann romantisch sein, wenn ich will!"*
Leonard: *„Ja, das ist schon ok. Und außerdem nicht wahr."*
Penny: *„Ok warte, Du wirst schon sehen! Ich werde so romantisch sein, dass Dir der Arsch wegfliegt!"*
Leonard: *„Das ist poetisch. Ist das von Shakespeare?"*

Howard: *"Leute, es gab einen Unfall in Bernies Labor."*
Leonard: *"Oh mein Gott! Geht es ihr gut?"*
Howard: *"Ja, aber sie ist im Krankenhaus in Quarantäne."*
Penny: *"Was?"*
Amy: *"Arme Bernadette!"*
Sheldon: *"Ich bringe nur ungern weitere schlechte Nachrichten, aber ich erhalte eine Gehaltserhöhung."*

Sheldon bekommt in der Uni spontanen Applaus für seine Entdeckung:
Sheldon: *"Nein, nein bitte nicht! Von Menschen Ihresgleichen brauche ich keine Bewunderung! Wie bringe ich sie dazu, mich nicht zu lieben?"*
Leonard: *"Lad sie ein, bei uns zu wohnen!"*

Daten:
Drehbuch: Steven Molaro, Steve Holland, Maria Ferrari
Regie: Mark Cendrowski
Gastdarsteller: Tom Fonss (Student), Rachel Steele (Cafeteria Kundin)

Folge 7 x 07 „Der Proton-Ersatz"

Originaltitel: The Proton Displacement
Erstausstrahlung USA: 7.November 2013
Erstausstrahlung DE: 17.Februar 2014

Inhalt:
Sheldon trifft zusammen mit Amy und Leonard zufällig in einer Drogerie Professor Proton wieder. Dieser ist von Sheldon genervt, nimmt später aber Kontakt zu Leonard auf, um mit ihm an einem Experiment zu arbeiten. Sheldon ist deswegen zutiefst verärgert und krallt sich Bill Nye, Professors Protons größter Konkurrent. Die Girls machen einen Mädels Abend, zudem auch Raj eingeladen ist. Man will zusammen Schmuck basteln. Howard macht sich zuerst darüber lustig, dann sabotiert er den Abend unabsichtlich, weshalb Raj verärgert ist.

Charakterfacts:
- Raj erklärt, dass er gerne Zeit mit den Frauen verbringt, weil er dort besser über seine Gefühle sprechen kann.
- Leonard gibt zu, dass er Sheldon sehr schätzt und er als Freund für ihn unverzichtbar ist. Vor allem, weil er loyal und vertrauenswürdig ist. Allerdings verrät er auch, dass Sheldon ihn einmal gebissen hat.

- Sheldon erklärt, dass er die drei wichtigsten, sozialen Gepflogenheiten beherrsche: das kokette Lächeln, das freundliche Kichern und die stimmliche Bekundung von Mitgefühl in Form eines langgezogenen „Ohhhhhh".

Facts/Trivia:
- In dieser Folge kann Sheldon eine weitere Einstweilige Verfügung zu seiner Sammlung von Verfügungen, die Prominente gegen ihn erwirkt haben, hinzufügen. So darf er sich nun folgenden Personen nicht nähern: Leonard Nimoy(mittlerweile verstorben), Stan Lee, Carl Sagan und nun auch Bill Nye.
- Bill Nye kann als die Charaktervorlage für Professor Proton angesehen werden. Nye moderierte die kinderfreundliche Wissenschaftssendung „Bill Nye the Science Guy"

Nerdtalk:
Leonard: „Wenn sie mir als Kind gesagt hätten, dass ich eines Tages wissenschaftlich mit Professor Proton arbeiten würde – das hätte ich ihnen niemals abgekauft, Sir!"
Arthur Jeffries: „Wenn mir jemand gesagt hätte, dass ich immer noch mit Professor Proton angesprochen werde, wenn ich 83 bin – hätte ich niemals das Rauchen aufgegeben."

Arthur Jeffries: „Darf ich Ihnen eine Frage stellen:"
Leonard: „Ja, na klar!"
Arthur Jeffries: „Wieso wohnen Sie bei Sheldon?"
Leonard: „Oh wissen Sie, weil wir Freunde sind."
Arthur Jeffries: „Wieso?"

Sheldon stalkt sein Idol und besucht ihn Zuhause:
Arthur: „Sheldon, was wollen Sie hier?"
Sheldon: „Tut mir leid, habe ich Sie geweckt?"
Arthur: „Natürlich haben Sie das! Es ist 19:30!"
Sheldon: „Ich wäre ja früher hier gewesen aber aus irgendeinem Grund ist Ihr Haus nicht in diesem Stadtführer für Hollywood-Stars."
Arthur: „Was wollen Sie Sheldon?"
Sheldon: „Ich bin von meiner Freundin darauf hingewiesen worden, dass ich Sie möglicherweise genervt habe."
Arthur: „Sie ist wohl eine Menschenkennerin!"

Daten:
Drehbuch: Steven Molaro,, Eric Kaplan, Jim Reynolds
Regie: Mark Cendrowski
Gastdarsteller: Bob Newhart (Arthur Jeffries – Professor Proton), Bill Nye (als er selbst)

Folge 7 x 08 „Juckreiz im Gehirn

Originaltitel: The Itchy Brain Simulation
Erstausstrahlung USA: 14.November 2013
Erstausstrahlung DE: 24.Februar 2014

Inhalt:
Als Sheldon in einer Kiste Gutscheine sucht, die er vor drei Jahren bekommen hat, findet er auch eine alte DVD. Diese hätte Leonard vor Jahren zurückgeben sollen und er fürchtet nun, dass Sheldon ausflippt. Der bleibt erstaunlicherweise aber ruhig und gelassen. In der Kiste finden die Freunde auch einen alten Pullover, den Leonard hasst, weil er so unbequem und kratzig ist. Sheldon schlägt vor, dass Leonard diesen tragen muss, bis er die DVD zurückgebracht hat. So soll sein Freund ein Gefühl dafür bekommen, wie er sich fühlt, wenn er sich über solche Dinge aufregt. Leonard nimmt die Herausforderung an, ohne zu wissen, dass es die Videothek gar nicht mehr gibt. Als Penny sieht, dass Lucy, die Ex-Freundin von Raj, in ihrer Bar sitzt, stellt sie diese zur Rede.

Charakterfacts:
- Sheldon kauft sich eine wasserspritzende Scherzblume. Als diese kaputt geht, kann er sie nicht reparieren. Auch Genies sind manchmal überfordert.
- Sheldon hat tatsächlich ganze sieben Jahre darauf gewartet, Leonard mit der DVD eine Lektion erteilen zu können.

Facts/Trivia:
- Leonard erklärt, dass das Dartboard, welches hinter der Wohnungstür hängt, ein einziges Mal benutzt wurde. Dabei hat er aber leider das Fenster zerstört.
- Obwohl Penny Lucy sehr unter Druck setzt, läuft sie nicht fluchtartig davon wie in vorherigen Episoden. Dies ist der vorerst letzte Auftritt von Lucys Charakter in der Serie.

Nerdtalk:
Leonard: „Also wenn Du sagst, dass Du wegen der DVD nicht ausflippen wirst, dann ist folgendes gemeint: Du redest nicht dauernd davon und Du weckst mich nicht mitten in der Nacht auf oder Du nervst mich nicht durch die Tür, wenn ich auf der Toilette sitze?"
Sheldon: „Hey zunächst mal ist es für mich auch kein Zuckerschlecken, mit Dir zu reden, wenn Du auf dem Klo hockst. Du darfst nicht vergessen, wenn Du mich hören kannst, kann ich auch Dich hören!"

Sheldon: „Du hast gesagt, er ist kratzig und unbequem. Ich sage, dass ich mich in solchen Situationen genauso fühle."
Leonard: „Und ich habe gesagt, hol Dir einen Draht!"
Sheldon: „Bitte zieh ihn an. So teilen wir die Erfahrung."

Leonard: „Alles klar! Wenn dieser Pulli Dich zum Schweigen bringt, verdiene ich ein Vermögen, wenn ich ihn an alle vermiete, die wir kennen!"

Amy und Bernadette sitzen bei Penny an der Bar:
Bernadette: „Penny, kriegen wir bitte unsere Drinks?"
Penny: „Ja warte, Sekunde noch."
Amy: „Ich habe heute eine stereotaktische Hirnoperation durchgeführt."
Bernadette: „Cool! Und ich habe im Labor zehn lasergestützte Mikrodissektionen ausgeführt."
Penny: „Ich habe Kaugummi unter dem Tisch abgekratzt."

Howard: „Hey! Woran arbeitest Du?"
Sheldon: „Oh, ich überlege soeben, wie ich die Tatsache, dass ein sehr schnell rotierender Spiegel die virtuellen Photonen in reale Photonen umwandelt nutzen kann, um dunkle Energie zu beobachten."
Howard: „Das ist eine ziemlich coole Idee!"
Sheldon: „Ja es ist gut, dass Du hier bist. Ich könnte einen Ingenieur gut gebrauchen."
Howard: „Klar!"
Sheldon: „Dieser Stuhl quietscht neuerdings. Lässt sich das reparieren oder brauche ich einen neuen?"

Daten:
Drehbuch: Steven Molaro, Steve Holland, Maria Ferrari
Regie: Mark Cendrowski
Gastdarsteller: Kate Micucci (Lucy), Morgan Hewitt (Lizzy), Meli Alexander (Cheesecake Factory Kunde)

Folge 7 x 09 „Bier und Football"
Originaltitel: The Thanksgiving Decoupling
Erstausstrahlung USA: 21.November 2013
Erstausstrahlung DE: 3.März 2014

Inhalt:
Howard überrascht seine Freunde mit einer Einladung für das Thanksgiving-Fest bei seiner Mutter. Sheldon lässt keine Zweifel daran aufkommen, wie wenig Lust er darauf hat, sagt aber trotzdem zu. Auch Bernadettes Vater kommt zu Besuch und Howard versucht, ihm etwas näher zu kommen. Mike jedoch scheint sich überraschenderweise besser mit Sheldon zu verstehen. Penny findet heraus, dass sie durch einen Fehler bei einer Las Vegas-Reise seit drei Jahren mit ihrem Ex-Freund Zack verheiratet ist. Um dieses Problem zu klären, lädt sie ihn auch zum Essen ein. Leonard ist über diese Angelegenheit natürlich überrascht und ver-

ärgert gleichermaßen. Raj müht sich zusammen mit Amy und Bernadette ab, ein festliches Mahl zu zaubern.

Charakterfacts:
- Sheldon trinkt gemeinsam mit Bernadettes Vater Mike ein Bier ohne großen Protest. Eigentlich weigert er sich ansonsten Alkohol zu trinken.
- Penny ist zum Zeitpunkt dieser Episode drei Jahre lang mit Zack verheiratet.
- Sheldon musste in jungen Jahren immer Football kucken, bevor er seine Hausaufgaben machen durfte.

Facts/Trivia:
- Penny ist der einzige Charakter der Serie, deren Nachname nie genannt wurde. In dieser Episode wird enthüllt, dass sie zum Zeitpunkt dieser Episode vor drei Jahren Zack geheiratet hat. Demnach hätte sie in dieser Zeit den Namen Penny Johnson tragen müssen. Da sie nach der Annullierung möglicherweise wieder ihre tatsächlichen Namen angenommen hat, ist dieser auch weiterhin ein Geheimnis.
- Dass Penny glaubt, sie habe im Alter von 16 Jahren eine Kuh umgeschubst, war auch schon in den Episoden 4 x 09 und 5 x 14 ein Thema. Die Wissenschaftler Tracy Boechler und Margo Lillie haben 2005 mathematisch belegt, dass dies unmöglich ist. Dazu würde man zwei bis vier Menschen benötigen.
- Der Charakter Zack Johnson war letztmals in der Episode 4 x 17 zu sehen.
- Sheldon erzählt, dass er seinen Vater im Alter von 14 verlor. In der Episode 1 x 11 erzählte er dies zum ersten Mal, dort sagt er allerdingst, er sei 15 gewesen.
- Zum zweiten Mal gibt Sheldon Amy einen Klapps auf ihren Hintern – und es gefällt ihr.
- Dies ist die erste Thanksgiving-Episode der Serie.

Nerdtalk:
Bernadette, Amy, Raj und Howard arbeiten in der Küche:
Bernadette: „Ich helfe Raj, kümmere Du Dich doch mal um meinen Dad."
Howard: „Der will mich nicht da drin. Ich bin der unheimliche kleine Kerl, der Sex mit seiner Tochter hat."

Penny und ihr Ehemann diskutieren angeregt:
Penny: „Ok gut Zack, hör mal zu. Du weißt, dass keiner von uns das für echt gehalten hat. Immerhin wurden wir von einem Elvis Imitator getraut!"
Zack: „Natürlich war es ein Imitator. Wir hätten uns nie den echten leisten können."
Leonard: „Du hast lieber ihn als mich geheiratet? Ja gut!"

Mike: „Ich weiß, dass ich streng zu Dir bin. Aber Du bist nicht der schlechteste Schwiegersohn auf der Welt."

Howard: *„Mike, das ist das netteste, was Du mir je gesagt hast!"*
Mike: *„Ich bin ja auch hackedicht!"*

Daten:
Drehbuch: Steven Molaro, Jim Reynolds, Jeremy Howe
Regie: Mark Cendrowski
Gastdarsteller: Casey Sander (Mike Rostenkowski), Brian Smith (Zack Johnson)

Folge 7 x 10 „Jodeln für Nerds"
Originaltitel: The Discovery Dissipation
Erstausstrahlung USA: 5.Dezember 2013
Erstausstrahlung DE: 10.März 2014

Inhalt:
Sheldon fühlt sich zunehmend gestresst von der Aufmerksamkeit, die ihm aufgrund seiner wissenschaftlichen Entdeckung zuteilwird. So häufen sich die Interviewanfragen und er wird von Moderator Ira Flatow zu ein einem Radiointerview gebeten. Als er dabei auf die Tatsache angesprochen wird, dass seine Entdeckung auf einem Fehler basiert, flippt er aus und verlässt fluchtartig das Studio. Leonard und Penny versuchen Sheldon dabei zu helfen, mit diesem neuen Ruhm umzugehen, doch der wünscht sich mittlerweile, er hätte diese Entdeckung nie gemacht. Raj quartiert sich für eine Woche samt Hund bei Howard und Bernadette ein, die davon zuerst nicht begeistert ist. Raj ist aber so aufmerksam und hilfsbereit im Alltag, dass Howard sich als schlechter Ehemann fühlt.

Charakterfacts:
- Sheldon kann mehr oder weniger gut Jodeln.
- Sheldon sagt, er habe neun oder zehn Freunde. Neben Leonard, Raj, Howard und Penny nennt er die Wissenschaft als seinen besten Freund. Wahrscheinlich, aber nicht bestätigt meint er außerdem Amy, Bernadette, Stuart und Wil Wheaton, womit man bei neun Freunden wäre.

Facts/Trivia:
- Wil Wheaton hat in dieser Episode bereits seinen siebten Gastauftritt als er selbst. Er erzählt unter anderem, dass er eine Webserie über Brettspiele betreibt. Die Serie heißt „Tabletop" und unter http://geekandsundry.com findet man die offizielle Seite dazu.
- Zum zweiten Mal gibt Sheldon dem Radiomoderator Ira Flatow, der in dieser Episode erstmals auch zu sehen ist, ein Interview.
- Diese Episode greift die Handlung um Sheldons große Entdeckung aus Episode 7 x 06 „Ein erfreulicher Fehler" wieder auf.

Nerdtalk:
Raj pflegt seine treue Begleiterin:
Howard: „Du putzt Dir die Zähne auf meiner Couch?"
Raj: „Nein, ich putze die Zähne von Cinnamon."
Howard: „Wozu die Mühe? Die Hälfte des Tages leckt sie sich am Hintern."
Raj: „Und in der anderen Hälfte leckt sie mein Gesicht. Deshalb putzen wir Zähne."

Bernadette kommt von der Arbeit nach Hause:
Bernadette: „Hey Leute, entschuldigt die Verspätung. Habt Ihr schon gegessen?"
Howard: „Nein, wir haben auf Dich gewartet."
Bernadette: „Das ist ja nett von Euch!"
Howard: „Ja, dann mach uns doch mal was!"

Daten:
Drehbuch: Steven Molaro, Steve Holland, Adam Faberman
Regie: Mark Cendrowski
Gastdarsteller: Wil Wheaton, John Ross Bowie (Barry Kripke), Ira Flatow

Folge 7 x 11 „Onkel Doktor Cooper"
Originaltitel: The Cooper Extraction
Erstausstrahlung USA: 12.Dezember 2013
Erstausstrahlung DE: 17.März 2014

Inhalt:
Sheldon muss an Weihnachten nach Texas zu seiner Familie fahren, da seine Schwester ein Kind bekommt. Die Freunde finden dies gar nicht schlimm, immerhin können sie jetzt ohne Sheldon und seine nervigen Eigenheiten ein stressfreies Fest feiern. Amy stört die Lästerei über ihren Freund natürlich und so erinnert sie die Anderen daran, dass sie sich ohne Sheldon gar nicht kennen würden. Die Freunde finden diesen Ansatz interessant und spielen in Gedanken durch, wie ihr Leben ohne Sheldon verlaufen wäre. So glaubt Amy, dass Penny sich bestimmt an Sheldon rangemacht hätte, während Leonard niemals mit ihr zusammengekommen wäre. Es entsteht eine ebenso spannende wie interessante „was-wäre-wenn-" Diskussion.

Charakterfacts:
- Amy glaubt, dass Penny sich an Sheldon rangemacht hätte, würde er nicht sie kennen.
- Leonard und Howard hatten früher vor, eine WG zu gründen. Raj wollte aber lieber alleine wohnen, da er glaubte, viele Frauen abzuschleppen.

- Amy sagt, sie habe bei sich zuhause eine Art Sheldon Puppe, die aus einem 50 Kilo schweren Sack besteht, der mit Reis gefüllt ist und ein T-Shirt von Sheldon anhat. So fühle sie sich nicht so einsam.

Facts/Trivia:
- Man sieht zum ersten Mal das Schlafzimmer von Howards Mutter. Die Szene, in der Howard das Skelett seiner toten Mutter zeigt, ist natürlich eine Referenz auf den Filmklassiker „Psycho".
- Dies ist die erste Episode innerhalb der Serie, in der man das Konzept einer alternativen Realität für eine „was-wäre-wenn-" Geschichte verwendet.
- Zum ersten Mal sieht man ausschließlich weibliche Charaktere beim Videospielen.
- Dies war die Weihnachtsepisode 2013. Am Ende wird der Gruß „Happy Holidays from The Big Bang Theory" eingeblendet.
- In den Credits wird auch Laurie Metcalf (Mary Cooper) aufgeführt. Sheldons Mutter ist in dieser Episode nach längerer Zeit zumindest im Hintergrund zu hören.

Nerdtalk:
Raj (zu Amy): „Wenn Du von Sheldon ein Baby kriegst, willst Du ihn dann dabei haben?"
Penny: „Sollte er dabei sein, wenn sie das Baby machen, dann gebe ich Dir 10 Dollar!"

Stuart verbreitet doch auf jeder Feier gute Stimmung:
Bernadette: „Hey, ich habe „Ist das Leben nicht schön?" mitgebracht, falls wir den nachher sehen wollen."
Amy: „Ich liebe diesen Film!"
Raj: „Den habe ich nie gesehen."
Stuart: „Ich auch nicht."
Amy: „Der ist klasse! Es ist Weihnachten und Jimmy Stewart ist deprimiert drauf und will sich von einer Brücke stürzen, um sich umzubringen."
Stuart: „Muss ich nicht sehen. Das ist mein Leben!"

Amy: „Hast Du das Baby mal gehalten?"
Sheldon: „Allerdings!"
Amy: „Und, wie hast Du dich dabei gefühlt?"
Sheldon: „Als ich in die verständnislosen, unschuldigen Augen eines Wesens sah, das nicht mal ansatzweise nachvollziehen kann, was ich sage? Im Grunde wie jeden Tag an der Uni!"

Daten:
Drehbuch: Jim Reynolds, Steve Holland, Tara Hernandez
Regie: Mark Cendrowski

Gastdarsteller: Brian Smith (Zack Johnson), Carol Ann Susi (Debbie Wolowitz), Laurie Metcalf (Mary Cooper)

Folge 7 x 12 „Keine hübschen Frauen!"
Originaltitel: The Hesitation Ramification
Erstausstrahlung USA: 2.Januar 2014
Erstausstrahlung DE: 24.März 2014

Inhalt:
Penny berichtet ihren Freunden aufgeregt, dass sie eine kleine Rolle in der Serie NCIS bekommen hat. Am Tag der Ausstrahlung haben sich alle festlich versammelt, doch es gibt eine böse Überraschung. Pennys Szene wurde aus der Episode rausgeschnitten. Völlig niedergeschlagen zieht sie Bilanz und sieht sich als Versagerin. Als auch Leonard ihre Bemühungen als Schauspielerin Fuß zu fassen in Frage stellt, überdenkt Penny ihre Beziehung. Sheldon möchte unterdessen das Geheimnis des Humors ergründen, was ihm recht schwer fällt. Raj verzweifelt daran, keine Frau kennenzulernen. Zusammen mit Stuart zieht er los, um das Sprechen mit fremden Menschen zu üben.

Charakterfacts:
- Penny macht Leonard überraschend einen Heiratsantrag – und er lehnt ab.
- Stuart wurde von seiner Mutter als Baby „kleines Opossum" genannt.
- Sheldon ist der Meinung, komisch zu sein – und steht mit dieser Meinung alleine da.
- Pennys Bruder ist in einer Entzugsklinik.

Facts/Trivia:
- Die Szene in der Cheesecake Factory, in der Bernadette einen Lachanfall vortäuscht, ist eine Anspielung auf den Film „Harry und Sally".
- Am Ende der Episode ist in der „Chuck Lorre Vanity Card" zu lesen, dass in dieser Episode ein Kurzauftritt der Schauspielerin Lexie Contursi heraus geschnitten wurde – so wie es Penny passiert ist. Sie solle eine Frau spielen, die von Howard und Stuart angesprochen wird. Weiterhin erklärt Lorre, dass mit ihrer schauspielerischen Leistung alles in Ordnung gewesen sei, und sie vielleicht in einer anderen Episode eine Gastrolle bekommt.
- Sheldon versucht dem Geheimnis des Humors auf die Spur zu kommen, weil er damit so große Probleme hat. Genau wie die Charaktere Spock und besonders Data aus Star Trek.
- Penny bekommt eine Rolle in der Serie „NCIS", aus der auch ein kurzer Ausschnitt zu sehen ist. In der NCIS Episode 12 x 06 „Meister der Irreführung" revanchierte man sich und zeigte einen Ausschnitt aus The Big Bang Theory.

Nerdtalk:

Penny erzählt ihren Freunden von ihrer TV-Rolle – Raj lässt mit seiner Antwort Raum für Spekulation:

Howard: *„Was sollst Du spielen?"*
Penny: *„Ich spiele einen Gast in einem Restaurant und flirte mit Mark Harmon!"*
Raj: *„Oh! Mark Harmon! Der ist ein Traumboy."*

Raj: *„Also ich habe eine Studie gelesen, laut der ein Mann mit Hund dreimal öfter an Telefonnummern von Frauen kommt."*
Leonard: *„Gilt das auch, wenn der Mann dem Hund Erdnussbutter von der Zunge lecken lässt?"*
Raj: *„Ja, wieso denn nicht?"*
Howard: *„Wenn Du wirklich so verzweifelt eine Frau suchst und Dir Dein Essen aus dem Mund schlecken lässt, verkupple ich Dich mit meiner Mom!"*

Penny: *„Ich habe einen vorübergehenden Job als Kellnerin vor Urzeiten angenommen und mache ihn immer noch. Ich kann nicht kündigen, weißt Du wieso? Ich kann gar nichts anderes! Und dann kriege ich die Chance auf meinen großen Durchbruch und sie löst sich auf! Ich bin die reinste Versagerin!"*
Leonard: *„Nein, das bist du nicht!"*
Penny: *„Wirklich? Denn heute Morgen bei Starbucks ist mir eine alte Unterhose aus meinem rechten Hosenbein gerutscht. Und es war nicht die einzige, die darin gesteckt hat!"*

Daten:

Drehbuch: Steven Molaro, Steve Holland, Maria Ferrari
Regie: Mark Cendrowski
Gastdarsteller: Marcus Folmar (Security Mann), Lexie Contursi (junge Frau – ihre Szene wurde geschnitten)

Folge 7 x 13 „Für immer zu dritt"

Originaltitel: The Occupation Recalibration
Erstausstrahlung USA: 9.Januar 2014
Erstausstrahlung DE: 8.September 2014

Inhalt:

Penny und Leonard sprechen sich aus, nachdem er ihren Heiratsantrag abgelehnt hat. Die beiden vertragen sich und Leonard sagt zu, sie nun mehr zu unterstützen. Dann offenbart sie ihm, dass sie ihren Job in der Cheesecake Factory gekündigt hat. Leonard ist sich nicht sicher, was er davon halten soll. Sheldon leidet darunter, dass er gezwungen wurde, Urlaub zu nehmen und sich nun langweilt. Bernadette hat ausversehen ein wertvolles Comicheft von Howard beschädigt und hofft bei Stuart Ersatz zu bekommen. Amy hat einen Verehrer an der Universität und weiß nicht so recht, wie sie ihn schonend abweisen kann, ohne seine Gefühle zu verletzen. Howard und Raj stehen ihr mit Rat zur Seite, schließlich sind sie Experten auf dem Gebiet.

Charakterfacts:
- Penny kündigt ihren Job bei der Cheesecake Factory, um sich auf die Schauspielerei zu konzentrieren.
- Stuart hat einen größeren Vorrat an Medikamenten gegen Angststörungen.
- Stuart erzählt, dass es einmal einen Unfall gab, bei dem ein Bus mit koreanischen Touristen in das Schaufenster seines Comicladens gefahren ist.

Facts/Trivia:
- Zum letzten Mal sieht man die Cheesecake Factory als Handlungsort der Serie.
- Josh Peck hat einen Gastauftritt als Jesse, einen Konkurrenten von Stuart. Peck wurde durch seine Rolle in der Serie „Drake & Josh" bekannt.
- Obwohl es bereits die zehnte Episode ist, in der „Captain Schlabberhose" zu sehen ist, wird er erstmals in den Credits namentlich (Captain Sweetpants) genannt. Es ist auch das erste Mal, dass dieser Charakter etwas sagt.
- Bei dem Comicheft, dass Bernadette ausversehen beschädigt hat, handelt es sich um Band eins der vierteiligen Comicreihe „The Dark Knight" von Frank Miller.

Nerdtalk:
Sheldon: „Es ist ein Skandal!"
Leonard: „Ich weiß."
Sheldon: „Die Universität denkt, sie kann tun und lassen was sie will und wir nehmen es einfach hin!"
Leonard: „Lass es doch jetzt gut sein Sheldon!"
Sheldon: „Nein! Da arbeitet man unermüdlich für sie und das hat man jetzt davon."
Leonard: „Verflucht! Du sollst doch einfach nur Deinen Urlaub nehmen!"

Penny bringt ihre Arbeitskleidung zur Cheesecake Factory, während Sheldon im Auto wartet:
Sheldon: „Wo ist meine Limonade?"
Penny: „Ich habe keine geholt."
Sheldon: „Ein passendes Ende für Deine Karriere als Kellnerin! Noch ein letztes Mal meine Bestellung zu vergessen."

Penny und Sheldon machen ein paar Joga-Übungen:
Sheldon: „Ich habe gelesen, einige große Jogi haben eine solche Körperbeherrschung erlangt, dass sie Wasser mit ihren Genitalien aufsaugen können."
Penny: „Also ich glaube nicht, dass wir heute schon so weit kommen."
Sheldon: „Bedauerlich. So könnte man Milchshakes trinken, ohne Kälte-Kopfschmerzen zu bekommen."

Daten:
Drehbuch: Steven Molaro, Jim Reynolds, Steve Holland, Maria Ferrari
Regie: Mark Cendrowski
Gastdarsteller: Ian Scott Rudolph (Captain Sweatpants/Schlabberhose), Brian Posehn (Bert), Josh Peck (Jesse)

Folge 7 x 14 „Ein Abend mit Darth Vader"

Originaltitel: The Convention Conundrum
Erstausstrahlung USA: 30.Januar 2014
Erstausstrahlung DE: 8.September 2014

Inhalt:
Die Freunde sind in großer Aufregung am Tag des Kartenvorverkaufs der Comic-Con. Erschüttert stellen sie fest, dass sie keine Karten mehr bekommen haben. Während Leonard, Howard und Raj überlegen, auf dem Schwarzmarkt zu suchen, steckt sich Sheldon höhere Ziele. Er möchte seine ganz eigene Fan-Konvention organisieren. Zu diesem Zweck versucht er prominente Gäste zu gewinnen, doch erstaunlicherweise sagt keiner zu, an seiner Veranstaltung teilzunehmen. Dann trifft er jedoch James Earl Jones - der Beginn eines aufregenden Abends. Bernadette, Penny und Amy wollen unterdessen etwas ihrem Alter entsprechendes unternehmen, um sich erwachsenengerecht zu verhalten. Dabei kommt die Frage auf, ob man das überhaupt muss und was Erwachsensein bedeutet.

Charakterfacts:
- Laut Bernadette zahlt sie Howard ein Taschengeld.
- Amy trägt zum zweiten Mal die Krone, die ihr Sheldon geschenkt hat.

Facts/Trivia:
- James Earl Jones sagt in einer Szene zu Sheldon, dass er beim Lesen des Drehbuchs zu „Das Imperium schlägt zurück" geschockt war, als dort enthüllt wurde, dass Darth Vader Luke Skywalkers Vater sei. Dies kann so nicht stimmen, da bekannt ist, dass dieses Geheimnis nicht im Drehbuch stand. Die Darsteller haben es erst am Tag des Drehs erfahren.

- Erstmals wird die Penny-Darstellerin als Kaley Cuoco-Sweeting in den Credits aufgeführt, da Cuoco zu diesem Zeitpunkt den Tennisspieler Ryan Sweeting geheiratet hatte.
- Sheldon trifft endlich einen Prominenten, der ihn mag und nicht per Verfügung von sich fernhält.
- Die beiden Gastdarsteller James Earl Jones und Carrie Fisher sind für echte Nerds Ikonen aus dem Star Wars Universum. Obwohl Jones in keinem Star Wars Film zu sehen war, ist er bekannt als die Stimme von Darth Vader. Carrie Fisher spielt Prinzessin Leia in Episode vier bis sechs und wird auch in den geplanten neuen Star Wars Filmen diese Rolle wieder aufnehmen.

Nerdtalk:
Penny, Amy und Bernadette gehen in eine Café-Teestunde:
Amy: „Hier sind aber viele Kinder."
Penny: „Ich glaube es nicht, dass wir dachten, wir würden uns hier erwachsen fühlen."
Bernadette: „Und ich glaube es nicht, dass der Kellner dachte, ich sei Deine Tochter."

Penny: „Ich habe Mal eine Frage: seit wann fühlt ihr Euch Erwachsen? Denn ich glaube, ich fühle mich nicht so."
Bernadette: „Also eigentlich hatte ich gedacht, wenn ich mal heirate, wäre ich erwachsen. Aber es fühlt sich nicht so an. Dass ich immer noch Kleider in der Kinderabteilung kaufe, hilft auch nicht gerade."

Sheldon ungewohnt aggressiv:
Leonard: „Mir ist ganz flau im Magen!"
Sheldon: „Ich hoffe nicht wegen mir Hofstadter, sonst haue ich Dir die Brille aus dem Gesicht!"

Daten:
Drehbuch: Steven Molaro, Dave Goetsch, Steve Holland
Regie: Mark Cendrowski
Gastdarsteller: James Earl Jones, Carrie Fisher

Folge 7 x 15 „Eisenbahnromantik"
Originaltitel: The Locomotive Manipulation
Erstausstrahlung USA: 6.Februar 2014
Erstausstrahlung DE: 15.September 2014

Inhalt:
Amy und Sheldon besprechen ihre Beziehungsvereinbarung. Und sie hat für den Valentinstag eine besondere Überraschung geplant: eine Reise in einem historischen Zug. Damit trifft sie genau Sheldons Geschmack, hofft aber natürlich auch auf ein romantisches Dinner. Howard und Bernadette begleiten die beiden auf dieser Reise. Dann aber lernt Sheldon einen ebenso begeisterten Zugfanatiker kennen und Amy ist für den Abend abgeschrieben. Sie klagt ihren Romantikfrust ihren Freunden. Raj möchte den Abend im Observatorium verbringen und bittet Penny und Leonard, auf Cinnamon aufzupassen – keine gute Idee.

Charakterfacts:
- Ohne Frage ein historischer Moment in der Geschichte von The Big Bang Theory: Sheldon und Amy küssen sich zum ersten Mal. Völlig spontan und überraschend und von Sheldon ausgehend.

Facts/Trivia:
- Der sensationelle Kuss zwischen Amy und Sheldon dauert ganze 11 Sekunden.
- Gastdarsteller Alex Ball, der den Kellner im Zug spielt, hatte schon einen Gastauftritt in Episode 7 x 01 „Drinks von Fremden". Interessanterweise auch als Kellner.
- In einer Szene schlägt Leonard Penny vor, auf Sheldons Stammplatz Sex zu haben, doch Penny hat keine Lust. In der Episode 3 x 04 machte er schon den gleichen Vorschlag; aber dieser heilige Platz bleibt vorerst unberührt.
- Die Idee, eine Reise nach Napa Valley zu machen, hatte Raj auch schon zu Howards Junggesellen-Abschied in Episode 5 x 22 vorgeschlagen.
- Zum zweiten Mal bittet Raj ein befreundetes Pärchen, auf Cinnamon aufzupassen und wieder endet es in einer Katastrophe.

Nerdtalk:
Amy möchte, dass Sheldon ihr einen Kosenamen gibt:
Amy: *„Dann Punkt 28. Dein Kosename für mich. Wir haben nur begrenzt Zeit also entscheide Dich bitte schnell!"*
Sheldon:: *„Du hast von mir eine notariell beglaubigte Liste."*
Amy: *„Tut mir leider aber Gollum und 3CPO sind echt unakzeptabel!"*
Sheldon: *„Tja, dir gefällt weder Prinzessin Maiskolben noch Millhouse. Dir kann man es aber auch nicht recht machen!"*

Amy ist niedergeschlagen, da ihr Valentinstag überhaupt nicht romantisch verläuft:
Amy: „Wie habe ich nur denken können, heute würde es anders sein."
Bernadette: „Also allein die Tatsache, dass er mit dir hier ist, sagt doch so einiges. Ich habe sogar mit Howie gewettet, dass es nicht passiert."
Howard: „Ich gehe in den Legoladen und kaufe mir den großen R2D2!"

Sheldon: „Entschuldige mal! Ich finde Dich ein bisschen unhöflich!"
Amy: „Ich bin unhöflich? Du warst die ganze Zeit unhöflich zu mir!"
Sheldon: „Wie ist das möglich? Seit wir im Zug sind, habe ich doch kaum mit Dir gesprochen!"

Daten:
Drehbuch: Steven Molaro, Eric Kaplan, Maria Ferrari
Regie: Mark Cendrowski
Gastdarsteller: Alex Ball   (Kellner im Zug), Eric Petersen (Eric), Tania Raymonde (Yvette)

Folge 7 x 16 „Die Spaßbremse"
Originaltitel: The Table Polarization
Erstausstrahlung USA: 27.Februar 2014
Erstausstrahlung DE: 22.September 2014

Inhalt:
Leonard stört es, dass beim Essen immer jemand auf dem Fußboden sitzen muss. Deshalb beschließt er, einen Esstisch zu kaufen. Sheldon ist damit überhaupt nicht einverstanden, doch Leonard weist daraufhin, dass Veränderungen unvermeidlich sind. Howard bekommt überraschend eine Nachricht von der NASA. Er soll noch einmal zur Internationalen Raumstation fliegen, um dort eine Reparatur durchzuführen. Bernadette weiß nicht, was sie davon halten soll. Immerhin hat ihn die letzte Reise in den Weltraum doch stark zugesetzt.

Charakterfacts:
- Obwohl er viele Ängste und unangenehme Situationen durchzustehen hatte, wünscht sich Howard noch einmal ins Weltall zu fliegen.

Facts/Trivia:
- Erstmals wird die Tradition der Freunde, gemeinsam bei der Couch zu essen, gebrochen. Aber nur für kurze Zeit.
- Sheldon setzt sich an den Fensterplatz, an dem ein Computer steht, der noch unter Windows 98 läuft. Normalerweise steht dort ein iMac auf dem Tisch.
- Als er erfährt, dass Howard womöglich wieder für längere Zeit im All ist, gibt sich Raj wieder seiner Fantasie hin, in der er und Bernadette ein Paar sind.

Nerdtalk:
Howard und Raj spielen mit einer Harry Potter-Zauberstab-Fernbedienung:
Raj: „Das wird mein zweitliebster, brauner Zauberstab!"
Howard: „So, von jetzt an, spiele ich nicht mehr damit!"

Howard möchte Bernadette mit der Nachricht überraschen, dass die NASA ihn wieder ins All schicken will:
Howard: „Gute Nachricht! Jemand in diesem Zimmer darf demnächst wieder eine Rakete besteigen!"
Bernadette: „Na schön. Darf ich wenigstens vorher duschen?"

Die Freunde essen erstmals getrennt in Sheldon und Leonards Wohnung:
Penny: „Sheldon, Amy, kommt doch bitte zu uns hoch."
Bernadette: „Ja, es macht Spaß hier oben."
Leonard: „Und wieso willst Du uns das versauen?"

Daten:
Drehbuch: Steven Molaro, Eric Kaplan, Maria Ferrari
Regie: Gay Linvill
Gastdarsteller: Casey Sander (Mike Rostenkowski), Christopher Neiman (Dr. Dreyfus), Mike Massimino

Folge 7 x 17 „Wenn Männer Händchen halten"
Originaltitel: The Friendship Turbulence
Erstausstrahlung USA: 6.März 2014
Erstausstrahlung DE: 29.September 2014

Inhalt:
Penny bekommt eine Rolle in einem billigen Horrorfilm angeboten: die Fortsetzung zu dem Film, indem sie erstmals vor der Kamera stand. Sie lehnt dieses Angebot ab, da sie befürchtet, dies könnte ihre spätere Schauspielkarriere negativ beeinflussen. Da sie aber gleichzeitig sehr knapp bei Kasse ist, kommt es zum Streit mit Leonard, der nicht versteht, warum sie diesen Job nicht angenommen hat. Howard möchte gerne die Freundschaft zu Sheldon verbessern, da er das gegenseitige Sticheln satthat. Er lädt ihn zu einer NASA Konferenz ein, was er schon bald bereut. Raj verzweifelt unterdessen daran, dass er schon zwei Jahre lang keine Beziehung hatte. Er bittet Amy um Rat.

Charakterfacts:
- Bernadette hat zum ersten Mal ihre Haare zu einem Pferdeschwanz zusammengebunden.
- Howard möchte die Freundschaft zu Sheldon verbessern.

Facts/Trivia:
- Nach sieben langen Jahren gibt Pennys Auto endgültig den Geist auf. Somit erlischt auch endlich die rote Motorwarnleuchte für immer.
- Der Esstisch aus der vorherigen Episode ist verschwunden und die Freunde sitzen wieder gemeinsam auf dem bekannten Platz.
- In dieser Episode wird der Charakter Emily Sweeney eingeführt. Schon in Staffel fünf hat Raj eine Frau mit den Namen Emily gedatet.
- Zum ersten Mal klopft Sheldon drei Mal an eine Tür und sagt dabei, ebenfalls dreifach, Howard.

Nerdtalk:
Bernadette fummelt an Rajs Hemd herum:
Bernadette: „Raj, Dein Etikett kuckt raus."
Raj: „Danke! So dicht war ich am Sex seit drei Jahren nicht mehr dran."
Bernadette: „Irgendwie fühle ich mich jetzt ekelig!"
Raj: „Damit wird es jetzt nur noch realer für mich."
Howard: „Hey, das ist meine Frau! Wenn sie sich bei jemanden vor Sex ekeln darf, dann bei mir!"

Raj bittet Amy, ihm auf einem Dating-Portal zu helfen, eine Frau zu finden:
Amy: „Was soll ich ihr denn sagen?"
Raj: „Sag einfach, wie ich wirklich bin. Und wenn Du denkst es hilft, dass Du zufällig mal gesehen hast, dass mein Paket aussieht wie der muskelöse Schwanz eines Jaguars."

Amy und Raj unterhalten sich über Beziehungen:
Amy: „Bevor ich Sheldon kennenlernte, wollte ich auch schon aufgeben. Einmal bin ich zu meinem Frauenarzt gegangen, nur um ein bisschen menschlichen Kontakt zu kriegen."
Raj: „Ich war schon lange nicht mehr beim Prostatacheck."

Daten:
Drehbuch: Jim Reynolds, Steve Holland, Maria Ferrari
Regie: Mark Cendrowski
Gastdarsteller: Laura Spencer (Emily Sweeney)

Folge 7 x 18 „Mein Gespräch mit Mutter"

Originaltitel: The Mommy Observation
Erstausstrahlung USA: 13.März 2014
Erstausstrahlung DE: 6.Oktober 2014

Inhalt:
Howard und Sheldon sind nach dem Vortrag bei der NASA immer noch in Texas unterwegs und besuchen Sheldons Mutter. Da er den Besuch nicht angekündigt hat, überrascht er sie bei Intimitäten mit einem fremden Mann. Für Sheldon ein großer Schock, schließlich hat seine Mutter immer versucht, ihn streng religiös zu erziehen. Howard ermutigt ihn, ein klärendes Gespräch zu suchen. Unterdessen überrascht Raj die Anderen mit einem Krimidinner, worauf aber niemand Lust hat. Während des Spiels entwickelt sich ein Gespräch darüber, wie die Freunde sich ihr Leben in 20 Jahren vorstellen. Dabei gibt es durchaus unterschiedliche Meinungen.

Charakterfacts:
- Ungewöhnlicher Anblick: Leonard trägt ausnahmsweise nur ein Shirt.
- Stuart hat als einziger in der Gruppe noch kein Smartphone. Es muss ein altes Handymodell sein, da es keine Kalender-Funktion hat.

Facts/Trivia:
- In der Bar-Szene trinken Howard und Sheldon ein „Lone Star" Bier. Als die Freunde Sheldons Mutter erstmals in Episode 3 x 01 besuchen und sie ihn nach trinken fragt, wünscht er sich dieses Bier – er bekommt aber eine Cola.
- Bernadette erfährt erst in dieser Folge, dass Stuart mit Nachnamen Bloom heißt. Dies wurde in Episode 5 x 10 erstmals enthüllt, als man Stuarts Facebook-Seite zeigte.
- Zum letzten Mal spielte ein Teil der Handlung in Mary Coopers Haus in Episode 3 x 01.
- In der Episode 1 x 04 hatte Sheldon kein Problem damit, dass seine Mutter eine Beziehung mit Dr. Eric Gablehauser hatte. Allerdingst hat er die beiden auch nie beim Sex gesehen.
- In Sheldons Kinderzimmer in seinem Elternhaus sieht man an der Wand ein Poster, dass das Cover des Comics „Crisis on Infinite Earths" Band 8 der „Flash" Reihe zeigt. Dieses Heft erschien im November 1985 und handelt vom Tod des Hauptcharakters Barry Allen.

Nerdtalk:
Die Freunde sitzen mal wieder beim gemeinsamen Essen:
Amy: „Musst Du wirklich auf Sheldons Platz sitzen?
Raj: „Ach! Er ist in Texas und wird es nie erfahren!"
Penny: „Da wäre ich mir aber nicht so sicher!"
Leonard: „Ja, er hat sehr sensible Pobacken."

Die Freunde kucken alle verblüfft – und fassungslos:
Leonard: „Ja das stimmt! Er hat sich mal auf Kleingeld gesetzt und es auf die Art zusammengezählt."

Stuart muss die Leiche spielen:
Penny: „Willst Du echt die ganze Zeit da liegen und so tun, als wärst Du tot?"
Stuart: „Das würde ich jetzt auch Zuhause machen."

Howard möchte Sheldon einen kleinen Denkanstoß bezüglich seiner Mutter geben:
Howard: „Sheldon, sie ist eine erwachsene Frau. Und Dein Dad ist mittlerweile schon sehr lange tot. Vielleicht hältst Du Dich da besser raus."
Sheldon: „Da bin ich anderer Ansicht. Ich habe mal hinter diesen Genitalien gewohnt! Wenn jemand in mein altes Zimmer zieht, will ich ein Mitspracherecht!"

Daten:
Drehbuch: Steven Molaro, Eric Kaplan, Anthony Del Broccolo
Regie: Mark Cendrowski
Gastdarsteller: Laurie Metcalf (Mary Cooper)

Folge 7 x 19 „Reife Leistung, Playboy"

Originaltitel: The Indecision Amalgamation
Erstausstrahlung USA: 3.April 2014
Erstausstrahlung DE: 13.Oktober 2014

Inhalt:
Sheldon ist völlig ratlos, da er nicht weiß, welche neue Spielkonsole er sich kaufen soll: Playstation 4 oder doch lieber die Xbox One? Mit dieser Entscheidung tut er sich so schwer, dass er den Anderen schnell auf die Nerven geht. Raj trifft zufällig Emily in einem Kaffee wieder. Nach einem Gespräch verabreden sie sich zu einem richtigen Date. Dann meldet sich überraschenderweise auch Lucy wieder bei ihm. Raj plagt ein schlechtes Gewissen und er weiß nicht, ob es in Ordnung wäre, sich mit zwei Frauen zu treffen. Deshalb bittet er seine Freunde um Rat. Penny hadert unterdessen weiter mit ihrer Schauspielkarriere, denn die guten Angebote bleiben weiter aus.

Charakterfacts:
- Obwohl Howard und Sheldon in den letzten Episoden ihre Freundschaft verbessert haben, nennt Sheldon ihn bei seiner Blitzumfrage als einzigen nicht beim Vornamen. Dies ist aber wohl eher eine Gewohnheitssache.
- Sheldon und Amy scheinen in dieser Folge für ihre Verhältnisse sehr innig. Die beiden küssen sich und Sheldon lehnt sich an sie an, als er im Supermarkt verzweifelt.

Facts/Trivia:
- Penny nimmt nun doch die Rolle in dem Affen-Horrorfilm an – genau wie Wil Wheaton.
- Laura Spencer, die Emily spielt, hatte schon Gastrollen in Serien wie „2 Broke Girls", „Sleepy Hollow" oder „Bones – Die Knochenjägerin"
- In früheren Episoden hatte Sheldon kein Problem damit, auf mehreren Konsolen zu spielen. Er besaß sogar eine große Sammlung, die aus folgenden Geräten bestand: PS2, PS3, Xbox, Xbox 360, classic Nintendo, Super Nintendo, Nintendo 64 und die Wii. In Episode 3 x 13, „Terror in der Stadt der Rosen", wird jedoch in der Wohnung eingebrochen und alle Geräte gestohlen.
- Sheldon sagt zu Amy, dass er sich damals schon falsch entschieden hat, und anstatt eines iPods einen Zune MP3 Player gekauft hat. Genau dies hat Sheldon auch schon bei seiner ersten Begegnung mit Raj gesagt, die man in einer Rückblende in Episode 3 x 22 sieht.

Nerdtalk:
Leonard: „Verzeih mir, falls die Frage albern sein sollte, aber wieso führst Du Dich so albern auf?"
Sheldon: „Ich führe mich nicht albern auf! Ich bediene mich der Arbeit, der holländischen Wissenschaftlerin Miriam Tuk, die herausfand, dass man mit voller Blase bessere Entscheidungen trifft."
Leonard: „Wieso war ich pinkeln, bevor ich hier einziehen wollte?"

Sheldon spricht ein sehr wichtiges, elementares Thema an:
Sheldon: „Kurze Umfrage: PS4 oder Xbox One? Raj?"
Raj: „Ähh Xbox One!"
Sheldon: „Penny?"
Penny: „Hä?"
Sheldon: „Leonard?"
Leonard: „PS4!"
Sheldon: „Wolowitz?"
Howard: „Beide sind klasse."
Sheldon: „Bernadette?"
Bernadette: „Ich finde die Wii toll!"
Sheldon: „Danke Großmütterchen!"

Daten:
Drehbuch: Steven Molaro, Steve Holland, Dave Goetsch
Regie: Anthony Joseph Rich
Gastdarsteller: Wil Wheaton, Laura Spencer (Emily Sweeney)

Folge 7 x 20 „Klozilla"

Originaltitel: The Relationship Diremption
Erstausstrahlung USA: 10.April 2014
Erstausstrahlung DE: 20.Oktober 2014

Inhalt:
Leonard und Raj feiern, da sie in ihrer wissenschaftlichen Arbeit einen entscheidenden Erfolg erreicht haben. Dies bringt Sheldon zum Nachdenken über seine eigene Arbeit. Er kommt zu dem Ergebnis, dass er nicht länger Forschungen im Bereich der String Theorie betreiben möchte. Er weiß aber auch nicht, welchem Thema er sich zukünftig widmen soll. Howard und Raj verabreden sich zu einem gemeinsamen Abendessen mit den Frauen. Als Raj seine Freundin Emily vorstellt, ist Howard überrascht. Er kennt sie von einem denkwürdigen Abend, der vier Jahre zurückliegt.

Charakterfacts:
- Raj nimmt oder nahm offenbar Ballettstunden.
- Howard dagegen scheint sich in Spinning-Kursen fit zu halten.

Facts/Trivia:
- Penny schneidet zum zweiten Mal Sheldons Haare. In Episode 5 x 08 hat sie dies erstmals übernommen, als Sheldons Stammfriseur krank wurde.
- Obwohl man das Spiel im Fernsehen nicht sehen kann, ist anhand der Soundeffekte klar, dass Howard und Raj „Killer Instinct 2013" spielen.
- Erstmals ist Sheldon mit vollständig nacktem Oberkörper zu sehen.
- Sheldon bringt ein weiteres Mal seine Abneigung gegenüber dem Bereich der Geologie zum Ausdruck.
- In einer fragt Emily Howard, ob sie sich vielleicht aus dem Spinning-Kurs kennen. In der Episode 5 x 04 erwähnt Penny, dass sie eine Emily vom Spinning kennt.
- Howard erzählt, dass er vor vier Jahren bei Emily aus dem Badezimmerfenster gesprungen ist. Dies ist eine Ähnlichkeit zu Rajs Ex-Freundin Lucy, die auch gern auf diese Art aus unangenehmen Situationen verschwindet.

Nerdtalk:
Ein Date zu viert will gut geplant sein:
Howard: „Ich habe mit Bernadette gesprochen, sie kann morgen."
Raj: „Oh ok, gut. Aber wenn wir zu viert ausgehen, legen wir noch ein paar Grundregeln wegen Emily fest."
Howard: „In der Art, wenn sich rausstellt, dass sie aus Gummi gemacht ist und ich nichts sagen soll?"
Raj: „Sie ist ganz real!"

Howard: *„Ja, das steht auf der Packung! Gleich neben spülmaschinenfest."*

Penny möchte Sheldon frisieren:
Leonard: *„Willst du das echt durchziehen?"*
Sheldon: *„Der dem zugrunde liegende Zeitschriftenartikel empfiehlt zur Trennungsbewältigung einen neuen Look."*
Leonard: *„Was ist mit Deinem alten Look? Die gut frisierte Bauchrednerpuppe?"*

Amy: *„Wie wäre denn das Forschungsgebiet zur Berechnung der Elemente der Kernmatrix?"*
Sheldon: *„Ach bitte! Würde ich jeder Modeerscheinung folgen, hätte ich ein Arschgeweih!"*

Daten:
Drehbuch: Chuck Lorre, Steve Holland, Eric Kaplan
Regie: Mark Cendrowski
Gastdarsteller: Laura Spencer (Emily Sweeney), John Ross Bowie (Barry Kripke), Stephen Hawking

Folge 7 x 21 „Schulmädchenreport"
Originaltitel: The Anything Can Happen Recurrence
Erstausstrahlung USA: 24.April 2014
Erstausstrahlung DE: 27.Oktober 2014

Inhalt:
Sheldon sucht immer noch nach einem neuen Forschungsgebiet, dem er seine Arbeit widmen kann. Leonard und Penny schlagen vor, dass er sich mal ablenken sollte. Prompt wird der „Alles ist möglich" Donnerstag wieder ins Leben gerufen und die drei ziehen spontan los, um etwas zu unternehmen. Dabei treffen sie überraschend Amy und Bernadette in einem Restaurant. Die beiden haben sich heimlich getroffen und ihre Freunde angelogen, was zu Streitereien führt. Unterdessen fiebert Raj seinem nächsten Date mit Emily entgegen. Das Problem ist aber, dass sie einen Horrorfilm sehen möchte, wovor Raj Angst hat. Er bittet Howard, sich mit ihm den Film als Vorbereitung schon vorab anzusehen.

Charakterfacts:
- Howard und Raj zeigen in dieser Folge eine starke Abneigung gegenüber Horrorfilmen. Eigentlich aber sehen sie sich schon Filme und Serien aus diesem Genre an.
- Sheldon besitzt einen „Gandalf" Hut.
- Leonard betreibt einen Instagram-Account.

Facts/Trivia:

- Der „Alles ist möglich" Donnerstag wurde in der Episode 2 x 20 „Der Wolowitz-Koeffizient" eingeführt. Die Idee dazu stammt aus der Kindersendung „The Mickey Mouse Club", bei der es einen „Alles ist möglich" Mittwoch gab.
- Der Name der Wahrsagerin lautet Ms. Davora.

Nerdtalk:
Penny, Leonard und Sheldon stellen Amy und Bernadette zur Rede:
Penny: *„Du arbeitest gar nicht länger! Wieso hast Du mich angelogen?"*
Sheldon: *„Und Amy – Du hast mir gesagt, Du bist krank, siehst aber genauso blass und abgespannt aus, wie sonst auch."*

Die Frauen denken darüber nach, wie sie die Männer wieder besänftigen können:
Amy: *„Ich fühle mich echt mies, weil ich Sheldon angelogen habe. Wie komme ich wieder ins Reine mit ihm?"*
Bernadette: *„Ich würde Dir ja sagen, was ich mit Howie anstelle aber Dich wie ein Schulmädchen zu verkleiden funktioniert bei Sheldon nicht."*
Leonard: *„Er gibt Dir nur Hausaufgaben auf!"*
Amy: *„Hast Du Howard wegen heute Abend angelogen?"*
Bernadette: *„Natürlich!"*
Amy: *„Und Du hast kein schlechtes Gewissen?"*
Bernadette: *„Zwischen Pennys Gorillafilm und Howards Gorillamutter hatte ich ja wohl keine Wahl!"*

Howard und Raj sehen sich einen Horrorfilm an:
Howard: *„Habe ich das richtig verstanden? Also, er erstickt den Vater des Mädchens, schneidet daraufhin sein Gesicht ab und trägt es daraufhin als Maske, während er über sie herfällt?"*
Raj: *„Da muss ich jetzt sagen – das ist nicht in Ordnung!"*

Daten:
Drehbuch: Tara Hernandez, Jim Reynolds, Steve Holland
Regie: Mark Cendrowski
Gastdarsteller: Kimberly Hebert Gregory (Ms. Davora), Laura Spencer (Emily Sweeney)

Folge 7 x 22 „Das Heirate-mich-Gesicht"
Originaltitel: The Proton Transmogrification
Erstausstrahlung USA: 1.Mai 2014
Erstausstrahlung DE: 3.November 2014

Inhalt:
Die Freunde bereiten sich auf den jährlichen Star Wars Day vor und planen mit schönem Essen am Wochenende die bekannte Filmreihe anzusehen. Völlig überraschend kommt die Nachricht, dass
Arthur Jeffries, aka Professor Proton verstorben ist. Die Freunde machen sich Sorgen wegen Sheldon, da er ein engeres Verhältnis zu ihm hatte. Der gibt sich jedoch gelassen und scheint gar nicht so traurig zu sein. Penny und Leonard gehen allein zur Beerdigung. Dabei kommt auch wieder das Thema heiraten auf.
Sheldon setzt der Todesfall mehr zu, als er sich selber eingestehe möchte. Dann erscheint ihm Arthur im Traum.

Charakterfacts:
- Sheldons Opa starb, als er gerade erst fünf Jahre alt war. Da auch sein Vater früh starb, als er 14 war, trifft ihn der Verlust von Arthur Jeffries hart. Er überspielt dies zwar aber am Ende sagt Sheldon, dass er nun den letzten männlichen Menschen verloren hat, zudem er aufsehen konnte. Wahrscheinlich vermisst er eine Vaterfigur in seinem Leben, was eine Parallele zu Howard ist.
- Penny hatte früher ein Schwein als Haustier. Als dieses verstarb, nutzte man die Gelegenheit für eine Grillparty. Texaner sind pragmatisch.
- Sheldon hat ziemlich gelitten, als das Design der Cornflakes-Schachteln verändert wurde. Er musste deswegen sogar weinen, laut Leonard.

Facts/Trivia:
- In dieser Episode hat Bob Newhart seinen wohl letzten Auftritt als Arthur Jeffries, aka Professor Proton.
- Die Star Wars Spezialeffekte wurden tatsächlich von Lucasfilm beziehungsweise von Industrial Light and Magic angefertigt. Die Arbeit daran dauerte 12 Wochen, weshalb die Szenen mit Bob Newhart früher gedreht werden mussten.
- Amy erzählt Bernadette, dass ihre Mutter ihr verboten hat, zu den Pfadfindern zu gehen. In der Folge 4 x 22, „Die Antilope im Curry", erzählt Amy jedoch, dass sie zwei Jahre lang dort war.

Nerdtalk:
Amy und Sheldon sprechen über die bevorstehende Beerdigung von Arthur Jeffries:
Amy: „*Du willst Dich wirklich nicht von ihm verabschieden?*"

Sheldon: „Amy, dem unvermeidlichen nachzutrauern ist die vollkommene Zeitverschwendung."

Amy: „Und das Ansehen von verblödeten Weltraumfilmen, die Du schon hundert Mal gesehen hast, etwa nicht?"

Sheldon: „Hätten wir eine physische Beziehung, hättest Du Dir für heute den Sex verspielt!"

Arthur Jeffries erscheint Sheldon als Jedimeister. Er hofft auf weisen Rat:

Sheldon: „Als Obi Wan hier vor Luke erschien, an diesem besonderen Platz, da gab er ihm allerlei hilfreiche Ratschläge. Also was haben Sie für mich?"

Arthur Jeffries: „Ähm, sieh zu, dass Du einen Ehevertrag machst!"

Howard und Raj bereiten das Star Wars Essen zu:

Raj: „Hey Sheldon, willst Du auch was?"

Sheldon: „Oh nein, danke!"

Howard: „Du bist ja so still. Hat Dich was verärgert oder bist Du am rebooten?"

Daten:
Drehbuch: Steven Molaro, Eric Kaplan, Steve Holland
Regie: Mark Cendrowski
Gastdarsteller: Bob Newhart (Arthur Jeffries)

Folge 7 x 23 „Irgendwie verlobt"

Originaltitel: Irgendwie verlobt
Erstausstrahlung USA: 8.Mai 2014
Erstausstrahlung DE: 10.November 2014

Inhalt:
Leonard besucht Penny am Filmset, wo sie den Gorillafilm dreht. Nach einem Streit mit dem Regisseur wird sie gefeuert. Dies stürzt sie erneut in eine Sinnkrise und ihr kommen Zweifel, ob sie unbedingt die Schauspielkarriere braucht, um glücklich zu werden. Sie schlägt Leonard vor, zu heiraten. Raj hat unterdessen nicht so viel Glück in der Liebe. Als er mit Sheldon ins Kino geht, treffen die beiden zufällig auch Emily – samt männlicher Begleitung. Raj ist verletzt und ratlos. Sheldon versucht ihn zu trösten. Währenddessen hat Howards Mutter einen kleinen Unfall und benötigt noch mehr Hilfe, was ihn und Bernadette zur Verzweiflung treibt.

Charakterfacts:
- Leonard trägt schon seit ein paar Jahren einen Verlobungsring für Penny bei sich in seiner Geldbörse.
- Howard und Bernadette sprechen erneut darüber, eine Familie zu gründen.

Facts/Trivia:
- In der Bar trinken Leonard Negra Modelo, Penny und Wil Wheaton Sierra Nevada Pale Ale.
- In der gleichen Szene bekommt Wil Wheaton einen Anruf, bei dem er für das Casting zu dem Film „Sharknado 2" eingeladen wird. Tatsächlich übernahm Wheaton in dem Film eine kleine Rolle.
- In einer Szene versuchen Howard und Raj, einen Heimtrainer eine Treppe hochzutragen. Dies hat starke Ähnlichkeiten mit Szenen aus der ersten Staffel: in Episode 1 x 02 „Die Chaos-Theorie" wollen Leonard und Sheldon einen Fernseher für Penny hochtragen und in Episode 1 x 14 ersteigert Howard das Modell einer Zeitmaschine in Originalgröße, was aber leider nicht bis in die Wohnung geliefert wird.
- Dies ist die siebte Episode, in der Wil Wheaton einen Auftritt hat. Damit ist er in der siebten Staffel am häufigsten zu sehen.
- Als Emilys Begleitung im Kino hat Tänzer Casper Smart einen kurzen Gastauftritt. Er ist der aktuelle Partner von Jennifer Lopez, wobei die beiden öfter auch getrennt waren.
- Nach so vielen Jahren passiert es endlich: Penny und Leonard verloben sich. Die beiden machten sich in folgenden Episoden Heiratsanträge:

Episode 5 x 23: Leonard fragt Penny nach dem Sex, ob sie ihn heiraten möchte.
Episode 6 x 16: Leonard fragt Penny im Restaurant, nachdem sie einen Exfreund gesehen hat.
Episode 7 x 12: Penny fragt Leonard, nachdem sie ihren Frust mit Alkohol betäubt hat.
Episode 7 x 22: Penny fragt Leonard zweimal, als das Thema wieder aufkam.

Nerdtalk:
Wenn ein Freund sein Herz ausschütten möchte, hat Sheldon immer ein offenes Ohr:
Raj: *„Ich versteh das nicht. Ich bin ein netter Kerl, ich habe einen tollen Job, ich bin gebildet, komme aus einer guten Familie. Warum wollen Frauen nicht bei mir bleiben?"*
Sheldon: *„Hmm, interessante Frage. Also ähh – gute Nacht!"*

Howards Mutter hat sich verletzt:
Howard: *„Ok, die nächste Zeit verbringt sie im Gästezimmer."*
Bernadette: *„Meinst Du, so ein Apparat, damit sie die Treppe hoch kommt, wäre nützlich?"*
Howard: *„Du meinst einen Gabelstapler?"*

Sheldon möchte Raj trösten, der wegen Emily betrübt ist:
Sheldon: *„Es tut mir leid, ich habe nicht alle Zutaten, um Dir einen Chai-Tee zu kochen."*
Raj: *„Du brauchst mir nichts zu machen."*
Sheldon: *„Doch natürlich! Du bist wegen Emily aufgebracht und Du bist Inder. Deswegen brauchst Du einen Chai-Tee. Also ich habe eigentlich alle Zutaten hier, bis auf Kardamom-Kapseln. Hast Du zufällig welche bei Dir?"*
Raj: *„Die stecken noch Zuhause in meinem Turban!"*

Daten:
Drehbuch: Steven Molaro, Steve Holland, Eric Kaplan
Regie: Peter Chakos
Gastdarsteller: Wil Wheaton, Laura Spencer (Emily Sweeney), Steve Valentine (Kenneth), Casper Smart (Travis), Kaliko Kauahi (Marta)

Folge 7 x 24 „Sei vorsichtig und ruf an!"
Originaltitel: The Status Quo Combustion
Erstausstrahlung USA: 15.Mai 2014
Erstausstrahlung DE: 17.November 2014

Inhalt:
Im Finale der siebten Staffel stehen alle Zeichen auf Veränderung. Penny und Leonard überbringen ihren Freunden die Nachricht, dass sie sich endlich verlobt haben. Damit verbunden steht natürlich auch die Frage im Raum, wie die beiden in Zukunft wohnen werden. Dass er womöglich bald alleine ist, wirft Sheldon aus der Bahn, denn mit Amy zusammenzuziehen, kommt für ihn nicht in Frage. Außerdem verweigert die Universität ihm, sich einen neuen Forschungsbereich zu suchen. Als dann auch noch Stuarts Comicbuchladen durch einen Brand zerstört wird, ist dies zu viel für Sheldon. So viele Veränderungen verkraftet er nicht, weshalb er beschließt, die Stadt zu verlassen. Howard und Bernadette verzweifeln währenddessen daran, eine Pflegekraft für Howards Mutter zu finden.

Charakterfacts:
- Man erfährt erstmals den Vornamen von Howards Mutter, Mrs. Wolowitz: Debbie.
- Sheldon mag Erdbeermilch, aber nur auf Pulverbasis. Erdbeersirup schmecke zwar besser, aber den mag er nicht.
- Leonard schmeckt offenbar oft das Essen nicht, wenn Penny kocht.

Facts/Trivia:
- Staffel 7 war die erste, in der Amy und Bernadette in jeder Episode zu sehen waren.
- Dies ist die letzte Episode, in der man Penny mit langen Haaren sieht. Ab Staffel acht trägt sie eine Kurzhaarfrisur.
- Stuarts Comicbuchladen fällt einem Brand zum Opfer. Daraufhin wird Stuart zur Pflegekraft für Howards Mutter.
- Es ist das zweite Mal, dass Sheldon Pasadena verlassen möchte. In Episode 3 x 13 fühlt er sich nicht mehr sicher, nachdem in der Wohnung eingebrochen wurde.
- Leonard kann Sheldons Smartphone per GPS orten.

Nerdtalk:

Schön, wenn die eigene Mutter sich so darüber freut, dass man heiraten möchte:

Dr. Beverly Hofstadter: „Leonard, würdest Du Dich denn besser fühlen, wenn Du hörst, dass Deine Mutter Deine Lebensentscheidungen gutheißt?"

Leonard: „Ja das würde ich."

Dr. Beverly Hofstadter: „Ja, tja. Daran solltest du arbeiten."

Stuart steht quasi auf der Straße, nachdem sein Laden abgebrannt ist. Howard bietet Hilfe an:

Howard: „Sekunde, ich weiß nämlich was, wo Du wohnen kannst! Und Du verdienst sogar ein bisschen Geld dabei!"

Stuart: „Das wäre klasse!"

Howard: „Aber ich warne Dich. Mit inbegriffen sind Demütigungen, Erniedrigungen und Beleidigungen."

Stuart: „Und wo ist der Haken?"

Leonard: „Wie geht es Deiner Mom eigentlich?"

Howard: „Ganz gut. Aber wir haben schon wieder eine Pflegekraft verloren."

Amy: „Wie viele sind schon weg?"

Howard: „Zwei und ich weiß, was Du denkst: sie frisst sie auf."

Daten:

Drehbuch: Eric Kaplan, Jim Reynolds, Jeremy Howe

Regie: Mark Cendrowski

Gastdarsteller: Christine Baranski (Dr. Beverly Hofstadter), Monica Garcia (Maria)